Friederike Bauer

KOFI ANNAN

Ein Leben

S. Fischer

2. Auflage: Mai 2005
© S. Fischer Verlag GmbH, Frankfurt am Main 2005
Alle Rechte vorbehalten
Satz: H & G Herstellung, Hamburg
Druck und Bindung: GGP Media GmbH, Pößneck
Printed in Germany
ISBN 3-10-009647-9

Für Felix und Leonard

Inhalt

Dieses Buch basiert neben allgemein zugänglichen Quellen im Wesentlichen auf Gesprächen mit Kofi Annan selbst, mit Verwandten und Freunden, Diplomaten, UN-Mitarbeitern, Wissenschaftlern und Weggefährten aus verschiedenen Phasen seines Lebens. Ein Teil der Interviewpartner zog es vor, anonym zu bleiben; die entsprechende Liste im Anhang ist daher unvollständig. Ich danke allen Beteiligten für ihre Einsichten, Geduld und Mithilfe.

Einleitung

Lange Zeit handelt Kofi Annan geschickter und erfolgreicher als die meisten seiner sechs Vorgänger auf dem Posten des UN-Generalsekretärs. Schnell verschafft er sich den Ruf als »vertrauenswürdigster Diplomat der Welt«. Dazu kommt der Friedensnobelpreis, den Annan nicht posthum wie der legendäre Schwede Dag Hammarskjöld erhält, sondern bereits zu Leb- und Amtszeiten. Auch wird er früher, leichter und schneller wiedergewählt als jeder andere UN-Chef. Woran liegt das?

Kofi Annan hat etwas, wonach viele im öffentlichen Leben streben, das aber nur wenigen vergönnt ist: Charisma. Er begeistert die Menschen auf fast allen Erdteilen durch seine besonnene Art und mitfühlende Rationalität. Mehr noch, bei Annan scheinen Posten und Person auf wundersame Weise zu verschmelzen. Die Vereinten Nationen sind zu einem Teil seines Lebens, sein Leben ist Teil der Organisation geworden. Schon von seinem Werdegang her verkörpert er wie wenige die Grundideen der Vereinten Nationen – Völkerverständigung und Zusammenarbeit über Grenzen hinweg: Geboren in Ghana, hat er in Afrika, Amerika und Europa studiert; er ist verheiratet mit einer Schwedin und war auf Station in Genf, Addis Abeba, New York, Kairo und Accra. Auch kennt Annan die Weltorganisation besser als alle seine Vorgänger, stand er doch mehr als dreißig Jahre in ihren Diensten, ehe er zum Generalsekretär gewählt wurde. Er ist zudem der erste Schwarzafrikaner an der Spitze der UN. Mit diesem Hintergrund hat er den

Vereinten Nationen ein Gesicht gegeben. Zugleich ist er der Prototyp einer neuen politischen Klasse, die man am ehesten als »internationalen Politdiplomaten« bezeichnen könnte: Weltoffen, mobil, idealistisch, einsatzbereit, dabei pragmatisch und politisch.

Kofi Annan kommt dem Idealbild des modernen Weltbürgers recht nahe, arbeitet andererseits aber auch gezielt an diesem Image, indem er den Trumpf des Internationalen bewusst ausspielt. Weniger passende Teile seiner Vergangenheit schiebt er in den Hintergrund. Dazu gehört etwa die erste Ehe mit einer Nigerianerin, die er in seinem offiziellen Lebenslauf nicht einmal erwähnt. Ein Beleg dafür, dass Annan, wie jeder Mensch, seine Geheimnisse und Schwächen hat, die er vor der Öffentlichkeit zu verbergen sucht. Er ist bestimmt kein Heiliger, obwohl man ihn gelegentlich dazu stilisiert hat. Seine integrierende Persönlichkeit und seine Hingabe an die Aufgabe aber machen ihn zweifelsohne zu einer besonderen Erscheinung in der internationalen Arena.

Seit 1997 muss Annan manche Krise im Amt bewältigen. Er hat mit einem bedrohlichen Finanzdefizit zu kämpfen, die Organisation braucht eine gründliche Reform ihrer Strukturen und die Konflikte rund um den Globus scheinen nie enden zu wollen: Kriege vom Kosovo bis Ost-Timor fordern immer wieder seine Aufmerksamkeit. Über allem steht der Irak, der Annan schließlich in die tiefste aller Krisen stürzt und sogar seinen Verbleib im Amt gefährdet. Dazu kommt eine äußerst UN-kritische Supermacht Amerika, um deren Akzeptanz er ständig zu ringen hat, ohne die anderen 190 Mitgliedstaaten vor den Kopf zu stoßen, sowie die drohende Marginalisierung seiner Organisation, der er konstant entgegen wirken muss. Schließlich müht sich Annan noch mit den Folgen der Globalisierung, versucht Armut und Aids zu bekämpfen und die Gleichberechtigung der Frauen voranzutreiben: Große

Herausforderungen für einen Generalsekretär, dessen schärfste Waffe seine Überzeugungskunst ist. Denn ein UN-Chef besitzt weder Land noch Truppen, er kann keine Steuern erheben, hat keine Gesetzgebungshoheit, nicht einmal eine Stimme in der Generalversammlung oder dem Sicherheitsrat. Im Grunde ist er ein besserer Verwaltungsbeamter, der aber durch die Ziele von Frieden und Gerechtigkeit seiner Organisation einem hohen moralischen Anspruch gerecht werden muss.

Einiges erledigt Annan glänzend, anderes höchstens durchschnittlich und häufig genug schlittert er auch einfach nur in die nächste Katastrophe hinein: Als Generalsekretär wirkt er zwar immer wieder im Hintergrund, erreicht auf sozialem Gebiet, etwa in der Aidsfrage, auch manches, hat aber in der Sicherheitspolitik keinen herausragenden Erfolg vorzuweisen. In seine Zeit als Verantwortlicher für die weltweiten Friedenstruppen – eine Stufe unter dem Generalsekretär – fallen im Gegenteil einige der größten Desaster der UN-Geschichte: Der Völkermord in Ruanda und der Fall der Schutzzone Srebrenica. Annans Fortkommen behindern Niederlagen dieser Art zunächst kaum. Bis weit in die zweite Amtszeit hinein versteht er es vielmehr, den Ruf der Vereinten Nationen insgesamt zu verbessern und ihnen durch die »Magie seiner Person« wieder mehr Glaubwürdigkeit zu schenken. Erst im Irak-Konflikt, der seine Amtsgeschäfte schließlich »fast wie ein Fluch« zu beherrschen scheint, gerät Annan zwischen die Fronten und später ins Trudeln: Angegriffen von den USA, in Schwierigkeiten gebracht vom eigenen Sohn, bedroht von einem Korruptionsverdacht innerhalb der UN, sieht sich Kofi Annan plötzlich mit einem Imageverlust konfrontiert, gegen den er verzweifelt anzukämpfen versucht. Denn ein untadeliger Ruf war über Jahre sein höchstes Gut.

Teil I: Der Aufstieg

Prominente Herkunft: Kindheit in Ghana

Kofi Annan ist schon von Geburt an etwas Besonderes. Noch kann freilich niemand ahnen, dass er eines Tages sein Heimatland Ghana verlassen und eine große internationale Karriere anstreben wird. Man schreibt das Jahr 1938. Ghana liegt in britischen Händen, es trägt den Namen »Goldküste«. Die Welt steht am Vorabend des Zweiten Weltkrieges, der Völkerbund sieht der allgemeinen Aufrüstung hilflos zu, von den Vereinten Nationen ist noch keine Rede. Sie werden erst sieben Jahre später, 1945, in San Francisco gegründet. Es ist nicht sein späterer Lebensweg, sondern er unterscheidet sich früh von anderen durch eine Laune der Natur: Kofi Annan wird als Zwilling geboren – am 8. April 1938 erblickt zuerst seine Schwester Efua das Licht der Welt und dann er selbst.

Zwillinge werden in Ghana verehrt als ein Geschenk Gottes, sie sind »ein bisschen etwas Besonderes zu jener Zeit«. Über die zusätzliche Aufmerksamkeit, die sie fordern, braucht man sich im Westafrika der dreißiger Jahre keine Gedanken zu machen. Der Clan, in den alle Menschen eingebunden sind, wird es irgendwie richten. »Für solche Fälle gibt es immer eine helfende Hand«, beschreiben Einheimische den Zusammenhalt in der Großfamilie, mit der man häufig genug unter einem Dach lebt. Weil die Annans zu den prominenten und wohlhabenden Zirkeln des Landes gehören, können sie sich jenseits der Verwandtenhilfe auch Hauspersonal leisten. Die Ankunft der Zwillinge löst daher mehr Freude als Sorge aus, schon weil nun

15

zum ersten Mal auch ein Junge zum Nachwuchs gehört. Kofi hat, die Zwillingsschwester mitgerechnet, vier ältere Schwestern, von denen einige jedoch Halbgeschwister sind, weil sie aus anderen Verbindungen seines Vaters Henry Reginald Annan als der mit seiner Mutter Rose Eshun stammen. Sie heißen Nana Essie, Ewura Efua, Essie und Efua und sind bis zu acht Jahre älter als er. Mit einigem Abstand folgt später noch Kobina, ebenfalls ein Junge, der aus einer weiteren Beziehung seines Vaters hervorgeht. Fünf der sechs Geschwister wohnen beim Vater: Kofi verbringt den größten Teil seiner Kindheit nicht mit seiner leiblichen Mutter, sondern mit einer Stiefmutter namens Victoria. Kinder aus verschiedenen Verbindungen zu haben und mit ihnen in einem großen Familienverband zu leben, ist in Ghana bis in die Gegenwart hinein nichts Ungewöhnliches oder gar Ehrenrühriges, weswegen auch Annan ganz selbstverständlich von Kobina als seinem »Bruder« spricht, obwohl er im europäischen Sinne ein Halbbruder ist. Geschwister gelten als richtige Geschwister, solange sie einen gemeinsamen Elternteil haben. Ob diese traditionelle Form der »Patchwork-Familie« für alle Beteiligten immer leicht zu bewältigen ist, sei dahingestellt. Auch bei Kofi bleibt letztlich unklar, ob er das Leben mit seiner Stiefmutter eher als bereichernd oder als belastend empfindet.

Zunächst aber, im Jahr 1938, verleiht man dem Glück über die Zwillinge gleich sichtbaren Ausdruck: Kofi Atta Annan lautet sein vollständiger Name. Er bedeutet wörtlich übersetzt: Sohn, der an einem Freitag geboren wurde (Kofi) und ein Zwilling ist (Atta). Solche bildhaften Namen sind in Ghana bis heute üblich. Noch Jahre später wird Kofi seine beiden Kinder Ama und Kojo nennen, was ebenfalls auf den Wochentag schließen lässt, an dem sie geboren wurden: Ama steht für Samstag und Kojo für Montag. Efua wiederum, seine Zwillingsschwester, ist das

16

weibliche Pendant zu Kofi und heißt ganz einfach: Tochter, die an einem Freitag zur Welt kam. Ohne den typisch ghanaischen Vornamen könnte man Annan auch gut für einen Europäer halten, denn im Norden der Britischen Inseln ist der Name ebenfalls geläufig. Seinem Vater Henry Reginald Annan soll es gelegentlich passiert sein, dass Geschäftspartner ihn für einen echten Schotten hielten – jedenfalls bis zur ersten persönlichen Begegnung.

Kofi wird also, zumindest väterlicherseits, in eine bekannte Familie in Kumasi, einer Provinzhauptstadt im Landesinneren der Goldküste, hineingeboren. Die Annans sind nicht nur wohlhabend, sie gehören auch der Adelsschicht an, genießen deshalb besonderes Ansehen und verfügen über erheblichen Einfluss in der Region »Ashanti«, deren Zentrum Kumasi bildet. Seine Eltern entstammen zwar nicht genau der gleichen Ethnie, gehören aber beide, wie ungefähr die Hälfte der Menschen im Land, dem übergeordneten Stamm der Akan an. Vereinfacht hat man es in Ghana mit vier Volksgruppen zu tun: Zu den Akan kommen die Mole-Dagbani, die Ewe und die Ga-Adangbe mit ihren jeweiligen Untergruppen, von denen es an die fünfzig gibt. Annans Vater ist zwar Akan, aber genauer betrachtet, halb Ashanti, halb Fanti und kommt aus dem Gebiet der Ashanti im Landesinneren. Seine Mutter – wie Stiefmutter – gehören dem Stamm der Fanti an, die traditionell im Küstengebiet leben. Die beiden sprechen Dialekte derselben Sprache, ebenfalls Akan genannt, die mehr der Zungenschlag als das Vokabular voneinander trennt. Zu Varianten der Akan-Sprache gehören Fanti und Twi, Akwapim, Akim und Brong. Kofi und seine Geschwister lernen mehrere dieser afrikanischen Dialekte, wachsen im Wesentlichen aber mit Fanti auf.

Unter seinen Vorfahren befinden sich verschiedene Stammesfürsten, die Kofi als Kind zum Teil noch erlebt. Auch Henry Reginald Annan gehört als »Chief« der einflussreichen Schicht an. »Er war eine sehr wichtige traditionelle Führungspersönlichkeit in Ashanti«. Und einer von Kofi Annans Onkeln trägt sogar den Titel »Führender Stammesfürst« (»Paramount Chief«) von Konongo, einer Stadt, die ebenfalls in der Ashanti-Region liegt. Aufgrund seines Status und seiner Persönlichkeit gilt Henry Reginald in der Goldküste als ein weithin respektierter Mann, dessen Wort Gewicht hat. Heute würde man seine soziale Position wohl eher als hoch geachtetes Ehrenamt bezeichnen, denn im »bürgerlichen« Leben ist Annans Vater ein erfolgreicher Geschäftsmann und Regionalpolitiker. Nach dem Ende seiner aktiven Berufstätigkeit wird er 1969 für einige Jahre zum Gouverneur seiner Heimatprovinz gewählt.

Die traditionellen Führer, mithin auch Annans Vater, nehmen eine herausragende Stellung im Zusammenleben der Menschen ein. Sie verfügen nicht nur über administrative Kompetenzen, etwa bei der Zuteilung von Land, sie bilden auch eine Art Schiedsgericht und Mittlerstelle. »Dabei spielen die Chiefs eine extrem wichtige Rolle.« Geraten zum Beispiel zwei Familien in einen Zwist, gehen sie damit zum örtlichen Stammesoberhaupt, lange bevor sie ein ordentliches Gericht aufsuchen. Der Chief hört sich beide Seiten an, vermittelt, sucht nach Kompromissen und Lösungen, die alle Parteien zufrieden stellen. Hilft alles Zureden nichts, dauert der Streit an, wird er am Ende, nach Rücksprache mit anderen »weisen Männern«, einen Entschluss fassen, der unumstößlich ist und von allen akzeptiert wird. Die Menschen »haben dort ihre eigenen Streitschlichtungsmechanismen« entwickelt, die zum großen Teil bis heute funktionieren, in den dreißiger und vierziger Jahren aber auf jeden Fall noch intakt sind.

In seiner Kindheit kommt Kofi dadurch bereits mit manchem in Berührung, was ihn, wie es scheint, unmerklich auf seine spätere Aufgabe bei den Vereinten Nationen vorbereitet. Der Versuch, Konflikte friedlich beizulegen durch

18

festgelegte Mechanismen und Instanzen, ist nur ein Element davon. Annan lebt auch mit zahllosen und wechselnden Mitgliedern der Großfamilie zusammen; dabei lernt er mit unterschiedlichen Generationen und Temperamenten zurechtzukommen. Das Leben läuft zwar nach festen Regeln ab, aber das afrikanische Ambiente seiner Kindheit ist insgesamt lebensbejahend, warm und offen: »Es gab immer Menschen, mit denen man reden konnte, Menschen, deren Rat man einholen konnte, Menschen, mit denen man spielen konnte, und es herrschte ein Gefühl von Verbundenheit und Liebe.« So jedenfalls beschreibt er seine Kindheit im Rückblick. »Man redet viel. Wir kennen das afrikanische Palaver. Wenn es ein Problem gibt, setzen wir uns unter einen Baum und reden und reden und reden – bis wir eine Lösung finden. Wenn es heute keine gibt, treffen wir uns morgen wieder und reden und reden.« Dieses Prozedere ist auch den Vereinten Nationen nicht fremd. Spötter verunglimpfen die Weltorganisation gerne als »Quasselbude«, weil mehr getagt als entschieden wird. Aber in Kofi Annans Heimat sieht man den Wert schon im Gespräch an sich, denn wenigstens für die Dauer des Redens wird nicht gestritten oder gekämpft. Überhaupt glauben die Menschen dort, wie er später erzählt, an Zeiten der Vergebung und des Vergessens. »Wenn sich die Familie zu einer Hochzeit versammelt, wenn jemand beerdigt oder geboren wird, dann sind das für uns Gelegenheiten, Auseinandersetzungen hinter uns zu lassen – oft für immer.«

Die Jahre in Ghana gelten Annan noch heute als die »prägendsten« seines Lebens. Selbst nach Jahrzehnten in Amerika und Europa fühlt er sich in Afrika »tief verwurzelt«. Es ist nicht nur die Art, wie Menschen miteinander leben und feiern, wie sie Höhen und Tiefen zu meistern versuchen, die ihn beeindruckt, sondern seine Kernfamilie, allen voran der Vater, nimmt großen Einfluss auf den ersten Sohn. Mutter Rose Eshun, im Jahr 1905 geboren, ist eine »liebenswerte, sehr schöne und sanftmütige« Person, die ihm viel Zuneigung schenkt. Für die geistige und charakterliche Prägung aber bleibt der Vater die entscheidende Figur, schon weil Rose später einen Haushalt fern der Zwillinge führt. So verwundert es kaum, dass Annan wenig von seiner Mutter spricht, auch nicht der Stiefmutter, lieber erzählt er vom Vater – oder von seiner Schwester Efua, der er sich zeitlebens herzlich verbunden fühlt. Mit ihr pflegt er die engsten Kontakte, sie ist sein emotionaler Bezugspunkt in der Familie.

»HR«, wie der Vater in Kumasi kurz genannt wird, führt ein strenges Regime. So gehört zum täglichen Leben trotz angestellten Personals das gemeinsame Putzen im Haus, bei dem jedes der Kinder kräftig mithelfen muss. Vater Annan, der als ruhig und konsequent gilt, lässt seinen Kindern wenig durchgehen. Er legt Wert auf Disziplin und klare Abläufe. Gemeinsame Mahlzeiten etwa werden durch ein Tischgebet begonnen, wie Religion generell zu einem selbstverständlichen Teil des Alltags gehört. Man besucht regelmäßig die Kirche, der Vater fungiert eine Zeit lang sogar als Schatzmeister der heimischen Diözese. Die Annans sind Anglikaner und lassen bereits dadurch auf ihre Zugehörigkeit zur Oberschicht schließen. Ein Foto aus jener Zeit zeigt übrigens eine Großfamilie, die sich, von der Hautfarbe abgesehen, kaum von wohl situierten Kreisen in Großbritannien unterscheidet: westliche Kleidung, feine helle Stoffe, steife Kragen und elegante Hütchen prägen das Bild.

Von seinen Kindern verlangt der 1904 geborene Geschäftsmann Henry Reginald ungeachtet oder gerade wegen des sozialen Status feste Standards: Neben Neugier und Fleiß in der Schule sollen sie aufrecht und in Würde durch das Leben gehen, sich beherrschen lernen und ihre Ansichten stets durch kluge Argumente untermauern. Wie sehr sich Annan von diesen Vorgaben hat beeinflussen lassen, zeigen verschiedene Anekdoten über seine Kindheit, die immer den Vater als Mittelpunkt der Erziehung erkennen lassen. So berichtet Annan von einer Begebenheit, die er selbst beobachtet hat: Sein Vater sitzt im Büro und wühlt sich durch Geschäftsunterlagen. Weil er ein paar Fragen zu den Akten hat, bittet er einen der Nachwuchsmanager ins Zimmer, der auch sofort herbeieilt. Unglücklicherweise hat jener seine brennende Zigarette vergessen. Da er weiß, dass sein Vorgesetzter Rauchen aufs Äußerste missbilligt, schiebt er die glühende Zigarette kurzerhand in die Tasche. Während die beiden so über Geschäftliches reden, fängt die Tasche langsam an zu brennen. Der Angestellte gerät zunehmend in Panik, empfindet wohl auch Schmerzen, führt das Gespräch aber weiter, bis die Angelegenheit geregelt ist. Als er den Raum verlassen hat, fragt Kofi seinen Vater vorwurfsvoll: »Warum hast du ihm das angetan?« Der Vater entgegnet ungerührt: »Ich habe gar nichts getan.« Und er verweist auf einen Aschenbecher, den der Mann hätte benutzen können. Er hätte kurz das Zimmer verlassen oder einfach weiterrauchen können. Aber er habe sich entschieden, die Zigarette in seine Tasche zu stecken. »Das hätte er nicht tun müssen«, fügt der Vater an. »Heute hast du etwas gesehen, das du niemals tun solltest: dich selbst erniedrigen.« So geschockt Annan nach eigenem Bekunden damals über das Verhalten seines Vaters war, Lehren dieser Art scheinen ihre Wirkung nicht verfehlt zu haben. Bis heute zählen zu den auffälligsten Merkmalen Kofi Annans seine große Würde und die Kunst, in fast jeder Lage Haltung zu bewahren.

Immer wieder pflegt der Vater nach dem Abendessen auch fingierte Gerichtsverhandlungen über die Missetaten Kofis und seiner Geschwister abzuhalten. Dabei kommt es ihm vor allem auf die Aufrichtigkeit und Haltung der »Angeklagten« an. Ändern sie ihre Geschichte? Weist die Darstellung Lücken auf? Machen sie unnötige Pausen, verhaspeln sie sich? Kofi, erinnert sich die ältere Schwester Essie, zögert nie und beendet seine Darstellung häufig mit einem gut platzierten Witz. Das ist trotz der Ernsthaftigkeit der Sache erlaubt, vielleicht sogar erwünscht, denn den Menschen in Ghana wird nachgesagt, dass sie einen ausgeprägten Sinn für Humor besitzen. Tendenziell aber hält Vater Henry Reginald wenig von lautem Schreien und sprühender Emotionalität. Geduld, Zurückhaltung und Beständigkeit bringen einen Menschen seiner Ansicht nach eher voran. Um ihnen kluges Verhalten näher zu bringen, wählt er, wie in Ghana üblich, oft auch das Mittel des Sprichworts, erinnert sich Annan später: »Ich hätte zum Beispiel ins Büro meines Vaters laufen und ihm von meinem unmöglichen Chef berichten können. Er hätte meine Sorgen angehört und dann etwas gesagt wie: ›Sohn, man schlägt einem Mann nicht auf den Kopf, wenn man die eigenen Finger zwischen seinen Zähnen hat.‹ Und ich hätte dann selber herausfinden müssen, wie ich mich am besten verhalte.«

Der Vater ist streng, insgesamt auch distanziert, aber nicht brutal. Er »ruht in sich« und ist im guten Sinne »selbstsicher«. Er hat harte Maßstäbe, die seinem Sohn vielleicht nicht immer gefallen, aber Kofi nimmt manches von der Erziehung auf und ergänzt dieses Wertegerüst später durch Studien, Auslandsaufenthalte und eigene Erfahrung im Umgang mit Menschen. Im Verband der Großfamilie erfährt er Sicherheit, Wärme und Lebenslust, obwohl das Verhältnis zur Stiefmutter womöglich nicht immer einfach ist. Unter den Geschwistern jedenfalls nimmt er als Zwilling und erster Junge eine Sonderstellung ein: Kofi ist der »Sunnyboy«, erinnert sich seine ältere Schwester Nana Essie, der als Kind durchaus rau sein konnte, im Laufe des Lebens jedoch immer ruhiger und ausgeglichener wurde. Später einmal sagt Annan von sich selbst: »Ich liebe das Leben, ich liebe die Menschen.« Beides rührt, wie er findet, zu einem erheblichen Teil von seiner afrikanischen Herkunft her und vom Lebensgefühl aus jener Zeit, in dem das Zusammensein mit Menschen, das ständige Kommen und Gehen, Sich-Treffen, Feiern, Essen und Arbeiten eine elementare Rolle spielt.

Ghana prägt Annan in vielerlei Hinsicht. Es ist nicht nur die Familie, die tiefe Spuren hinterlässt, so weit verzweigt sie mit Tanten, Cousinen, Onkeln und Müttern auch sein mag. Andere Faktoren beeinflussen ihn mindestens ebenso sehr. Die Tätigkeit seines Vaters spielt dabei eine große Rolle, auch die politische Lage in der damaligen britischen Kolonie »Goldküste«. Bevor er in späteren Jahren gewählter Gouverneur der Provinz Ashanti wird, arbeitet Kofis Vater als »Exportmanager« bei der britisch-niederländischen »United African Company«, einem Zweig von Unilever, die zu jener Zeit als »die angesehenste Firma« in Ghana gilt. Er ist am Kakaohandel beteiligt, der im Land eine besondere Rolle spielt, reist dafür viel in der Region und wird innerhalb der Kolonie »Goldküste« immer wieder versetzt. »Jedes Mal, wenn mein Vater in einen neuen Distrikt kam, wechselten wir die Schule.« Einen Teil seiner frühen Schulzeit verbringt Kofi deshalb nicht nur in Kumasi, sondern an Orten wie Bekwai, Swedru und in Koforidua, die alle im südlichen Drittel des Landes liegen. In dieser Zeit bildet zwar das Familienanwesen in Kumasi die Basis, dorthin geht man in den Ferien, in der Nähe leben auch die Großeltern und andere Verwandte, aber durch die Berufstätigkeit seines Vaters muss Kofi früh mit sich verändernden Gegebenheiten, mit neuen Schulen und ständig wechselnden Klassenkameraden zurechtkommen.

Mehr noch, man verlangt ihm nicht nur örtliche Wechsel ab, sondern auch kulturelle. In der Familie lernt er afrikanische Bräuche kennen, »draußen« wird er mit der britischen Kolonialherrschaft konfrontiert. Zu Hause spricht man hauptsächlich Fanti, die Sprache »seines Herzens«.

Vom Schulalter an kommt Englisch hinzu, die Verwaltungssprache der Kolonie, und in der weiterführenden Schule findet der Unterricht ausschließlich auf Englisch statt. »Wir wechselten ständig zwischen einem traditionellen und einem modernen, städtischen Leben hin und her«, erinnert Annan sich. Kofi lernt dabei früh, sein Leben in verschiedene Sphären aufzuteilen und sich bald mühelos von einer in die andere zu begeben – örtlich, sprachlich und kulturell. Das macht ihn flexibel und wendig, aber auch geschmeidig und anpassungsbereit; Eigenschaften, die man am späteren Generalsekretär Annan gleichermaßen lobt wie tadelt. Auch die politischen Ereignisse jener Zeit verfolgt man im Hause Annan aufmerksam; nicht nur die Entwicklungen in der Region, sondern selbst jene im fernen Europa, wo der Zweite Weltkrieg Spuren der Verwüstung hinterlassen hat, und in Amerika, das allmählich zur Supermacht aufsteigt. Man tut das schon im eigenen Interesse; schließlich arbeitet der Vater für eine ausländische Firma, die Kolonialherren regieren das Land. Dadurch erwirbt Kofi neben der kulturellen Vielfalt ein politisches Grundverständnis, das über die Grenzen des eigenen Haushalts, ja des eigenen Landes hinausreicht.

Nach vielen Schulwechseln kommt er, wie alle seine Geschwister, mit 16 Jahren schließlich in ein Internat nach Cape Coast, etwa zweihundert Kilometer von seiner Heimatstadt Kumasi entfernt. Es ist nicht irgendeine Schule, in der man ihn anmeldet, »Mfantsipim« zählt vielmehr zu den besten und ältesten des Landes. Noch heute belegt sie nach einem Ranking der Kumasi-Universität Platz drei aller Gymnasien in Ghana, dort genannt »Secondary Schools«, damals steht sie auf »Rang eins«. Direkt an der Küste gelegen, wie der Name schon sagt, bildete Cape Coast lange schon, bevor Kofi dort zur Schule ging, das Zentrum der ghanaischen Elite. Auch wenn deren Bildungseinrichtungen meist nicht das Niveau britischer

Topinternate erreichten, galten sie als Sprungbrett und Voraussetzung für eine geglückte Karriere. Cape Coast war bis 1877 die ursprüngliche Hauptstadt der Kolonie; dort hatte der Gouverneur seinen Sitz. In den fünfziger Jahren des zwanzigsten Jahrhunderts befindet sich die Regierung zwar längst in Accra, aber die Stadt bleibt ein geschichtsträchtiger Ort mit anregendem Ambiente. Es ist eine Verwaltungsstadt mit vielen Lehrern, Studenten, Schülern und wenig Industrie. »Cape Coast hat seine traditionelle Rolle als Bildungszentrum behalten und behauptet bis heute seinen unbestrittenen Vorsprung. Immer noch kommt die Mehrheit der Bildungselite des Landes aus den dortigen Schulen.«

Mfantsipim ist ein reines Jungen-Internat, gegründet wie die meisten bedeutenden Schulen der »Goldküste« von Missionaren, in diesem Fall von Methodisten, im Jahr 1876. Während Annans Zeit dort wird die Schule zwar schon von Afrikanern geführt, doch Ablauf und Lehrplan orientieren sich in jeder Hinsicht am britischen Standard, inklusive der christlichen Ausrichtung. Die morgendliche Andacht ist ein selbstverständlicher Bestandteil des Alltags. Die Schule gilt als »streng, aber menschlich«. Um 5.20 Uhr werden die jungen Männer mit einer Art Fabriksirene geweckt, um tagsüber einem festen und wiederkehrenden Lehrplan zu folgen, der nach einer Phase des individuellen Studiums bereits um 10 Uhr abends endet. »Danach ging man direkt zu Bett«, beschreibt der damalige Rektor der Schule, Francis Bartels, die dortigen Gepflogenheiten. Neben den eigentlichen Lerninhalten wird Charakterbildung ganz groß geschrieben in Mfantsipim.

Mit Eintritt ins Internat tauchen die jungen Männer in eine neue, eigene Welt jenseits ihrer Familien ein. Nach Hause geht man nur in den Ferien. Bis zur nächsten Heimreise können leicht drei, vier Monate vergehen. Annan stört das nicht, wie er sagt. »Ich mochte die Schule«,

»hatte eine Menge Freunde dort.« Das Leben in Cape Coast ist angefüllt mit Lernen, Sport und gemeinsamen Aktivitäten aller Art. »Es war eine interessante Erfahrung, weil es einem zum ersten Mal die Möglichkeit gab, eigene Entscheidungen zu treffen.« Die Lehrer helfen, leiten an, aber Eltern und Geschwister, an die man sich wenden könnte, fehlen. »Dadurch wird man schneller erwachsen.« Außerdem bereitet es den Teenager Annan auf Zeiten im Ausland vor, in denen er seine Familie jahrelang nicht sehen wird. Im Nachhinein erscheint der Aufenthalt im Internat also bereits wie der Einstieg in das internationale Vagabundenleben.

Wie im britischen Mutterland tragen die Zöglinge von Mfantsipim adrette Schuluniformen mit hellen Hosen und dunklen Jacketts, gelegentlich gehört auch die Krawatte zur kompletten Ausstattung. Ein Foto aus jener Zeit zeigt eine reine Jungenklasse, viele Kinder offensichtlich aus guten Verhältnissen stammend; darunter Kofi, der zwar von der Statur her kleiner ist als die meisten seiner Mitschüler, aber durchaus gut aussehend und vor allem drahtig. Überhaupt bedeutet ihm Sport zeitlebens sehr viel. In Mfantsipim entdeckt er fast »aus dem Nichts« sein athletisches Talent: Im letzten Schuljahr überrascht er Lehrer und Mitschüler mit ausgezeichneten Leistungen als Sprinter, ein Hobby, das ihm später immer wieder Respekt und Popularität sichert. Neben sportlichen Aktivitäten in der Gemeinschaft genießt es Kofi mehr als alles andere, sich in politische Debatten zu verwickeln. Bereits als Teenager »streitet« er gerne über die beste politische Strategie für seine Heimat und nicht selten auch über die Zukunft der Welt. Später wird er die Schule einmal dafür loben, ihm beigebracht zu haben, »dass Not, egal wo sie auftritt, jeden etwas angeht«. In Mfantsipim macht sich Kofi auch deshalb einen Namen als gefürchteter Gesprächspartner, weil er, wie zu Hause vom Vater gelernt, seine Argumente ruhig und sachlich, aber mit einem gewissen Nachdruck vorträgt.

Und Diskussionsstoff bietet die aktuelle Lage damals genügend: Die Nachkriegsära nimmt Form an; die Vereinten Nationen sind gegründet, befinden sich in ihrer Aufbauphase. Der Kalte Krieg hat begonnen, Amerika und die Sowjetunion konkurrieren als Supermächte. In Afrika träumen die Menschen von Freiheit und Selbstbestimmung, die Kolonialzeit geht dem Ende entgegen. Ausgerechnet in Ghana, seiner reichen Bodenschätze und des Fleißes seiner Menschen wegen einst als britische Musterkolonie gepriesen, fängt der Funke der Freiheit als Erstes Feuer. Im Jahr 1947 gründen liberale Intellektuelle, reiche Kaufleute und einige »Chiefs« eine neue Partei mit dem Namen »United Gold Coast Convention« (UGCC). Diese Sammlungsbewegung versucht, die Opposition gegen die britische Kolonialherrschaft zu vereinen. Da die Gründer der Partei einen schrittweisen Prozess zur Unabhängigkeit im Sinn haben, den sie mit dem Slogan »Unabhängigkeit in der kürzestmöglichen Zeit« umschreiben, erreichen sie zunächst wenig. Das ändert sich erst, als Kwame Nkrumah kommt und »Unabhängigkeit jetzt« fordert.

Nkrumah ist eine schillernde Figur und bleibt in Ghana lange umstritten. Aber er gilt als der unanfechtbare Held der Unabhängigkeit und beeindruckt Kofi Annan nachhaltig. Nkrumah wird 1909 geboren; er wächst in einfachen Verhältnissen auf. Nach seiner Zeit in einer katholischen Missionsschule kommt er immer mehr zu der Überzeugung, die koloniale Unterjochung und Ausbeutung müsse ein Ende haben. Mit Mitte zwanzig verlässt er seine Heimat, um in Nordamerika zu studieren. Ohne Geld für die Schiffspassage geht er als blinder Passagier an Bord und kommt nach einer schweren Reise schließlich in Amerika an. Dort begegnet er anderen Verfechtern der Freiheit für die afrikanischen Völker. Nach fast zehn Jahren, er promoviert in der Zeit, geht Nkrumah nach London, dorthin, wo die Kolonialherren sitzen. In Großbritannien gründet er zusammen mit anderen den »Pan African Congress«. Die Führer der »United Gold Coast Convention« holen Nkrumah, der inzwischen für seine kompromisslose politische Haltung bekannt ist, zurück nach Afrika. Er wird Generalsekretär der Partei, verlässt sie aber zwei Jahre später und gründet seine eigene Partei, die »Convention People's Party«. Mit der Devise »Unabhängigkeit jetzt« gewinnt er die Unterstützung des breiten Volkes. Am 6. März 1957 wird die »Goldküste« unabhängig, fast 100 Jahre nach der britischen Machtübernahme. Es ist die erste Kolonie Schwarzafrikas, die volle Souveränität erlangt. Sie nennt sich fortan Ghana. In der Hauptstadt Accra versammeln sich bald politische Köpfe aus anderen Ländern des Kontinents, um die Unabhängigkeit auch in ihrer jeweiligen Heimat zu organisieren. »Accra wurde die Hauptstadt des revolutionären Afrika.«

Kofi, zu der Zeit im Internat, verfolgt die Geschehnisse um sich herum sehr genau, an den Umwälzungen beteiligt ist er jedoch nicht. Er gehört auch keiner politischen Partei an. Zu den revolutionärsten Handlungen aus jener Zeit zählt ein Schülerprotest, den er organisiert, weil das Essen im Internat miserabel schmeckt. Mit Erfolg – der Speiseplan wird umgestellt. Überhaupt setzt sich Kofi häufig und gerne für Schwächere ein. »Ich hatte immer schon das Gefühl, für die Schwachen Partei ergreifen, sie verteidigen und unterstützen zu müssen.« Ein Mitschüler von damals bestätigt Annans Einsatz in dieser Richtung: Die älteren Schüler hatten nach den dortigen Gepflogenheiten das Recht, jüngere zu piesacken, wenn sie in den Studierzimmern laut sprachen oder zum Sport mit dreckigen Fingernägeln erschienen. Annan habe die älteren davon überzeugt, diese Gewohnheiten aufzugeben.

Obwohl er die politischen Entwicklungen genau beobachtet, bleibt sein Engagement für bessere Verhältnisse auf den eng abgesteckten Raum von Mfantsipim begrenzt. Die Unabhängigkeitsbewegung begeistert die jugendlichen Schüler – ohne Zweifel. »Manchmal machten wir dazu auch Rollenspiele; jeder musste eine andere Partei vertreten und dann entsprechend argumentieren.« Was da »draußen« vor sich geht, »elektrisiert« Kofi und seine Freunde geradezu. Trotzdem halten sie sich von den eigentlichen Geschehnissen fern. Warum? »Ich war zu jung, um selbst daran teilzunehmen«, sagt er im Rückblick. Er ist in seinen späten Jugendjahren. Vielleicht liefert eine Meinungsverschiedenheit mit dem Vater eine andere Erklärung dafür. Henry Reginald Annan sympathisiert mit der moderateren »United Gold Coast Convention«, während Kofi die Worte Nkrumahs vom eigenen Schicksal, das man nun endlich in die Hand nehmen solle, nicht aus dem Kopf gehen wollen. »Das beeinflusste mich.« Er ist einerseits erfüllt von den Gesprächen zu Hause, von den Überzeugungen seines Vaters, andererseits aber auch empfänglich für die Freiheitsrufe des kompromisslosen Nkrumah. Trotz der abwartenden Beobachterposition, die er einnimmt, prägt die Zeit des Umbruchs in Ghana Kofi nachhaltig, weil sie ihn lehrt, dass alles im Fluss und nichts für die Ewigkeit ist. »Als Teenager, als junger Mann sah ich, wie sich um mich herum gravierende Veränderungen einstellten. Die koloniale Macht wurde übergeben, Menschen wurden aus den Gefängnissen entlassen, wurden zu Ministerpräsidenten und Präsidenten. Ich wuchs also auf in der Überzeugung, dass Wandel möglich ist, dass alles möglich ist und deshalb der Einzelne sich ruhig für bessere Verhältnisse einsetzen sollte. Diese Erkenntnis hilft mir bis heute.«

Im Jahr der Unabhängigkeit Ghanas schließt Annan die Secondary School Mfantsipim ab und kehrt in seine Geburtsstadt Kumasi zurück, um zwei Jahre an der heimischen Universität Volkswirtschaftslehre zu studieren. Dort lebt, wie erwähnt, auch der große Familienclan. Kumasi, mitten im Ashanti-Gebiet, gilt als Ghanas »heimliche Hauptstadt« und »kulturelles Zentrum des ganzen Landes«. Sie ist schon damals eine anziehende Großstadt, in der im Jahr 1960 mehr als 180 000 Menschen leben (inzwischen sind es rund 800 000), umgeben von einer lieblichen Landschaft mit sanften Bergen und grünen Wäldern. Dazu ist die Gegend mit Reichtum aller Art gesegnet; sie verfügt über enorme Goldvorkommen, unterhält einen lohnenden Kakao- und Holzhandel. Bereits in den »zwanziger Jahren bauten die reichen Kaufleute dort großzügige Wohnhäuser für sich und ihre Familien; Schulen, Straßen, Fabriken kamen hinzu«. Auch die Annans besitzen ein mehrstöckiges Wohnhaus mit vielen Zimmern, in dem jedes der Kinder ausreichend Platz findet. Kofi kann sein Studium in einer materiell sorglosen Atmosphäre beginnen. Kumasi geht es besser als anderen Provinzstädten in Ghana, und den Annans geht es besser als vielen anderen Familien im Land.

Eingebettet in das afrikanische Wertesystem seiner privaten Umgebung in dieser Zeit, plant Kofi Annan ein Leben, das dem seines Vaters in manchem gleicht: Bis zu seinem 45. Lebensjahr möchte er als Geschäftsmann tätig sein, dann 15 Jahre Politik in Ghana machen und mit 60 einen ruhigen Lebensabend als Kakaobauer verbringen. Doch daraus wird nichts. Keine zwei Jahre später hat es ihn bereits in ein anderes Land, auf einen anderen Kontinent mit völlig anderem Klima verschlagen. Es wird ein Abschied auf Dauer, obwohl er anfangs noch die feste Absicht hegt, nach einigen Jahren zurückzukehren. Mehr als vier Jahrzehnte, mit einer kurzen Unterbrechung in den siebziger Jahren, sind seither vergangen. Im Herzen aber bleibt Kofi Annan Afrikaner und seiner Heimat treu verbunden.

»Man soll nie irgendwo hinkommen
und denken, man wisse besser Bescheid
als die Einheimischen.«

Out of Africa: Studium im Ausland

An der Technischen Universität von Kumasi studiert Annan vier Semester lang Volkswirtschaftslehre. Auch diese
Hochschule ist ursprünglich eine Gründung evangelischer
Christen, wird dann aber später zu Ehren des Vorkämpfers
der Unabhängigkeit in »Kwame Nkrumah University of
Science and Technology« (KNUST) umbenannt. Dabei
legt die Universität ihren akademischen Schwerpunkt deutlich auf Ingenieur- und Agrarwissenschaften. Das entspricht nicht ganz Annans Neigungen und ist vielleicht ein
Grund, weswegen er nach zwei Jahren weiterzieht. Die
Nähe zu einer der reichsten Goldminen des Landes – nur
sechzig Kilometer entfernt – macht die fachliche Orientie-
rung der Bildungsstätte jedoch plausibel. Inzwischen gilt
die KNUST nach eigener Darstellung als beste technische
Universität Afrikas und als fünftbeste der Welt. Ende der
fünfziger Jahre ist sie eine von drei Universitäten im Land.
Außergewöhnliche Leistungen, die über das normale Lern-
pensum hinausgingen, forderte sie nach eigenen Aussagen
schon immer von ihren Zöglingen. »Wir erwarten einen
hohen moralischen Standard und absolute Integrität«, lautet das Motto noch Jahrzehnte später.

Der junge Student Annan empfindet die Universität in
der Rückschau als »dynamisch«. Sie gefällt ihm, es herrscht
Aufbruchstimmung. Anders als im Internat, engagiert er
sich nun auch politisch, denn inzwischen hat Annan begriffen, dass die junge Nation fähige Leute braucht, um den
Wechsel in die Unabhängigkeit zu meistern. »… wir alle

31

hatten das Gefühl, einen Beitrag beim Aufbau dieses neuen Landes leisten zu müssen.« Also lässt er sich in die Studentenvertretung seiner Universität wählen und steigt wenig später zum Vize-Präsidenten der nationalen Studentenorganisation Ghanas auf. In dieser Eigenschaft nimmt Annan 1958 an einem länderübergreifenden Kongress westafrikanischer Studentenführer in Sierra Leone teil. Dort wird der intelligente junge Mann von einem Vertreter der bekannten amerikanischen Ford-Stiftung »entdeckt« und angesprochen. Er solle sich doch um ein Stipendium in den Vereinigten Staaten bewerben. Seine Stiftung biete viel versprechenden und aufstrebenden afrikanischen Führungspersönlichkeiten die Möglichkeit zum akademischen Auslandsaufenthalt. Das Programm nennt sich »Foreign Student Leadership Project«. Annan, der »es immer schon eilig hatte, erwachsen zu werden«, reicht eine Bewerbung ein und erhält – es verwundert kaum – ein Vollstipendium an einem ihm bis dahin völlig unbekannten College namens »Macalester« in Saint Paul, der Hauptstadt Minnesotas.

Wenn junge Leute von einem anregenden und karrierefördernden Studium in den Vereinigten Staaten träumen, dann denken sie an Harvard, Yale oder doch wenigstens an Universitäten im sonnigen Kalifornien, wie Berkeley oder die University of California in Los Angeles (UCLA) – aber niemals an Saint Paul in Minnesota. Annan geht es nicht anders. Macalester sagt ihm nichts, überhaupt nichts, den Namen hat er noch nie im Leben gehört; er muss erst den Atlas wälzen, um seinen neuen Studienort überhaupt zu lokalisieren. Ein Stipendium hat er zwar ergattern, aber keinen Einfluss auf den Studienort nehmen können. Die Ford-Stiftung teilt ihn einfach einer Universität zu. Im Rückblick meint er jedenfalls, Ghana zu verlassen und von den Tropen in das winterliche Minnesota zu wechseln, sei ein enorm großer Schritt für ihn gewesen.

Man könnte auch sagen, es war ein Kulturschock: Denn der Staat liegt in der nördlichen Mitte Amerikas, direkt an der kanadischen Grenze. Die Gegend ist fast menschenleer; auf einer Fläche, die in etwa jener der alten Bundesrepublik entspricht, leben heute gerade mal fünf Millionen Einwohner, damals waren es noch weniger. Und, was aus Annans Sicht vielleicht am wichtigsten ist, sie sind zu mehr als 90 Prozent weiß. Da verschlägt es also einen einundzwanzigjährigen Schwarzen Anfang der sechziger Jahre – die Rassenkonflikte sind bereits ausgebrochen – in einen nahezu »weißen« Staat im Norden der Vereinigten Staaten. Größer und einschneidender hätte der Wechsel kaum ausfallen können, egal, wie privilegiert der familiäre Hintergrund war. Die erste Reise außerhalb Afrikas bildet eine tiefe Zäsur im Leben Annans. Das empfindet er auch Jahrzehnte später noch so. Dass er im Sommer 1959, bevor er sich endgültig in Macalester einschreibt, noch einige Wochen an der Harvard-Universität verbringt, mag ihm den Einstieg erleichtert haben, an dem krassen Wechsel aus der Wärme Afrikas in den Norden Amerikas ändert es wenig.

Aber die Erfahrung stählt ihn in gewisser Weise auch, zumal sich Annan nach einer Eingewöhnungsphase wohl fühlt in der Hauptstadt Minnesotas, mehr noch auf dem Campus von Macalester. Wieder hat er Glück: Macalester ist ein privates College mit geistes- und sozialwissenschaftlicher Ausrichtung, das auf eine lange Tradition zurückblicken kann. Ähnlich wie die Universität von Kumasi und das Internat Mfantsipim wurde auch Macalester ursprünglich aus religiösen Motiven gegründet. Dieses Mal waren es Presbyterianer, die jungen Leuten zu geistiger und religiöser Reife verhelfen wollten. Der christliche Glaube spielt zwar im täglichen Studentenleben keine vordringliche Rolle, aber er bildet den festen Rahmen für die Gemeinschaft. Bis heute entspricht dies in etwa dem Religionsverständnis Annans und geht auch auf die christliche Prägung in allen Bildungsstätten zurück, die er in seiner Jugend besucht hat. Nicht nur in geistlichen Belangen ist das Leben auf dem großzügig ausgelegten Campus mitten im historischen Teil von Saint Paul tolerant. Das College gilt insgesamt als liberal und weltoffen. Neben der amerikanischen Fahne wird dort zum Beispiel regelmäßig die blaue UN-Flagge gehisst, eine für damalige Zeiten ungewöhnliche Praxis an amerikanischen Hochschulen. Annan ist beeindruckt vom »Respekt für andere Kulturen«, den er dort – mitten im »weißen« Amerika – vorfindet.

An Menschen und Umgebung gewöhnt er sich im Laufe der Monate, nicht jedoch an das frostige Klima. Den ersten Winter kann er kaum aushalten. »Als Kind der Tropen schien mir das Einwickeln in unendlich viele Kleiderschichten äußerst lästig.« Mehr als alles andere stören ihn jedoch die damals üblichen Ohrenschützer. »Ich empfand sie als fremd und unelegant.« Also beschließt er, auch bei tiefen Minusgraden auf diese hässlichen Dinger zu verzichten. Ein Fehler, wie sich sehr bald herausstellt. Denn nach einem langen Spaziergang im winterlichen Saint Paul sind ihm die Ohren mehr oder weniger an den Kopf gefroren und schmerzen fürchterlich. Dieser Vorfall wird ihm eine Lehre sein. Er lernt daraus, wie er später immer wieder betont, dass man »nie irgendwo hinkommen und denken sollte, man wisse besser Bescheid als die Einheimischen«. »Man muss zuhören und sich umsehen, sonst kann man schwere Fehler begehen.«

Unter den Studenten fällt Annan schnell auf, natürlich wegen der offensichtlichen Andersartigkeit, aber auch wegen seiner frischen Intelligenz, seiner freundlichen Art und – nicht zuletzt – seiner sportlichen Begabungen. »Jeder kannte ihn auf dem Campus.« Dennoch: Die Haltung nach außen ist eine Sache. Zu Hause hat er gelernt, aufrecht durchs Leben zu schreiten. Ob er sich auch tief in seinem Inneren immer unangreifbar und sicher fühlt, darf ernsthaft bezweifelt werden. Ende der fünfziger Jahre fliegt man noch nicht mühelos von einem Kontinent zum nächsten. Einen akademischen Aufenthalt in den USA zu meistern, bedeutet auch, sich für lange Zeit von der Familie zu verabschieden. Telefonieren ist teuer und noch nicht so selbstverständlich wie heute. Man schreibt Luftpostbriefe oder bespricht ein Tonband, um den Eltern ein Gefühl von Nähe zu vermitteln. Die meisten Austauschstudenten haben schreckliches Heimweh in den ersten Monaten, Annan vermutlich auch, obwohl er durch die Zeit im Internat bereits ein gutes Training in puncto Abwesenheit von der Familie absolviert hat. Auch kann er sich der Unterstützung seiner Familie sicher sein, denn im Ausland zu studieren, gilt in Ghana als hohes Gut, zumindest in dieser Schicht. »Es wurde als große Errungenschaft erachtet, wenn jemand ins Ausland ging. Junge Leute wurden dazu angehalten, es so weit wie möglich zu bringen«, geographische Entfernungen eingeschlossen.

Zwar ist Macalester in vieler Hinsicht ein Glücksfall, die Weltoffenheit und die Bildungsmöglichkeiten faszinieren Annan, das College wirkt wie eine Insel der Seeligen inmitten des von Rassenkonflikten erschütterten Amerika, aber als Student aus Schwarzafrika hat er viel Neues zu bewältigen und auch Unangenehmes zu verarbeiten. »Es war bestimmt nicht leicht, damals als Afrikaner außerhalb Afrikas zu leben«, sagt sein Sprecher Fred Eckhard über Annans Anfangszeit in den USA. »Aber er hat es bewältigt«, weil er wisse, wo er herkomme, was er sei und darstelle. Wenn ihn jemand nicht möge, nur weil er schwarz sei oder aus Afrika komme, »ist das sein Problem«, beschreibt Eckhard Annans Ansicht zu dem Thema noch heute. Eine Haltung, die von seiner Studienzeit in den Vereinigten Staaten und in Europa herrührt. Andererseits hat er schon im Ghana der Kolonialzeit gelernt, sich ohne anzuecken in verschiedenen Kulturen zu bewegen. Zweifellos eine Gabe, die ihm den Eintritt in die Vereinten Nationen erleichtert, ihn geradezu auf ein buntes internationales Leben vorbereitet und einen Teil seines späteren Erfolges ausmacht. Sie hat viel mit kultureller Sensibilität, gelegentlich jedoch auch mit devotem Verhalten gegenüber den jeweiligen (Macht-)Realitäten zu tun.

So fremd ihm manches in den Vereinigten Staaten vorkommt, anderes kennt er bereits: die Zeit des zivilen Widerstands, der Sit-Ins, Demonstrationen und Blockaden wirkt auf Annan wie eine Fortsetzung des politischen Unabhängigkeitskampfes in Ghana, den er gerade erst erlebt hat. »Die Kultur war anders, der Ansatz war ein anderer, aber das Ziel war das Gleiche. Also konnte man mitfühlen«, sagt er im Rückblick. Wieder verfolgt er die politischen Geschehnisse mit großem Interesse und macht dabei auch selbst die eine oder andere schlechte Erfahrung. Einmal, während eines Spaziergangs mit ein paar Freunden, werden sie aufgrund seiner Hautfarbe von einer Gruppe junger Betrunkener angepöbelt. Ein anderes Mal entgeht er einem tätlichen Angriff nur knapp, als er mit einem weißen Mädchen durch die Stadt läuft. »Ein beängstigender Vorfall«, wie er später zugibt.

Trotzdem zieht sich Annan nicht auf das sichere Gelände des liberalen Macalester-Campus zurück. Nach seinem ersten Studienjahr, im Sommer 1960, tourt er mit einem Lehrbeauftragten und einigen Freunden wochenlang durch das amerikanische Hinterland. Die jungen Leute aus fünf verschiedenen Ländern und vier Kontinenten quetschen sich in einen »Station Wagon« und nennen sich fortan »Botschafter der Freundschaft«. Ihr Ziel lautet: Möglichst viel von Land und Leuten zu sehen. Sie übernachten bei Gastfamilien, armen und reichen, in ländlichen und städtischen Gegenden. Einmal wollen sie sogar in einem örtlichen Gefängnis schlafen, um sich ein eigenes

Bild von den dortigen Verhältnissen zu verschaffen. Der Versuch misslingt, sie verbringen die Nacht stattdessen bei der Heilsarmee. Unterwegs wird die auffällige Gruppe immer wieder auch mit rassistischen Ausbrüchen konfrontiert, aber davon lässt sich keiner der Teilnehmer sonderlich beeindrucken. Schließlich bleiben sie trotz allem, was sie sind: Akademiker aus wohlhabenden Familien mit einer guten Portion Selbstbewusstsein.

Annan studiert Volkswirtschaftslehre wie in Kumasi. Und wie früher liebt er politische Auseinandersetzungen – nicht nur in kleinen Studentengruppen. An amerikanischen Universitäten gehören die so genannten Debatten zur gepflegten akademischen Streitkultur. Sie laufen diszipliniert und nach klaren Regeln ab, können in der Sache aber hart ausgefochten werden. Häufig genug müssen die Teilnehmer – zur Schärfung des Geistes – das genaue Gegenteil dessen vertreten, wovon sie eigentlich überzeugt sind. Annan nimmt mit Freunden immer wieder an Redewettbewerben teil. Wenn er das Thema frei wählen kann, drehen sich seine Vorträge um Arm und Reich, um die Chancen einer zusammenwachsenden Welt oder um die Rolle der Vereinigten Staaten in der Nachkriegsära. Eines Tages gewinnt er sogar einen landesweiten Redewettbewerb; wieder geht es um Amerikas Verantwortung für die Entwicklungsländer und die jungen, entkolonisierten Staaten. Mit Freuden erinnert sich einer seiner Lehrer aus jener Zeit an Annans »wundervollen« ghanaischen, oxford-ähnlichen Akzent. Sicher hatte er auch damals schon die tiefe, samtene Stimme, mit der er jeden Gesprächspartner nach wie vor beeindruckt, obwohl seine Sprache überraschend einfach ist und nahezu frei von jeder Raffinesse. Im »Cosmopolitan Club«, dem er bald als Präsident vorsteht, bemühen sich die Studenten ebenfalls um die Verständigung zwischen Nationen, in erster Linie zwischen den Vereinigten Staaten und anderen Ländern. Mit Anfang zwanzig hat Annan also »seine« Themen gefunden – und sie lassen ihn nie wieder los: Gerechtigkeit, Ausgleich zwischen Arm und Reich, Völkerverständigung. Und spätestens ab jetzt übt er sich zielstrebig und regelmäßig in der Kunst des gesprochenen Wortes. Ein Training, das ihm als Generalsekretär der Vereinten Nationen später von einigem Nutzen sein wird.

Wie im Internat treibt Annan regelmäßig Sport und hinterlässt mit seinen außerordentlichen Leistungen am Macalester-College einen bleibenden Eindruck. Sport hat an amerikanischen Universitäten, im Gegensatz zu deutschen, traditionell eine große Bedeutung. Die Stars des Football- oder Basketball-Teams werden schnell auch zu Lieblingen des gesellschaftlichen Lebens. Annan, eigentlich ein Leichtathlet, versucht sich zunächst im American Football. »Es war okay, solange ich den anderen davonrannte und keiner mich kriegte«, sagt Annan später über seine diesbezüglichen Versuche. Aber als 60-Kilo-Mann ist er für diese Sportart einfach nicht kräftig genug. »Nach fünfzehn Minuten gab ich auf.« Stattdessen wendet er sich dem europäischen Fußball zu – mit mehr Erfolg und größerem Spaß. Die besten Leistungen jedoch erzielt er als Läufer. Als 60-Yard-Sprinter stellt er einen Universitätsrekord auf, der mehr als zehn Jahre hält. »Er war geistig wie körperlich fix«, erinnert sich eine Kommilitonin.

Eigentlich will er nur ein Jahr bleiben – und dann zurückgehen nach Ghana. Wieder kommt ihm der wohlmeinende Zufall dazwischen, man könnte auch sagen, er hat unglaubliches Glück. Seine akademischen Leistungen sind so gut, dass er nach Auslaufen des Stipendiums der »Ford Foundation« ein weiteres von Macalester erhält, um sein Studium in Minnesota beenden zu können. Also verschiebt er die Rückkehr nach Ghana um ein weiteres Jahr. Jedenfalls denkt er das damals noch, doch aus jeder Möglichkeit erwächst bald eine neue, und Annan bleibt der Heimat fern für lange Zeit. Nach einem weiteren Jahr schließt er seine Studien mit dem »Bachelor of Arts« in Volkswirtschaftslehre ab. Dem College Macalester, wo er nach einer harten Phase der Eingewöhnung eine schöne Zeit verbracht hat, bleibt er ein Leben lang verbunden. Später gehört er dessen Kuratorium an, das ihn 1994 mit einer Auszeichnung für seinen Dienst an der internationalen Gemeinschaft ehrt.

Noch während seiner Studienzeit kommt Annan in Kontakt mit der »Pillsbury Mill«, einer der ältesten und traditionsreichsten Mühlen der Vereinigten Staaten. Sie hat ihren Sitz im benachbarten Minneapolis. Anfang der sechziger Jahre denkt das Management des Unternehmens an eine Ausweitung seiner Geschäfte nach Afrika, genauer gesagt nach Ghana. Annan als studierter Wirtschaftswissenschaftler wäre für diese Expansion genau der Richtige; die Vertragsverhandlungen sind schon weit gediehen. Aber der frühere Unabhängigkeitsheld Kwame Nkrumah, inzwischen Präsident von Ghana, wendet sich immer mehr dem Sozialismus zu und möchte den Auftrag lieber an Bulgarien vergeben. »Pillsbury« beerdigt seine Afrikapläne, der Deal mit Annan platzt in letzter Minute und damit auch sein Vorhaben, nach zwei Jahren nun aber wirklich nach Ghana zurückzukehren.

Stattdessen geht er nach Genf, an das »Institut des Hautes Études Internationales«, kurz genannt HEI. Zu seinen besten Freunden am Macalester College gehört ein Schweizer namens Roy Preiswerk, der später ein bekannter Professor für Entwicklungspolitik wird. Über ihn erfährt er vom HEI, Preiswerk zieht ihn sozusagen mit in die Schweiz. Wieder wählt Annan eine exklusive und renommierte Bildungsstätte und wieder taucht er ein in eine neue Kultur. Aber härter als in Minnesota kann es ihn kaum treffen. Die Stadt, malerisch gelegen zwischen dem Genfer See und den Alpen, ist nicht ganz so eisig wie der Norden der

Vereinigten Staaten, auch nicht ganz so »weiß«. Im Kalten Krieg macht sich das in der neutralen Schweiz gelegene Genf bald einen Namen als Treffpunkt für Vertreter der verschiedenen Blöcke. Und die Vereinten Nationen haben längst dort ihr europäisches Hauptquartier aufgeschlagen, wo früher der glücklose Völkerbund residierte. Kurz, die Stadt ist für damalige Verhältnisse international. Hier trifft man Menschen aller Hautfarben aus aller Herren Länder. Aber – ein Problem für Annan – man spricht Französisch, eine Sprache, in der er sich bis heute nicht völlig wohl fühlt. Der Unterricht am HEI findet zwar auf Englisch statt, aber Französischkenntnisse sind vorgeschrieben. Annan arbeitet daran – auch das soll später noch von großer Bedeutung für ihn werden, bei der Wahl zum Generalsekretär der Vereinten Nationen.

Vom parkähnlichen Gelände des HEI blickt man direkt auf den Genfer See; schöner kann man kaum studieren. Kofi Annan und Roy Preiswerk teilen sich ein kleines Apartment unweit des Instituts. Annan lebt von monatlichen Zuwendungen eines Stipendiums der Rockefeller Foundation. »Es war nicht viel, aber zum Leben genügte es«, erinnert sich der Kommilitone Georges Abi-Saab, der mit Annan seit über vierzig Jahren befreundet ist. Das Institut gilt mit seinem internationalen Fokus noch heute als Schmiede für künftige Diplomaten und Politiker. Als Annan im Herbst 1961 in Genf eintrifft, hat das HEI bereits eine 35-jährige Geschichte im Dunstkreis von Völkerbund und Vereinten Nationen hinter sich. Es bezeichnet sich selbst als eine Institution, die Studenten, egal welcher Herkunft, mit den Grundzügen internationaler Zusammenhänge und Strukturen vertraut machen will. Zur damaligen Zeit – die Welt erschien viel größer als heute, von Globalisierung redet noch niemand – gibt es nicht viele solche Einrichtungen. Das HEI behauptet sogar, es sei für lange das einzige Institut seiner Art gewesen. Der akademische Ansatz dort ist multidisziplinär und reicht von Geschichte über Recht, Wirtschaft bis hin zu Sozialem und Politik. Hier müssen die Studenten über den engen Horizont ihres Faches – bei Annan wie üblich Volkswirtschaft – hinausblicken, ein Problem umfassender betrachten und vernetzter denken. Auch davon wird er später in seiner Arbeit bei den Vereinten Nationen noch profitieren.

Ein sichtbares Relikt aus jener Zeit ist übrigens der Bart. Davor sah man auf allen Bildern einen aufgeweckten, aber eher glatten jungen Mann. In Genf trifft Annan nun mit einem kleinen Bart ein, der seinen Mund oval umrankt und den er noch immer trägt. Heute wirkt er, grau meliert, durchaus elegant, wie ein distinguiertes Markenzeichen; Anfang der sechziger Jahre hatte diese Mode jedoch weniger optische als politische Gründe. »Damals war das ein Symbol, ein sichtbares Zeichen«, erinnert sich Abi-Saab, der später Professor am HEI wird. Es ist ein »Lumumba-Bart«, wie ihn nicht wenige Afrikaner zu dessen Ehren tragen. Patrice Lumumba, der erste frei gewählte Führer des unabhängigen Kongo, gilt vielen in jener Zeit, auch Annan, als Hoffnungsträger für Afrika. Er ist jung, gerade mal 13 Jahre älter als Annan, und er glaubt an die Kraft der Afrikaner, die sich unabhängig von Grenzen und ethnischen Unterschieden zusammenschließen sollen, um den afrikanischen Kontinent »frei« und »glücklich« zu machen. Anfang Januar 1961, also noch vor Annans Ankunft in Genf, wird Lumumba jedoch ermordet; der Konflikt im Kongo weitet sich rasch zu einer ernsten internationalen Krise aus. Die Vereinten Nationen sind dort bereits mit einer groß angelegten militärischen Operation engagiert, um den Unabhängigkeitsprozess von Belgien zu begleiten und zu stabilisieren. Im September 1961, kurz vor Annans Semesterbeginn in Genf, stirbt der damalige UN-Generalsekretär Dag Hammarskjöld bei einem Flugzeugabsturz – ebenfalls im Kongo. Die genauen Todesumstände sind bis heute ungeklärt; es kursieren unzählige Gerüchte, Verschwörungstheorien und Varianten, wie der beliebte schwedische UN-Chef im Kongo ums Leben gekommen sein soll. Beide Männer, deren Tod nur einige Monate auseinander liegt, werden schnell zu Märtyrern. Annan bewegen die Ereignisse tief. Den Schweden Hammarskjöld bezeichnet er bis heute als großes Vorbild im Amt. Ihm fühlt er sich mehr verbunden als jedem anderen seiner sechs Vorgänger. Damals freilich, Annan geht auf Mitte zwanzig zu, ist es eher der Kongolese, der ihn fasziniert. Lumumba verkörpert afrikanischen Nationalismus und progressives »Nation-Building«. »Im Kongo würde sich das weitere Schicksal Afrikas entscheiden; deshalb schauten wir so genau hin«, sagt Abi-Saab. »Lumumba stand für die richtigen Dinge, auch wenn er Fehler machte.«

In diesem Geist einer sich schnell verändernden Welt treffen junge Leute von überall in Genf aufeinander. Abi-Saab beschreibt die Zeit als eine Phase des »euphorischen Optimismus«. Der Wandel zum Besseren scheint möglich, Afrikas Zukunft viel versprechend. Annan, diesbezüglich ohnehin schon beeinflusst durch die Unabhängigkeitsbewegung in Ghana und die Rassenkonflikte in den USA, lässt sich vom allgemeinen Trend einer – scheinbar – aufstrebenden Dritten Welt noch weiter mitreißen. Der Bart ist ein Zeichen dafür, auch wenn Annan, wie Abi-Saab sich erinnert, nicht unbedingt durch radikale Ansichten auffällt. Obwohl man über alle Ideologien nachdenkt, sie als Möglichkeiten für eine bessere Zukunft durchdekliniert, bleibt Annan im Denken moderat. Er ist kein Aufrührer, kein Revoluzzer, durchaus begeisterungsfähig und vorausschauend, aber insgesamt ein gemäßigter Student. Zumal die Debatten Saloncharakter haben, im feinen Genf stattfinden, nicht im heißen Afrika.

Unabhängig von der allgemeinen Aufbruchstimmung denkt Annan vor allem praktisch, die letzte akademische Brillanz scheint ihm zu fehlen. Er ist kein in sich gekehrter Denker, der am liebsten in der Bibliothek hinter Büchern hockt. Dafür genießt er die Reize des Lebens und das Zusammensein mit anderen Menschen viel zu sehr – die Diskussionen, Partys und nächtlichen Zusammenkünfte. Annan ist interessiert, intelligent und aufgeschlossen, aber seine Studien dienen vordringlich dem Zweck, sich Kompetenzen für die spätere Praxis (in Ghana) anzueignen. Immer noch glaubt er an eine schnelle Rückkehr. Inzwischen aber entpuppt sich der frühere Held Ghanas, Nkrumah, als schlechter Präsident; er wird wegen »des Verschleuderns von Staatsgeldern, Großmannssucht und diktatorischer Staatsführung« kritisiert. Ernüchterung macht sich breit, die hochtrabenden Hoffnungen nach der erreichten Unabhängigkeit von Großbritannien verfliegen allmählich. Das spürt auch Kofi Annan im fernen Europa.

Zur gleichen Zeit befinden sich die Vereinten Nationen in einer Phase des Aufbaus, weil ihre Mitgliederzahl durch die Entkolonialisierung sprunghaft steigt. 51 Staaten haben die Charta der Vereinten Nationen als Gründungsmitglieder in San Francisco unterzeichnet; ein Jahrzehnt später, 1955, sind es bereits 76 Mitgliedstaaten, und wieder zehn Jahre danach zählt man schon 117. Mit jedem neuen Staat steigt der Verwaltungsaufwand – und der Personalbedarf. »Die Organisation explodierte.« Die Weltorganisation mit ihrem schon damals verzweigten Netz an Programmen und Sonderorganisationen heuert Leute im Dutzend an, in New York, Genf und anderswo. Ein junger Mann aus Ghana mit einem beachtlichen akademischen Hintergrund und der Lebenserfahrung von drei Kontinenten kommt da gerade recht. Wer wäre besser geeignet für eine expandierende multinationale Organisation? Den Gedanken, Journalist zu werden, der ihn kurzzeitig gefangen nimmt, verwirft der studierte Volkswirtschaftler wieder. Der Beruf erscheint ihm dann doch »zu passiv«.

Im Frühsommer 1962 bemüht sich Annan, wie viele seiner Mitstudenten, um einen Job bei den Vereinten Nationen. »Wir wollten unsere Finanzen aufbessern«, erinnert sich Abi-Saab des ganz pragmatischen Hintergrundes. Zudem scheinen die Vereinten Nationen den jungen, idealistischen Studenten, die in Kofis und Roys Apartment häufig und gern bis in die frühen Morgenstunden über die Zukunft der Welt diskutieren, auch genau das richtige Instrument, um ihre Träume zu verwirklichen. »Wir wollten eine gerechte und friedliche Welt schaffen und dachten, das lasse sich leicht bewerkstelligen.« Annan beginnt bei der Weltgesundheitsorganisation (WHO), zunächst mit einem Zeitvertrag. Da er sich geschickt anstellt, erhält er ein Folgeangebot. Eigentlich ist er mit dem Vorhaben, einen Doktortitel zu erlangen, nach Genf gekommen, aber das Studium tritt schnell in den Hintergrund, die Dissertation ebenfalls. Er macht nicht einmal einen »Master's«, etwa vergleichbar dem deutschen Magister; von seiner Zeit am HEI bleibt neben der Lebenserfahrung, vielen neuen Freunden und leidlichen Französischkenntnissen sichtbar wenig übrig. Stattdessen ziehen die Vereinten Nationen ihn schon bald in ihren Bann. »Es war schnell klar, dass er sehr weit kommen würde«, sagt Abi-Saab, »denn Annan war umgänglich, redegewandt und konnte gut mit Leuten.« Aber wie weit er es dort tatsächlich bringen würde, das vorherzusehen wäre vermessen gewesen. Zumal Annan jahrelang, eigentlich jahrzehntelang in der Verwaltung arbeitet, genau seinem Studium entsprechend. Zur Politik wechselt er, trotz aller Neugier auf ihre Zusammenhänge, erst sehr viel später.

Eintritt in die UN: Beginn einer großen Karriere

Der Anfang ist bescheiden: Annan beginnt auf dem niedrigsten Niveau als Verwaltungs- und Finanzfachmann bei der Weltgesundheitsorganisation (WHO). Die WHO tritt meist dann in Aktion, wenn Krankheiten sich schnell über nationale Grenzen ausbreiten, wie letzthin bei SARS oder der Vogelgrippe. In den sechziger Jahren geht es allerdings noch um Krankheiten wie Polio, einen Erreger, den man durch flächendeckende Impfkampagnen inzwischen nahezu ausgerottet hat. Annan arbeitet als Haushaltsreferent in der Zentrale der WHO, nicht weit von seinem bisherigen Campus entfernt. Und er wird bezahlt nach »P1«, der untersten Gehaltsgruppe für Universitätsabsolventen. Die UN unterscheiden zwischen »Professionellen« – daher das »P« – und dem allgemeinen Dienst (»General Service« gleich »G«). Man kann sich von »P1« bis »P5« verbessern, es folgen auf Unterabteilungsleiterebene die Direktorenposten »D1« bis »D2«, dann kommen als Abteilungsleiter die politischen Berufungen als Beigeordneter Generalsekretär (ASG, Assistant Secretary-General), als Untergeneralsekretär USG (Undersecretary-General) und über allem steht der Generalsekretär selbst, den man im System nur kurz »S G« (Secretary-General) nennt. Annan hat im Laufe seiner mehr als vierzigjährigen Dienstzeit bei den Vereinten Nationen alle diese Grade durchlaufen, von ganz unten bis ganz oben. Er kennt die Organisation besser als die meisten, und er kennt sie fast aus jeder Perspektive. Am wenigsten Erfahrung sammelt Annan draußen bei den Friedensoperationen, einige Monate sind es nur in den siebziger Jahren, und selbst die bringt er in der Verwaltung zu.

Im Sommer 1962 halten ihn seine Mitstudenten zwar für einen vielseitigen, übrigens auch bei Frauen sehr beliebten jungen Mann, der es weit bringen wird. Aber an eine dauerhafte Karriere in der Weltorganisation denkt niemand, er am allerwenigsten. Immer noch hält Annan sein Leben im Ausland für ein Zwischenstadium. »Als ich bei den Vereinten Nationen anfing, wollte ich ursprünglich zwei, drei Jahre bleiben und dann nach Hause gehen und etwas anderes machen.« Aber es gefällt ihm in der Weltorganisation. Er mag das internationale Flair, das er ansatzweise schon in Macalester schätzen gelernt hat. Und er hat das Gefühl, hier eher seinen Idealen näher zu kommen als in der Heimat, wo die politischen Verhältnisse immer instabiler werden. »Ich merkte bald, das ist mein Ding. Hier bin ich richtig. Hier kann ich einen Beitrag leisten.« Also bleibt er, ein Vertrag folgt dem nächsten. Drei Jahre arbeitet Annan in Genf mit Menschen aus vielen Ländern der Erde, beinahe so, als »hätte man die ganze Welt unter einem Dach«. Abgesehen von den Inhalten fasziniert ihn vor allem das Fluidum. Bis heute liebt er es, mit Menschen aus unterschiedlichen Kulturen über Grenzen hinweg zu arbeiten, »sich gegenseitig zu verstehen, zu kooperieren und Dinge gemeinsam zu erledigen«.

Nach drei Jahren drängt es ihn dann nach draußen; er hat die Arbeit in der Zentrale satt, will dorthin, wo seiner Ansicht nach das richtige Leben spielt: in den Außenstellen der UN. Er will nach Afrika, »um die Lage dieses Kontinents verbessern zu helfen«. Also bittet er um Versetzung. Die Weltgesundheitsorganisation hat offene Stellen in Kongo-Brazzaville und in Ägypten. Beides würde ihn reizen, auf beides bewirbt er sich. Statt dessen bietet man ihm zunächst die Philippinen, dann Indien und schließlich nach längerer Diskussion mit den Vorgesetzten eine Stelle in der dänischen Hauptstadt an. »Kopenhagen ist nett«, denkt er sich, aber es entspricht nicht seinen Wünschen. Der Unterschied zu Genf scheint ihm nicht groß genug. »Also hörte ich bei der WHO auf, um das machen zu können, was ich wollte.« Innerhalb von fünfzehn Minuten hat der Chef sein Kündigungsschreiben. Keine Kurzschlussreaktion, die er später bereut. Annan bleibt bei seinem Entschluss, verlässt die WHO ohne konkrete Aussicht auf eine neue Stelle anderswo. Aber er ist jung, optimistisch und sicher, »dass er bald etwas Neues findet«. In jenen Wochen versendet er »eine Menge Bewerbungen« für alle möglichen Posten in Afrika. Und während er auf Reaktionen künftiger Arbeitgeber wartet, reist Annan mit seiner jungen Ehefrau Titi, die beiden haben kurz zuvor geheiratet, wochenlang durch Europa. Trotz ungewisser Zukunftsperspektive ist Annan »zufrieden und ziemlich glücklich«, weil er eine Entscheidung getroffen hat, zu der er stehen kann. Und in der Tat hat er bald verschiedene Angebote, darunter eines von der UN-Wirtschaftskommission in Afrika mit Sitz in Addis Abeba, Äthiopien.

Ob ihm bei diesem Wechsel eine verwandtschaftliche Beziehung hilft, lässt sich höchstens unterstellen. Tatsache ist aber, dass Robert K. A. Gardiner von 1963 an viele Jahre lang (bis 1974) den regionalen Arm der UN in Afrika als Exekutivsekretär leitet: Gardiner stammt wie Annan aus Ghana – und ist ein Cousin seines Vaters. Jedenfalls kann man mit einiger Sicherheit annehmen, dass diese Verbindung seinem beruflichen Fortkommen nicht gerade im Weg stand. Wie auch immer die Zusage im Einzelnen zustande gekommen sein mag: 1965 siedelt Annan von der Schweiz nach Äthiopien um und bleibt dort mit seiner Frau bis Anfang der siebziger Jahre.

Die UN unterhalten auf jedem Kontinent eine Regionale Wirtschaftskommission, die europäische sitzt in Genf. Sie haben jeweils die Aufgabe, die wirtschaftliche Entwicklung einer Region zu begleiten und durch Beratung nationaler Regierungen zu stärken. In den neunziger Jahren geraten die Kommissionen etwas in Verruf, weil man ihren Nutzen und ihre Existenzberechtigung in Frage stellt. Was können sie zusätzlich zu Weltbank und UN-Entwicklungsprogramm leisten?, lautet die Frage. Worin genau besteht ihr Mehrwert, der den hohen Aufwand rechtfertigen würde? Mitte der sechziger Jahre ist das noch völlig anders: Die UN expandieren in alle Richtungen, auch in Afrika. Überall werden Außenstellen eröffnet und blaue Flaggen gehisst, Regionalkommissionen erachtet man als wichtige Vorposten der Vereinten Nationen auf allen Kontinenten.

Als Annan im September 1965 seine neue Stelle in Äthiopien antritt, existiert die Wirtschaftskommission gerade mal sieben Jahre. Sie befindet sich noch im Auf- und Ausbau; für einen Verwaltungsfachmann eine faszinierende Aufgabe. Annan hat es dort, wie noch bis in die neunziger Jahre hinein, mit Personalfragen zu tun. Als »Personalreferent«, so lautet sein damaliger Titel, sichtet er Bewerbungen, schreibt Personalakten fort und kümmert sich um arbeitsrechtliche Fragen aller Art. Wie viel Geduld dabei gelegentlich nötig ist, zeigt folgende Anekdote: Es geht um einen russischen Professor, der gerne ein Jahr in Kenia lehren möchte. Weil der Fall an die Wirtschaftskommission getragen wurde, soll sich Annan als Mann für Personalfragen darum kümmern. Nachdem er die russische Seite vom Nutzen des Austauschs überzeugt hat, findet er plötzlich heraus, dass der Professor leider nur russisch beherrscht. Was also tun? Das Projekt aufgeben? Kommt nicht in Frage, denn schon der erste Teil hat Mühe und Zeit gekostet. Also fordert er gleich noch einen Übersetzer aus Russland an. Moskau stimmt schließlich zu und gibt die Mittel für Professor und Übersetzer frei. Als das Jahr um ist, bittet die kenianische Seite um weitere zwölf Monate. Annan wendet sich wieder an seine russischen Partner. Nach anfänglichem Zögern lassen sich die Verantwortlichen schließlich auf eine Verlängerung ein: Aber nur für den Übersetzer, der Professor muss nach Hause. Alles Zureden hilft nichts; die Entscheidung ist gefallen. Geschichten dieser Art zeigen, dass Personalmanagement damals, zumal bei einer heterogenen »Truppe« wie den UN, einiges an Kreativität erfordert. Übersichtliche und alphabetisch geordnete Computerlisten gibt es noch nicht; man arbeitet mit Karteikarten, Telefon, Kugelschreiber und viel Improvisationsgeist. Zudem ist die Personalpolitik oft genug Teil der Ost-West-Auseinandersetzung, da die Blöcke jeweils versuchen, »ihre« Leute an zentralen Stellen zu platzieren. So gerät Annan trotz seiner administrativen Tätigkeit immer wieder in die Fänge der Machtpolitik.

Während seiner Zeit in Äthiopien lernt er auch so manches über die fragile Lage seines Heimatkontinents. »Es lag eine Menge politischer Energie in der Luft.« Denn in Addis Abeba geben sich die neuen Führer der jungen afrikanischen Staaten die Klinke in die Hand; dort hat neben der UN-Wirtschaftskommission auch die Organisation für Afrikanische Einheit (OAU; inzwischen weiter entwickelt zur Afrikanischen Union) ihren Sitz. Wer über die Entwicklungsmöglichkeiten Afrikas sprechen, wer über internationale Zusammenarbeit auf dem Kontinent nachdenken will, der kommt zu jener Zeit in die äthiopische Hauptstadt. Und Annan sitzt mittendrin. Zwar hat er als Verwaltungsmann damals nicht direkten Zugang zu den höchsten Kreisen der Staats- und Regierungschefs, aber er erlebt sie doch aus der Nähe. Dabei merkt er allmählich, dass seine idealistischen Jugendträume von Freiheit und Wohlstand für Afrika sich nicht so einfach und vor allem nicht so schnell umsetzen lassen, wie er dachte. »Nach einer Weile konnte ich sehr gut beurteilen, wo die nächste politische Krise bevorstand. Wenn man eine Bewerbung von einem Zentralbankpräsidenten erhält, dann weiß man, dass dieses Land ein Problem hat«, sagt er im Rückblick.

Ende der sechziger Jahre unterbricht Annan seinen Aufenthalt in Äthiopien für zwölf Monate, nicht jedoch seine Tätigkeit bei den Vereinten Nationen – noch nicht: 1968 ordnet man ihn für ein Jahr ins Hauptquartier nach New York ab, zur Weiterbildung. Wieder arbeitet er in der Personalabteilung, kommt dem eigentlichen Machtzentrum jedoch zum ersten Mal nahe. Damals führt als dritter Generalsekretär der Burmese Sithu U Thant die Weltorganisation. Wenn schon Genf und Addis Abeba anregend waren für Annan, um wie viel mehr muss ihm dann erst New York gefallen. Das eigenwillige UN-Gebäude-Ensemble direkt am East River besteht aus einem flachen Kuppelbau (Generalversammlung), einem Zwischengebäude (Sicherheitsrat, Wirtschafts- und Sozialrat) sowie einem flachen Hochhaus, dem Sekretariat. Dort arbeiten die UN-Angestellten. Annan erhält ein Zimmer im 29. Stock, New York liegt ihm quasi zu Füßen. Heute haben die Vereinten Nationen viel von ihrem ursprünglichen Charme eingebüßt, das Mobiliar wirkt verschlissen, das Gebäude marode. Damals aber, in den Anfangsjahrzehnten herrscht, wie Nina Miness erzählt, die von 1952 an fast ein halbes Jahrhundert bei den UN gearbeitet hat und so etwas wie eine lebende UN-Chronistin ist, eine »unglaublich aufgekratzte« Stimmung am East River. Politisch befinden sich die Vereinten Nationen schon in der Starre des Kalten Krieges, aber ansonsten ist das rege Treiben bei den UN einmalig und noch viel außergewöhnlicher als heute. Wo kann man Ende der sechziger Jahre schon mit Indern, Polen, Griechen, Schweden, Argentiniern und Ägyptern in einer Cafeteria sitzen? Wo zwischen Amerikanern, Franzosen und

Russen arbeiten? Und dazu noch mitten in der aufregendsten Stadt der Vereinigten Staaten? Auch Annan ist dieser Anziehung erlegen, später kehrt er immer wieder gerne zurück nach New York.

Zunächst aber geht es ein weiteres Mal nach Afrika, zur UN-Wirtschaftskommission in Äthiopien. Die Fortbildung in New York bringt ihm eine Beförderung ein: Annan wird kommissarischer Leiter des dortigen Personalreferats, wenig später übernimmt er den Posten vollends. Nach einem weiteren Jahr »Afrika-Abenteuer« scheint er dann bereit für einen abermaligen Wechsel. Gerade Anfang dreißig, gerät er in eine Art innere Krise, auf der Suche nach neuen Ufern. »Ich stellte mir eine Menge Fragen, befand mich wohl, etwas früher als andere, in einer Midlife-Krise.« Er weiß nicht recht, wohin mit sich. Wie soll es weitergehen beruflich, privat und überhaupt? »Ich brauchte ein wenig Zeit zum Reflektieren, nicht nur darüber, was ich nun tun wollte, sondern auch, um in mich selbst zu dringen, mich selbst besser zu verstehen. Also nahm ich eine Auszeit«, ein Sabbatjahr.

Annan kehrt zurück an die Universität, zurück in die Vereinigten Staaten. Am »Massachusetts Institute of Technology« (MIT) studiert er ein Jahr lang Management. Möglich wird der Wechsel durch die Bekanntschaft mit einem MIT-Professor, der an einer Konferenz in Addis Abeba teilnimmt. Ihn spricht er an, tauscht sich mit ihm über die verschiedenen Studienmöglichkeiten in den Vereinigten Staaten aus und wird bei der Gelegenheit auf die »Sloan School« für Management aufmerksam. Annan bewirbt sich, erhält eine Zusage und siedelt im Juni 1971 für ein Jahr nach Cambridge, Massachusetts, um. Das MIT gehört unbestritten zu den besten Universitäten der Welt, das Studium dort stellt eine Besonderheit in jedem Lebenslauf dar. Nebenbei bemerkt, hat Annan ja auch noch keinen Magisterabschluss, den er wohl braucht, um beruflich weiter voranzukommen. Die akademische »Pause« vom Beruf nützt ihm also gleich in mehrfacher Hinsicht.

Das »Sloan Fellows Program«, an dem Annan nun in Cambridge teilnimmt, ist für gestandene Manager gedacht, die sich eine Zeit lang mit Motivations-, Organisations- und Führungsfragen befassen wollen. Sie unterbrechen dafür ihre bisherige Berufstätigkeit. Annan erhält für das akademische Jahr 1971/72 eine Zusage als »Sloan Fellow«. Damals sind noch keine Frauen zugelassen; Business bleibt strikte Männersache. Annan merkt schnell, dass er sich anstrengen muss; das Niveau ist hoch, hier trifft eine Elite zusammen. »Ich fragte mich, wie ich in dieser Gruppe von Erfolgsmenschen etwas erreichen könnte, wie ich hier überleben sollte.« Statt sich vom Ehrgeiz der anderen irritieren und blockieren zu lassen, beschließt er bald nach der Ankunft, seinem eigenen Rhythmus zu folgen, nicht alles mitzumachen, was die Kommilitonen vorgeben. »Dadurch ließen meine Ängste allmählich nach.« Aber er muss hart arbeiten, denn das Pensum ist immens. »Sie haben uns sehr viel abverlangt«, erinnert er sich an seine Zeit am MIT. Am Ende des Jahres hat er einiges über Managementtheorien gelernt und obendrein eine Magisterarbeit verfasst. Sie handelt von öffentlich-privaten Partnerschaften am Beispiel des Kupferabbaus in Sambia. Wieder widmet er sich, wen würde es überraschen, einem Entwicklungsthema und Afrika.

Trotz der hohen Anforderungen »genießt« Annan dieses »Jahr enorm«. Die Unterbrechung gibt ihm Zeit, sich über manches klar zu werden und die innere Krise zu überwinden. Statt danach aber einen gut dotierten Managerposten anzustreben, wie die meisten seiner Mitstudenten, kehrt er zu den UN zurück. »Bis heute ziehen sie mich auf damit, sagen, ich hätte viel mehr Geld anderswo verdient.« Bei den UN kann man, damals wie heute, kein Vermögen anhäufen, lebt als internationaler Beamter allerdings auch nicht schlecht. Wahr ist, Annan hätte in der freien Wirtschaft wahrscheinlich ein höheres Gehalt bezogen. Aber Geld ist nicht seine einzige Motivation. »Ja, es waren idealistische Motive«, sagt er rückblickend. Und: »Bei den Vereinten Nationen zu arbeiten, ist mehr als nur ein Job. Es ist eine Berufung. Niemand arbeitet dort, um reich und berühmt zu werden…« Zudem zeigt sich schon jetzt, dass er in der Weltorganisation recht gut vorankommt; er steigt kontinuierlich auf, von einem Rang zum nächsten.

Einige Wochen schickt man ihn noch einmal an seinen alten Posten nach Addis Abeba – zum dritten Mal nunmehr. Von dort, mit dem neuen Universitätsabschluss im Gepäck, macht er einen großen Sprung nach Genf, nicht wie früher zur Weltgesundheitsorganisation, sondern direkt zur dortigen UN-Verwaltung, dem zweiten Sitz der Weltorganisation nach New York. Wieder erledigt er vorwiegend administrative Aufgaben. Zwei Jahre hält es Annan in Genf, ehe er für sechs Monate nach Ägypten zu einer Friedensoperation wechselt, als Leiter des dortigen Zivilpersonals. Überhaupt sind die siebziger Jahre unruhig für Annan. Kaum ist er irgendwo angekommen, zieht es ihn schon wieder weg. So ganz sicher scheint er sich seiner Sache und seiner Lebensplanung nicht zu sein. »Ich war immer noch innerlich gespalten«, kommentiert er diese Zeit. Auch ein Umzug nach Ghana scheint ihm nach all den Jahren im Ausland, inzwischen sind es 13, weiterhin erstrebenswert. Und tatsächlich kehrt er 1974 zurück in seine Heimat. Doch auch dieser Aufenthalt bleibt ein kurzes und enttäuschendes Intermezzo.

In Accra betreibt Annan Tourismusförderung; er wird »Managing Director of the Ghana Tourist Development Company«, einem staatlichen Unternehmen. Der Elan und die Begeisterung, mit denen er seine Heimat »umarmt«, verfliegen schnell. Nkrumah, der frühere Held der Unabhängigkeitsbewegung und Präsident des Landes, ist mittlerweile durch einen Militärputsch gestürzt worden. Er ging ins Exil und starb 1972 in Bukarest an Krebs. Zwischen Nkrumahs Absetzung 1966 und Annans Ankunft 1974 durchlief Ghana eine wechselvolle politische Phase. Das Land sah eine Reihe von Regierungen kommen und gehen. Kurz vor Annans Rückkehr putscht sich wieder ein Militärangehöriger erfolgreich an die Macht: Oberst Acheampong »hatte keine Ahnung von Wirtschaft« und bleibt auch sonst glücklos. Produktion und Handel kommen zum Erliegen, Schmuggel und Schwarzmarkt blühen, die demokratischen Strukturen leiden. Wenige Jahre später, 1978, wird auch der Oberst in einer Palastrevolution von seinen Militärkollegen gestürzt. Entsprechend schlecht ist die Stimmung, als Annan 1974 seinen Posten bei der Tourismusförderungsgesellschaft Ghanas antritt. Theoretisch hat er dort freie Hand, kann Entscheidungen treffen und manches gestalten, aber in der Praxis mischen sich die Militärs immer wieder ein. »Man brauchte dauernd Genehmigungen für alles Mögliche.« Das passt Annan nicht, der zurückgegangen war, weil er hoffte, sein Heimatland für den Tourismus zu öffnen und damit ein Stück Wohlstand zu schaffen. Geplant war zum Beispiel der Bau einer Reihe Hotels entlang der Küste. Doch die ganze Sache missfällt ihm; er mag es nicht, wenn Militärs fortwährend seine Kreise stören. »Es gab zu viele Verbotsschilder und zu viele Blockaden.« Auch bedauert er, »dass man nicht mehr bewegen konnte« – und sucht sein Glück wieder im Internationalen. Der zweijährige Ghana-Ausflug in den siebziger Jahren ist bis heute sein einziger Versuch, in die Heimat zurückzukehren. Von nun an verschreibt sich Annan voll und ganz den Vereinten Nationen. Nur die Sehnsucht bleibt. Er wird sich immer als »Sohn der Tropen« fühlen und stets das schöne Sonnenlicht Westafrikas vermissen.

Nach der Enttäuschung in Accra meldet sich Annan 1976 wieder zurück zu den UN; dieses Mal nach New York, als Personalreferent. Wie gewöhnlich arbeitet er zuverlässig und gut, aber nicht auffällig oder herausragend. Er wird in seinem unmittelbaren Umfeld geachtet, doch als »Shootingstar« der Vereinten Nationen gilt Annan nicht, vielmehr klettert er unauffällig, Stufe um Stufe, nach oben. Man schätzt ihn als angenehmen Kollegen – Vorgesetzte und Untergebene gleichermaßen. »Annan ist einfach nett«, beschreibt zum Beispiel Bhaskar Menon, langjähriger UN-Mitarbeiter seinen Ruf im Haus noch Jahre später, »und er spricht selbst als Generalsekretär eine erstaunliche Zahl ›normaler‹ UN-Bediensteter mit Vornamen an.«

Für Annan, jetzt um die vierzig, sind die Zeiten auf den unteren Rängen nun allerdings endgültig vorbei: Im Jahr 1980 kommandiert man ihn nach Genf ab, zum Flüchtlingshilfswerk der Vereinten Nationen (UNHCR), als Personalchef. Jetzt ist er zuständig für etwa 2000 Bedienstete, die schon damals beim Flüchtlingshilfswerk arbeiten. Das UNHCR betreut Entwurzelte und Heimatlose auf der ganzen Welt. Die Organisation ist an vielen Orten gleichzeitig beschäftigt, meist sind es aktuelle Krisen, mit denen man zu kämpfen hat. Das erfordert raschen Einsatz und schnelle Reaktionen, wie in Südostasien, als sich Ende der siebziger Jahre Tausende von Boat-People auf den Weg in eine hoffentlich bessere Zukunft machen. Oder in Afrika, wo schon damals Flüchtlinge, etwa aus Somalia, in Nachbarländer drängen. Oder in Lateinamerika, wo Chilenen vor dem Diktat Pinochets flüchten. »Das UNHCR befand sich in einer fürchterlichen Wachstumsphase, auf die die Organisation überhaupt nicht vorbereitet war.« Das verlangt den Verantwortlichen an der Spitze einiges an Krisenmanagement ab. Die Personalabteilung unter Kofi Annan ist ihrerseits permanent damit beschäftigt, Mitarbeiter rund um den Globus zu verschicken, mit allem, was arbeitsrechtlich und organisatorisch dazugehört. Seinem damaligen Stellvertreter als Personalchef, Walter Koisser, ist Annan als ein Mann mit »großen Führungsqualitäten« in Erinnerung, seinem direkten Vorgesetzten Franz Josef Homann-Herimberg ebenso. Denn er modernisiert die gesamte Personalverwaltung, reorganisiert Abläufe, gibt der Abteilung einen flotteren Namen – »Human Resource Division« – und stellt die Arbeit komplett auf EDV um. Außerhalb seines direkten Aufgabenfeldes aber fällt Annan immer noch kaum auf. Selbst langjährigen UN-Mitarbeitern sagt der Name Annan in dieser Zeit wenig bis nichts, es sei denn, sie hatten einmal persönlich mit ihm zu tun. Noch immer ahnt niemand, dass er, die vierzig gerade überschritten, eine glänzende Karriere vor sich hat. Nur seine Schwester Nana Essie Arthur behauptet, sie habe spätestens, als ihr Bruder nach Massachusetts zog, gewusst, dass er hoch hinauswollte. Auch seine erste Frau Titi, von der er sich 1979 trennt, attestiert ihm einigen Ehrgeiz und einen Drang, vorwärts zu kommen. Doch erst Anfang der achtziger Jahre wird Annan dauerhaft nach New York geholt, ins Innerste der Vereinten Nationen.

Damit beruhigt sich sein Leben wieder, zumindest örtlich, beruflich folgt ein Wechsel auf den nächsten. Auch sein Privatleben kommt zu dieser Zeit, Anfang der achtziger Jahre, wieder ins Lot, denn er wird wenig später die Schwedin Nane Lagergren heiraten. Davor jedoch durchlebt er, persönlich wie beruflich, die turbulenteste Phase seines Lebens und bleibt in der Folge selbst von gesundheitlichen Problemen nicht ganz verschont. Ruhelos springt er in den Siebzigern von Posten zu Posten, von Kontinent zu Kontinent, meist auf eigene Initiative hin: Von Addis Abeba nach New York, dann wieder Äthiopien, gefolgt von Massachusetts, nach Genf, es folgt ein Kurzzeiteinsatz in Ägypten, dann nochmal Afrika, dieses Mal Ghana, von dort zurück nach New York, wieder Genf, bis er Anfang der achtziger Jahre permanent nach New York übersiedelt. Was für ein aufregendes und aufreibendes Leben. Die wenigsten Menschen haben in dieser Zeit schon so einen, heute würde man sagen: globalisierten Alltag.

Aber dieses mobile Leben hat auch einen Preis: Die Ehe mit seiner ersten Frau Titi leidet darunter. Sie ist schon Mitte der siebziger Jahre nicht mehr so glücklich wie damals, als die beiden frisch verheiratet durch Europa reisten. Kennen gelernt hatten sie sich 1964 über Freunde in Genf. Er war damals schon bei der Weltgesundheitsorganisation angestellt, die zwei Jahre jüngere Nigerianerin nahm Sprachunterricht in der Schweiz. Bald nach ihrem ersten Treffen wurden sie ein Paar, heirateten im Mai 1965 ebenfalls in Genf.

Titi Alakija, die fortan Titi Annan heißt, entstammt einer äußerst prominenten nigerianischen Familie. Ihr Vater Sir Adeyemo Alakija war, wie Annans Vater, ein »Chief«, gehörte aber als Richter auch dem Obersten Gerichtshof des Landes an und wurde von Großbritannien sogar zum Ritter geschlagen. Überdies gründete er die nigerianische Zeitung »Daily Times«. Sein Name hat in Lagos, wo selbst eine Straße nach ihm benannt wurde, einen besonderen Klang.

Titi Annan, die einen Teil ihrer Schulzeit in einem englischen Internat zugebracht hat, heiratet, noch ehe sie richtig in eine eigene Karriere investieren konnte. Während der Ehejahre arbeitet sie nur phasenweise – in Addis Abeba zum Beispiel als Sekretärin. Die meiste Zeit jedoch verbrachte sie als Hausfrau und damit, ihrem Mann hinterherzuziehen. Jedes Mal, wenn Annan den Job wechselte, folgt ihm seine Frau. Sie ging mit ihm nach Addis Abeba, das eine Ausbildungsjahr nach New York Ende der sechziger Jahre, später zum MIT nach Cambridge, nach

Ghana und wieder nach New York. Zusammen haben die beiden zwei Kinder: Tochter Ama wird 1969 geboren, Sohn Kojo im Jahr 1973.

Für Titi Annan war es nach der Geburt der Kinder – »davor machte es Spaß« – nicht leicht, wie sie im Rückblick sagt, immer die Habseligkeiten zusammenzupacken, überall wieder anzufangen, neue Freunde zu suchen und oft genug mit Ama und Kojo darauf zu warten, bis ihr Mann abends vom Büro nach Hause kam. Nicht, dass die Ehe von Anfang an unglücklich gewesen wäre. Das Gegenteil ist der Fall, zumindest aus ihrer Sicht. Sie spricht von einer »wunderbaren Zeit«, die sie verlebt hätten. Und bis heute schätzt sie ihren früheren Mann als großartigen Vater der beiden Kinder, als einen Menschen, der in sich ruht – »eine Gabe Gottes«, wie sie findet –, und als jemand sehr »Soziales und Geselliges«. Auch nach außen galten die beiden seinerzeit als durchaus harmonisches Paar, weil keiner neben dem anderen verblasste. Freunde von damals beschreiben Titi Annan als attraktiv, weltläufig, warm, lebenslustig und trotz ihrer privilegierten Abstammung als äußerst praktisch veranlagt. Und Annan galt schon immer als jemand, der in seiner zurückhaltenden Weise auf andere zugehen und einen großen Freundeskreis unterhalten konnte. Trotzdem trennten sich die beiden Ende der siebziger Jahre. Sie zog nach London, er lebte zunächst in New York, später in Genf.

Annan redet ungern und äußerst selten über seine erste Ehe oder die Gründe ihres Scheiterns. Auch Titi Annan lässt manches dieser Verbindung im Unklaren, aber ihren Ausführungen ist zu entnehmen, dass das unruhige Hin und Her mit wechselnden Jobs auf drei Kontinenten dem Familienfrieden nicht besonders zuträglich war. Bei diesem internationalen Leben sei man, entgegen der allgemeinen Vorstellung, »nicht gerade auf Rosen gebettet«. Sie berichtet von Momenten der Einsamkeit, von schwierigen

Wohnverhältnissen, von gepackten Koffern, auf denen sie saß, und von Hotelzimmern, in denen sie lebte, während ihr Mann schon wieder zum nächsten Einsatzort entschwunden war. »Das größte Problem waren für mich die vielen Umzüge. Ich hatte genug davon.« Im Gegensatz dazu nahm ihr Mann für einen guten Posten einen abermaligen Wechsel billigend in Kauf. »Dann war er bereit, wieder umzuziehen.« Die Trennung ging, wie sie erzählt, zunächst von ihr aus: Sie brach aus. Später hätte sie den Schritt wohl gerne rückgängig gemacht, dann wollte er jedoch nicht mehr. Ihre Wege trennten sich Ende der siebziger Jahre, da waren beide um die vierzig, standen also schon in der Mitte ihres Lebens. Als 1983, wie sie berichtet, die Ehe schließlich geschieden wird, gibt es bereits eine neue feste Beziehung im Leben von Kofi Annan: Nane Lagergren, die er ein Jahr später heiratet. Titi Annan geht keine weitere Ehe mehr ein. In ihrer Heimat Nigeria gilt sie gelegentlich immer noch als die Frau von Kofi Annan. »Es ist eine Art afrikanischer Tradition, einmal Frau, immer Frau.« Dass sie heute nicht an der Seite des UN-Generalsekretärs steht, obwohl sie seine beruflichen Anfänge begleitet hat, erfüllt Titi Annan nicht mit Wehmut. »Wenn es mir bestimmt gewesen wäre, an dieser Stelle zu stehen, dann stünde ich heute da«, sagt die gläubige Christin schlicht.

Nach ihrer Trennung einigen sich die früheren Eheleute darauf, Sohn Kojo beim Vater zu belassen, damit er eine internationale Schule besuchen kann, bis auch er alt genug ist, um, wie Tochter Ama, auf ein Internat zu gehen. Dadurch befindet sich Annan Ende der siebziger Jahre in einer für Männer recht ungewöhnlichen Lage: Er ist allein erziehender Vater, muss Beruf und Familie so verbinden, dass Kojo so wenig wie möglich darunter leidet. Er »hatte sehr zu kämpfen«, beschreibt der Sohn die damalige Lage fur seinen Vater. Die Zeit empfindet Annan als derart anstrengend, dass er nach einem halben Jahr eine Haushälterin einstellt. Trotzdem bemüht er sich darum, den Sohn selbst von der Schule abzuholen, ihn nach Hause zu bringen, um häufig genug dann noch einmal an seinen Schreibtisch ins Büro zurückzukehren. Ein schwieriger Spagat, den er allerdings weitaus leichter bewältigt, als es eine Frau in gleicher Lage könnte, wie er später gerne zugibt. Denn erstens bestimmt er als Führungskraft, wann Konferenzen stattfinden, und zweitens kann er sich als allein erziehender Mann des Mitgefühls seiner Kollegen sicher sein. »Es war nicht leichter für ihn, beides irgendwie zu schaukeln, aber seine männlichen Kollegen hatten eine andere Haltung ihm als Frauen gegenüber.«

Aus dieser Erfahrung lernt er nach eigenen Angaben »eine Menge«, unter anderem, wie wichtig es ist, die Zeit klug einzuteilen. Dazu erzählt Annan folgende Begebenheit: Eines Abends hat er Freunde zu Gast und klagt ein wenig darüber, er müsse morgens früh aus dem Bett, um den Sohn zu versorgen: Frühstück machen, Schulbrote schmieren, duschen, anziehen und so weiter. Bis ihn eine anwesende Dame aufklärt, er solle Kojo doch vor dem Zubettgehen ins Bad stecken, die Brote schon abends richten und auch die Kleider des Kindes bereits für den nächsten Tag zurechtlegen. »Du bist ein großer Manager«, zieht sie ihn dann auf, »und wirst mit so etwas nicht fertig?« Ob er seine Gewohnheiten danach umgestellt hat, verrät Annan nicht, aber seither hat er »großen Respekt vor Frauen, die Kinder erziehen«.

Übrigens gilt Annan in jener Zeit, allein erziehend hin oder her, als attraktiver Junggeselle. »Er war ein sehr beliebter Gentleman, nicht nur wegen seines guten Aussehens, sondern auch wegen seiner charmanten Art.« Überhaupt kursieren unzählige Geschichten über seine amourösen Beziehungen, bei denen zwischen Fiktion und Realität, zwischen echtem Zeugnis und übler Nachrede kaum zu unterscheiden ist. Annan, so viel lässt sich wohl seriös festhalten, ist begehrt und genießt seinerseits diese Popularität durchaus.

Sein Privatleben stabilisiert sich erst Anfang bis Mitte der achtziger Jahre wieder, als er die ebenfalls geschiedene Schwedin Nane Lagergren in Genf kennen lernt. Sie ist sechs Jahre jünger, arbeitet als Juristin – wie er – beim UNHCR und hat eine Tochter, Nina, die sie mit in die Schweiz gebracht hat. Für die Schwedin ist der Posten in Genf ein Traum, den sie später, um Annan nach New York zu folgen, nur schweren Herzens aufgibt. Kofi und Nane kennen sich vom Büro her. »Wir haben uns davor schon mal gesehen«, aber so richtig einander vorgestellt werden sie erst bei der Party eines Freundes, einige Monate nachdem die Schwedin in Genf Posten bezogen hat. Fast wie ein Blitz trifft es sie. Nane Annan bezeichnet die Begegnung im Rückblick als »einfach unglaublich«. Es dauert noch ein bisschen, ehe die beiden offiziell ein Paar werden, schon der gemeinsamen Arbeitsstätte – vielleicht auch der offiziell noch gültigen ersten Ehe Annans – wegen, aber bald nach diesem denkwürdigen Treffen sind die Gefühle »ziemlich stark«.

So unterschiedlich ihrer beider Herkunft auf den ersten Blick wirkt, so ähnlich sind sie sich dann wieder auf anderen Ebenen. Hier die kühle, zurückhaltende, groß gewachsene Schwedin. Dort der warmherzige, humorvolle, eher schmächtige Ghanaer. Überhaupt geben sie optisch ein recht ungleiches Paar ab. Nane Annan überragt ihren Mann um einige Zentimeter, wenn sie Schuhe mit Absätzen trägt, fast um einen ganzen Kopf. Aber beide kommen aus prominenten Kreisen ihrer jeweiligen Länder. Kofi als Spross ghanaischer Adeliger trifft auf Nane als Tochter eines schwedischen Juristen mit internationaler Ausrichtung und einer Halbschwester des bekannten Schweden Raoul Wallenberg.

Gunnar Lagergren, ihr Vater, hat in seinem Berufsleben

zum Beispiel geholfen, Grenzstreitigkeiten zwischen Indien und Pakistan zu schlichten. Später saß er als Richter am Europäischen Gerichtshof für Menschenrechte. Nane ist zwar 1944 in Stockholm geboren, lebt durch den internationalen Fokus ihres Vaters jedoch viel im Ausland, darunter an so exotischen Plätzen wie Algerien, Marokko und Tansania. Ihre Mutter, Nina, ist eine Halbschwester von Raoul Wallenberg, jenem schwedischen Botschafter in Ungarn, der während des Zweiten Weltkrieges Tausende von Juden vor dem sicheren Tod gerettet hat und dann selbst in russischen Lagern verschollen ist. Die Schweden verehren Raoul Wallenberg als Nationalhelden. Kurz vor seinem Verschwinden, am 8. Dezember 1944, schrieb Raoul Wallenberg noch einen letzten Brief an seine Mutter, in dem er seine Schwester Nina und »das kleine Mädchen« herzlich grüßen ließ, das wenige Wochen zuvor, im November, geboren worden war: Es handelt sich um Nane.

Als Annan 1983 nach New York versetzt wird, entschließt sich Nane nach einiger Bedenkzeit, ihm zu folgen. Das UNHCR hat keine Stelle für sie in New York; es bleibt ihr nur die Kündigung. Nach ein paar Kurzzeitverträgen als freie Juristin lässt sie den Beruf, den sie 16 Jahre lang so leidenschaftlich ausgeübt hat, fallen und widmet sich künftig der Malerei. Die schwedische Karrierefrau beginnt ein neues Leben an der Seite von Kofi Annan, nun Unterabteilungsleiter in der Verwaltungsabteilung der Vereinten Nationen. Kurz nach dem Umzug, 1984, heiraten die beiden in New York. Nicht in irgendeiner Kirche auf Manhattan, sondern als richtige »Kinder« der Weltorganisation, die sie beide nun mal sind, in der »UN-Kapelle« direkt gegenüber dem eigentlichen Hauptgebäude der Weltorganisation. Es ist ein kleiner unscheinbarer Kirchenraum, etwas düster, schlicht, eigentlich nichts Besonderes, außer dass er durch die Verbindung zu den UN die Atmosphäre des Internationalen und Multikulturellen verströmt. Für ein Paar, das sich bei den Vereinten Nationen kennen gelernt hat, der ideale Ort für eine Heirat. Auf Hochzeitsbildern wirken die beiden ein wenig wie ein Relikt der siebziger Jahre: Gekleidet in afrikanische Tracht, er in Blau, sie in Weiß. Die Braut trägt Blumen im Haar. Sie sehen ungewöhnlich aus, alles andere als durchschnittlich, und sehr glücklich – das sind sie nach eigener Aussage bis heute.

» Wir können die Tragödie nicht ungeschehen
machen, aber wir sollten für die Zukunft
die richtigen Schlüsse daraus ziehen. «

Der Weg nach oben:
Niederlagen begleiten die Laufbahn

Der Umzug nach New York führt Annan zwar endgültig
ins UN-Hauptquartier, aber noch bleibt er der administrativen Arbeit einige weitere Jahre verbunden: zunächst auf
wechselnden Kurzzeitposten, dann als Unterabteilungsleiter für Haushaltswesen und von 1987 an als Beigeordneter
Generalsekretär für Personalwesen. Jetzt fehlen nur noch
zwei Karrierestufen bis zum Generalsekretär, von denen er
aber selbst zu diesem Zeitpunkt kaum annehmen kann, sie
jemals zu erklimmen. Nie zuvor schaffte es ein UN-Mitarbeiter aus dem Inneren bis an die Spitze. Alle sechs Vorgänger Kofi Annans waren zweifelsohne versiert in der Außenpolitik und mehr oder weniger glühende Verfechter der
multilateralen Idee, die Weltorganisation selbst kannten
sie bei Amtsübernahme allerdings nur oberflächlich.

Annan hat bis zu diesem Zeitpunkt bereits eine erstaunliche Karriere gemacht: Von Kumasi nach New York, vom
ghanaischen Managersohn zum Beigeordneten Generalsekretär der Vereinten Nationen. Das ist beachtlich – und
hätte ihm vielleicht sogar genügt, auch wenn Annan zeitlebens ehrgeizig war. Doch der Aufstieg geht unaufhalt-
sam weiter. Vielleicht liegt es am ausgeprägten Teamgeist,
der ihm überall Sympathien sichert: Annan ist kein Büro-
krat im engeren Sinne, denkt nicht ausschließlich in Ma-
nagementkategorien, sondern behält stets auch die beteiligten Personen im Auge. UN-Mitarbeiter aus allen
Ebenen des Systems wissen von Begebenheiten zu berichten, bei denen er als Personalchef immer wieder über das

rein Geschäftsmäßige hinausgeht. Eine frühere Untergebene, die ungenannt bleiben möchte, erzählt zum Beispiel, wie Annan ihr während der Scheidung Mut zugesprochen habe mit den Worten, er wisse aus eigener Erfahrung, wie schwierig diese Phase sei. Das gehe vorüber. Ihre Probleme wurden dadurch freilich nicht kleiner, aber sie fühlte sich getröstet, zumal Annan ihr für eine gewisse Phase flexiblere Arbeitszeiten gewährte. Kein Einzelfall, sondern Teil seiner Lebensauffassung.

Über seine fachlichen Qualifikationen gehen die Meinungen indessen auseinander. Während die einen seinen Innovationswillen loben, wie Walter Koisser beim UNHCR, berichten andere über guten, aber keineswegs herausragenden Arbeitseinsatz. Er habe sich auf früheren Posten nicht über die Maßen hervorgetan, meint etwa Professor Edward Luck von der Columbia University, der lange Jahre die amerikanische UN-Gesellschaft geleitet hat. Annan sei jedenfalls nicht von »Erfolg zu Erfolg« gesprungen. Das ändert sich Luck zufolge mit der Wahl zum Generalsekretär dann gründlich. Kritische Kollegen von Annan aus den späten achtziger Jahren finden sogar, er sei »nicht der Fleißigste«, jedoch immer »zur rechten Zeit am rechten Platz gewesen«. Geschickt habe er jede Möglichkeit zum Aufstieg genutzt, ohne sich auch nur »durch irgendetwas« von anderen abzuheben. Die Einschätzungen über seine Leistungen variieren mithin sehr; einhelliger fällt das Urteil über Annans menschliche Qualitäten aus, die ihm selbst Neider und Konkurrenten nicht absprechen.

Nichtsdestotrotz macht ihn Generalsekretär Pérez de Cuéllar im Jahr 1990 zum Controller der gesamten Organisation. Auf diesem Posten bleibt Annan zwei Jahre, ehe er ein für alle Mal auf die politische Seite wechselt. Etwa drei Jahrzehnte sind vergangen seit seinem Einstieg bei den Vereinten Nationen in Genf; und bis jetzt war er immer mit Zahlen, Personalakten und Managementfragen beschäftigt (obwohl auch sie in einer Organisation wie den Vereinten Nationen nicht völlig unpolitisch sind). Das ändert sich 1992 ganz plötzlich: Annan kommt in die neu gegründete Abteilung für Friedensoperationen. Sein Rang als Beigeordneter Generalsekretär bleibt unverändert, insofern ist es zunächst nur eine Seitwärtsbewegung – aber eine von großer Bedeutung. Als bestandene Probe für diese Versetzung gelten zwei Ad-hoc-Missionen im Zusammenhang mit dem Golfkrieg im Jahr 1991: Kurz vor der militärischen Befreiung Kuweits, das der Irak völkerrechtswidrig besetzt hält, wird Annan in die Krisenregion entsandt, um mehr als 900 UN-Mitarbeiter in Sicherheit zu bringen. Es ist ein aufregender und gefährlicher Einsatz, weil niemand weiß, wie sich die Dinge fortentwickeln und wann der Krieg letztlich beginnt. Der diplomatische Schutz, den er selbstverständlich genießt, nützt ihm wenig, wenn die ersten Bomben fallen. Annan erfüllt seine Mission erfolgreich, kehrt mit den UN-Leuten zurück und lenkt darüber hinaus das Augenmerk auf eine halbe Million Asiaten, die ebenfalls in Kuweit festsitzen. Bei einem zweiten Einsatz zwölf Monate später, nach dem Ende der Kämpfe, schickt man ihn wieder in die Region. Dieses Mal verhandelt er über irakische Ölexporte, die künftig unter internationaler Kontrolle abgewickelt werden. Durch beides demonstriert er, dass mehr in ihm steckt, als seine lange Verwaltungskarriere zunächst vermuten lässt. Angeblich werden jetzt auch die Vereinigten Staaten zum ersten Mal richtig aufmerksam auf Kofi Annan. Nur wenige Jahre später favorisieren sie ihn bereits als Kandidaten für das Amt des Generalsekretärs.

Der Wechsel in die Abteilung für Friedensoperationen, wohin ihn Boutros Boutros-Ghali, der inzwischen Pérez de Cuéllar abgelöst hat, im März 1992 versetzt, kommt für viele in den UN überraschend. Zwar hat Annan – je nach Sicht – befriedigende bis sehr gute Leistungen gezeigt, aber als Mann für delikate politische Missionen hatte man ihn trotz seiner beiden Golfvisiten nicht direkt gespeichert. Aber Boutros-Ghali fällt diese Entscheidung ganz bewusst. Er braucht – neben dem politischen Kopf der Abteilung, dem Briten Marrack Goulding – einen Mitarbeiter, der umgänglich und loyal ist, aber auch rechnen und organisieren kann. Denn das Department ertrinkt förmlich in Arbeit. Ursache dafür ist die veränderte politische Großwetterlage: Der Fall der Berliner Mauer im Herbst 1989 und das Ende des Kalten Krieges wirken bis ins ferne New York fort. Jahrzehntelang war der Sicherheitsrat als oberstes Entscheidungsgremium der Vereinten Nationen durch die politische Eiszeit gelähmt. Nun ändert sich die Lage. Wo früher eher routinemäßig getagt wurde, herrscht plötzlich reges Treiben. Der Golfkrieg, bei dem sich eine Koalition der Willigen unter Führung der Vereinigten Staaten und mit einem Mandat des Sicherheitsrats aufgemacht hat, das annektierte Kuweit zu befreien, bildet nach Meinung vieler erst den Anfang. Jetzt, so hofft man in New York, können die Vereinten Nationen endlich ihrer eigentlichen Bestimmung nachkommen, die »Menschheit von der Geißel des Krieges zu befreien«, wie es gleich zu Beginn der UN-Charta heißt.

Am deutlichsten spüren die Mitarbeiter der Abteilung für Friedensoperationen die veränderten Rahmenbedingungen, denn der Sicherheitsrat überhäuft sie mit neuen Mandaten. Davor liefen die so genannten »Blauhelm-Einsätze« jahrzehntelang nach dem gleichen Schema ab: Nicht oder leicht bewaffnete Soldaten aus verschiedenen Ländern der Erde bildeten unter UN-Kommando eine Art Puffer zwischen zwei Staaten, um einen Waffenstillstand oder ein Friedensabkommen zu sichern. Die UN-Truppen verfolgten keine eigene politische Agenda, sondern galten als neutral. Sie traten nur auf Wunsch beider Kontrahenten und mit Einverständnis des Sicherheitsrats in Aktion, wie etwa auf Zypern, in Kaschmir oder im Nahen Osten. Durch die insgesamt restriktive Handhabung blieben Blauhelm-Operationen zwar ein bewährtes Mittel zur Streitschlichtung, zahlenmäßig aber begrenzt.

Mit dem Ende der Blockkonfrontation scheinen sich nun schlagartig ganz andere Möglichkeiten der Friedenssicherung aufzutun. Der neue Geist der Kooperation, der sich im Sicherheitsrat verbreitet, bringt nicht nur mehr, sondern auch größere, umfassendere und ehrgeizigere UN-Missionen hervor, in einem Maße, wie sie die Weltorganisation nie zuvor gesehen, geschweige denn bewältigt hat. Allein zwischen 1988 und 1994 wächst die Zahl der Einsätze von fünf auf 17, von knapp 10 000 Soldaten und Militärberatern auf mehr als 70 000. Der Finanzrahmen steigert sich von 230 Millionen auf vier Milliarden Dollar. Ein anderes Zahlenbeispiel macht vielleicht noch deutlicher, welcher Wandel sich politisch und organisatorisch bei den Vereinten Nationen vollzieht: In den vier Jahren nach 1990 werden mehr Operationen ins Leben gerufen als in den vierzig Jahren zuvor. Für kurze Zeit scheint alles möglich. Die Welt ist vom Joch des Kalten Krieges befreit und schafft sich eine neue, friedliche Lebensgrundlage. »Wir alle hatten hochtrabende Hoffnungen«, erinnert sich Annan. Der amerikanische Präsident George Bush ruft im Jahr 1991 gar eine »Neue Weltordnung« aus, in der die Vereinten Nationen zum zentralen Instrument dieser gerechteren Struktur werden und endlich die »Vision ihrer Gründer erfüllen« sollen. Und Generalsekretär Boutros-Ghali wird kurz nach seiner Amtsübernahme im Jahr 1992 vom Sicherheitsrat beauftragt, Vorschläge für die gewachsene Rolle der Vereinten Nationen als Friedensakteur zu unterbreiten. Wenige Monate später veröffentlicht er seine »Agenda für den Frieden«, in der er alle Möglichkeiten internationalen Eingreifens durchdekliniert, vom Mittel vorbeugender Diplomatie bis hin zu eigenen

Truppenkontingenten für die Vereinten Nationen. Über Letzteres verfügen die UN bis heute nicht, aber allein ihre Erwähnung spricht Bände über die hoffnungsfrohe Stimmung Anfang der neunziger Jahre. Das Hoch soll, wie Annan und seine Kollegen bald schmerzlich erfahren, nicht von langer Dauer sein. Es folgen Niederlagen in Bosnien, Somalia und der Völkermord in Ruanda.

Persönlich jedoch profitiert Annan vom Bedeutungszuwachs der UN-Missionen: Nur dadurch kommt der Wechsel in die neue Abteilung für Friedensoperationen zustande, ohne den er vermutlich nie Generalsekretär geworden wäre. Denn erst jetzt gerät er dauerhaft in den Blick der ständigen Mitglieder des Sicherheitsrats, deren Plazet für die Kür eines jeden UN-Chefs entscheidend ist. Früher war das »Department for Peacekeeping Operations«, wie es offiziell heißt, ein fast unbedeutendes Anhängsel der Politischen Abteilung, gesteuert von einer Handvoll Mitarbeitern irgendwo im UN-Sekretariat. Aufgrund der veränderten politischen Bedingungen reorganisiert Boutros-Ghali die Arbeit im Sekretariat und holt mit Annan einen Manager und Finanzexperten dazu, der das Chaos in Grenzen halten soll. Denn die Aufträge vom Sicherheitsrat steigen nicht nur in Zahl und Umfang, sondern sie werden, wie erwähnt, auch immer komplexer. In Kambodscha zum Beispiel fungieren die UN plötzlich als eine Art wohlmeinender Protektor. Zur üblichen militärischen Komponente kommt eine umfassende Zivilverwaltung, die den Wiederaufbau des Landes und die Wiederherstellung von Recht und Ordnung einschließt. Ein so weitreichendes Aufgabenfeld hatten die Vereinten Nationen noch nirgends zu bewältigen. Mit 16 000 Soldaten und insgesamt 50 000 kambodschanischen Zivilisten, die zeitweise in UN-Diensten stehen, ist es das bis dahin größte Unternehmen der Weltorganisation. Als Annan ins Peacekeeping-Department kommt, als zweiter Mann nach Marrack Goulding, läuft die Operation; bei ihrem Ende leitet er die Abteilung bereits (ab März 1993). Der Einsatz in Kambodscha zählt allerdings noch zu seinen erfreulicheren Pflichten in jener Zeit, denn in Asien schlagen sich die UN wacker, nicht grandios, aber nach eigener Deutung zufriedenstellend. Die Rückschläge ereignen sich anderswo.

Schonzeit bleibt Annan kaum. Er wird sofort hineingeworfen in die Krisen dieser Welt. Nur einige Monate nach seiner Versetzung in die Abteilung, im Dezember 1992, beginnen die Vereinigten Staaten – mit dem Segen des Sicherheitsrats und der Unterstützung anderer Länder – eine Militärintervention in Somalia. Das Engagement, »durch einen medial inszenierten Humanismus geprägt«, misslingt am Ende gründlich und wirkt sich negativ auf künftige Friedensoperationen aus. Auch Annans Arbeit wird davon berührt. Nur mit dem Fiasko in Somalia lässt sich der spätere Völkermord in Ruanda erklären, der einen absoluten Tiefpunkt in der UN-Geschichte markiert.

Im Dezember 1992 führen die USA eine internationale Staatenallianz am Horn von Afrika an. Mit großer Medienbegleitung, später spricht man vom »CNN-Effekt«, treffen fast 40 000 Soldaten zur »Operation Restore Hope« in Somalia ein, um den Menschen dort Lebensmittel zu bringen und neue Staatsstrukturen aufzubauen. Oder, wie es in der einschlägigen Resolution des Sicherheitsrats heißt, um ein »sicheres Umfeld für humanitäre Hilfe zu schaffen«. Doch die gesamte Strategie ist voller Widersprüche und bald von immer mehr Meinungsverschiedenheiten zwischen den Vereinten Nationen und den Vereinigten Staaten überlagert. Boutros-Ghali verfolgt ein Konzept der Treuhandschaft, mit großen Ambitionen im »Nation Building« und wenig eigener Erfahrung darin. Die USA als Führungsnation verlieren ihren anfänglichen Elan, als klar wird, dass das Land sich nicht mit einer Hauruckaktion befrieden lässt. Der Widerstand der verschiedenen örtlichen »Warlords« ist erbitterter als angenommen, Boutros-Ghali plädiert für eine flächendeckende Entwaffnung, davor aber schrecken die USA zurück, wie der Generalsekretär vorwurfsvoll feststellt. Als es dann im Oktober 1993 zu einem folgenschweren Zwischenfall im Zentrum von Mogadischu kommt, leitet Washington sofort einen Kurswechsel ein: Somalische Rebellen schießen einen amerikanischen Hubschrauber ab, dabei kommen 18 Elitesoldaten ums Leben. Eine der Leichen wird an einen Wagen gebunden und durch die Stadt gezerrt. Die Bilder gehen um die Welt; in Amerika kippt die Stimmung. Wenig später legt Präsident Clinton dem Kongress einen Plan zum Abzug amerikanischer Soldaten innerhalb eines halben Jahres, bis April 1994, vor. Auch die Soldaten anderer Länder verlassen nach und nach das Land. Die letzten UN-Blauhelme machen sich ein Jahr später von dannen – unter Aufsicht von Kofi Annan in New York.

»Das UN- und US-Engagement in Somalia scheiterte weitgehend«, weswegen diese Mission inzwischen auch gerne als »Operation Enttäuschte Hoffnung« bezeichnet wird. Die Hungerkatastrophe kann zwar abgewendet werden; das rettet schätzungsweise einigen Hunderttausend Somaliern das Leben, aber »diese Fortschritte waren nicht nachhaltig und wurden teuer erkauft – stellt man in Rechnung, dass für Somalia über drei Jahre hinweg fast drei Milliarden Dollar ausgegeben wurden«. Annan, der im Frühjahr 1993, nur wenige Monate nach Beginn der Somalia-Aktion, zum Untergeneralsekretär und damit zum Leiter der weltweiten Friedensoperationen aufrückt, ist äußerst unzufrieden über den raschen Meinungswandel in Washington. »Dadurch wurde der Eindruck erweckt, man müsse nur ein paar Amerikaner töten, um eine Friedensmission zu sprengen.« Wenn die UN ihr Ziel – Aufbau staatlicher Strukturen – konsequent verfolgt hätten, sagt er später, »dann hätten wir eine Chance gehabt«.

Jenseits der detaillierten Ursachenforschung kann eines mit Sicherheit festgehalten werden: Somalia endet für die UN, und damit für den zuletzt verantwortlichen Untergeneralsekretär Kofi Annan, im Debakel. Der Anspruch, im Chaos versinkende Staaten durch internationale Interventionen wieder zur Ordnung zu bringen, scheitert am Horn von Afrika so sehr, dass man im Sicherheitsrat erst einmal innehält und über neue Mandate lange nachdenkt. Zu lange, wie sich schon wenig später zeigen wird. Während Annan mit Somalia beschäftigt ist, spitzt sich in Ruanda die nächste große Krise zu, die in kurzer Zeit zu einer unvergessenen Tragödie ausartet: Im Frühjahr 1994 werden in nur 100 Tagen – unter den Augen einer zugegebenermaßen begrenzten Blauhelm-Truppe – schätzungsweise 900 000 Menschen regelrecht abgeschlachtet. (Die ruandische Regierung hat im Jahr 2004 die Zahl der Toten auf 937 000 festgelegt.) Die Opfer gehören überwiegend der Minderheit der Tutsi an, aber auch viele moderate Hutu werden getötet. Alison Des Forges hat für die Menschenrechtsorganisation »Human Rights Watch« auf Hunderten von Seiten versucht, das Unglaubliche von damals zu dokumentieren und nachzuvollziehen. Wie konnte es am Ende des 20. Jahrhunderts mit all seinen Informationsmöglichkeiten und Frühwarnmechanismen zu dieser Katastrophe kommen? Wer trägt Schuld? Wer hat versagt?

Die Antwort ist erschütternd: Ohne die billigende Kulisse der internationalen Gemeinschaft hätten die Drahtzieher in Ruanda ihren mörderischen Plan niemals ausführen können. Mit anderen Worten: Die Welt sah weg. »Natürlich tragen diejenigen Ruander, die den Völkermord organisiert und durchgeführt haben, die volle Verantwortung … Eine besondere Verantwortung trifft darüber hinaus die Mitarbeiter der Vereinten Nationen sowie die drei Regierungen, die hauptsächlich in die Vorgänge in Ruanda verwickelt waren: die UN-Mitarbeiter, weil sie es versäumt haben, die Mitglieder des Sicherheitsrates entsprechend zu informieren und zu beraten; Belgien, weil es seine Truppen übereilt aus Ruanda zurückgezogen hat...; die USA, weil sie Geld sparen statt Leben retten wollten und die Entsendung von Hilfstruppen verzögert haben; ferner Frankreich, das weiterhin eine Regierung unterstützt hat, die am Völkermord beteiligt war.« Die Umschreibung »Mitarbeiter der Vereinten Nationen« bezieht sich in erster Linie auf Kofi Annan, den Chef der Friedensoperationen, denn die UN waren mit einer Blauhelm-Truppe vor Ort und haben das Massaker nicht verhindert.

Zumal es an Warnungen, auch aus den eigenen Reihen, nicht gefehlt hat. Das Drama beginnt am 6. April 1994 mit dem Abschuss des Flugzeugs von Präsident Habyarimana, dessen Hintergrund immer noch im Dunkeln liegt. Aber schon am 11. Januar, also fast drei Monate vorher, erhält das Hauptquartier in New York ein Telegramm vom zuständigen Kommandanten der UN-Truppe in Ruanda, einem Kanadier namens General Roméo Dallaire. Es wird, angesichts der bemerkenswerten Übereinstimmung mit dem späteren Ablauf, als »Völkermord-Fax« in die Geschichte eingehen. Das Telegramm an seine Vorgesetzten ist »nur eine – wenngleich wohl die bekannteste – von etlichen Warnungen, dass in Ruanda ein großes Blutbad vorbereitet wurde«. Es war adressiert an den Militärischen Berater der UN, Maurice Baril, aber Kofi Annan und einige andere in New York bekommen es ebenfalls zu lesen. Dallaire spricht in seiner bemerkenswerten Aufzeichnung der Ereignisse jenes Frühjahrs vom »Triumvirat« in New York: Gemeint sind Kofi Annan als Leiter der Abteilung, sein Stellvertreter Iqbal Riza und Maurice Baril, der Militärberater, die für Dallaire die eigentlichen Entscheider darstellen.

Innerhalb von 24 Stunden erhält der Kanadier ein Antwortschreiben aus der UN-Zentrale. Es trägt, »wie fast sämtliche Korrespondenz zwischen der Blauhelm-Truppe UNAMIR und New York in dieser Zeit den Briefkopf von Kofi Annan ... Verfasst und unterschrieben war es jedoch von Iqbal Riza, Annans Stellvertreter« und langjährigem Kabinettschef. Dallaires Vorhersagen basieren auf Angaben eines einheimischen Informanten, der anbietet, Beweise in Form von Waffendepots zu liefern, wenn er und seine Familie unter den Schutz der UN-Truppe UNAMIR kämen. Genau darum hat Dallaire seine New Yorker Vorgesetzten gebeten: die Waffenlager als vorbeugende Maßnahme ausheben zu dürfen und dem Informanten, der jetzt in Lebensgefahr schwebt, samt seiner Familie Schutz zu gewähren. Iqbal Riza lehnt die Anfrage ab, »mit der Begründung, die vorgeschlagene Operation würde das Mandat aus Resolution 872 überschreiten«. Der Einsatz in Ruanda ist unter Kapitel sechs der UN-Charta festgeschrieben, das Gewalt nur als letztes Mittel der Selbstverteidigung zulässt. Dallaires mutiger Vorstoß hätte also streng genommen tatsächlich das vom Sicherheitsrat vorgegebene Mandat überschritten. Aber haben im Angesicht der »Ungeheuerlichkeit der Geschehnisse«, wie Annan später selbst schreibt, solche legalistischen Bedenken irgendeine Bedeutung? Durch die rechtlich enge Interpretation werden die UN letztlich zum billigenden Zeugen dieses unfassbaren Völkermords am Ende des 20. Jahrhunderts: Sie haben Truppen vor Ort, die Schutz bieten sollen, aber es fehlen Mandat, Ausrüstung und schließlich – auf Seiten New Yorks – der Mut, energisch einzugreifen. Iqbal Riza, dessen Unterschrift das Antwortfax an Dallaire trägt, fällt diese Entscheidung mit Sicherheit nicht ohne Rücksprache innerhalb der Abteilung. Man kann davon ausgehen, dass Annan Bescheid weiß und gefragt wurde.

Dallaire, der sein Schreiben mit den Worten »wo ein Wille ist, ist auch ein Weg, auf geht's« enden ließ, zeigt sich entsetzt über die Reaktion seiner Vorgesetzten in New

York. »Ich war so frustriert, ich stand neben mir.« Er versteht die Welt nicht mehr. Da hat er handfeste Hinweise auf bevorstehende Gewaltausbrüche erhalten – und soll nichts dagegen unternehmen? Im Nachhinein kann er sich die Reaktion nur vor dem Hintergrund der Somalia-Operation erklären. »Die ganze Atmosphäre innerhalb des Departments für Friedensoperationen und seiner Umgebung war geprägt von Risikoscheu. In meinem Fax hatte ich mich für eine potenziell hoch riskante Offensive eingesetzt, etwas, das im genauen Gegensatz zum herrschenden Klima in den UN stand.« Damit lässt es der Kanadier, der bei seinen Vorgesetzten in New York nach eigenen Vermutungen als schwierig gilt, aber noch nicht bewenden: Er unterrichtet auch die Botschafter Belgiens, Frankreichs und der Vereinigten Staaten in Kigali von seinen neuesten Erkenntnissen. »Keiner von ihnen schien überrascht, was mich zu der Annahme brachte, dass unser Informant nur bestätigte, was sie ohnehin schon wussten.« Auch sie bittet er, wie zuvor schon seine Vorgesetzten in New York, dem Informanten und seiner Familie Schutz zu gewähren. Alle drei Länder lehnen ab.

So kommt ein Unglück zum anderen. Die UN zögern, die USA zögern, der Sicherheitsrat zögert. Ende April, das Töten ist schon im Gange, zieht der Rat zu allem Überfluss auch noch die Blauhelm-Truppe bis auf wenige hundert Soldaten aus Ruanda ab. Über eine neue Friedensoperation wird in New York lange verhandelt, dann lassen sich die Mitgliedstaaten viel zu viel Zeit mit der Bereitstellung von Soldaten, so dass die Truppe am Ende erst eintrifft, als das Schlimmste schon vorüber ist. Fazit: Alle Beteiligten sind gefangen in ihren Interessen, nur so können die Gräueltaten – gleichsam vor der Weltöffentlichkeit – geschehen. Die Vereinigten Staaten haben noch das Fiasko in Somalia vor Augen; außerdem verschlechtert sich ihr Verhältnis zum UN-Generalsekretär zusehends. Die UN wollen ebenfalls eine weitere Niederlage vermeiden und konzentrieren sich daher vor allem auf die Sicherheit ihrer Soldaten. Auch Frankreich und Belgien messen am Ende der Unversehrtheit der eigenen Leute höhere Bedeutung bei als den Geschehnissen in Ruanda selbst. Folglich vermeiden alle tunlichst das Wort »Völkermord«, um nur ja nicht handeln zu müssen. Denn die so genannte Völkermordkonvention hätte ein Eingreifen zwingend gemacht, wäre ein Genozid erst einmal konstatiert worden.

Erst im Laufe der Zeit wird immer deutlicher, dass das Gemetzel mit großer Wahrscheinlichkeit durch schnelles und beherztes Handeln aller Beteiligten zu vermeiden gewesen wäre. »Hätten wir den Wiederausbruch des Bürgerkrieges und des Völkermordes verhindern können?«, fragt General Dallaire im Nachhinein selbstkritisch. »Die kurze Antwort ist ja.« Einige tausend Soldaten statt einiger hundert, ein anderes Mandat und bessere Waffen, lautet das Fazit, und Tausende, wahrscheinlich Hunderttausende Menschen wären heute noch am Leben. Trotz dieser erschütternden Erkenntnis hat Kofi Annan das Fiasko von Ruanda nicht geschadet, bis heute wird er kaum je damit in Zusammenhang gebracht. Warum? Untergeneralsekretär Shashi Tharoor, der schon damals zu Annans engsten Vertrauten zählte, meint, »weil eine Menge Leute sahen, dass er das Bestmögliche unter diesen Bedingungen geleistet hat…«. Vielleicht liegt es auch daran, dass die Verantwortlichen der maßgeblichen Staaten im Sicherheitsrat selbst kein gutes Gewissen in der Sache haben. Wie könnten sie da mit dem Finger auf die UN respektive Kofi Annan zeigen, der zwar versucht hat, das UN-Kontingent in Ruanda aufzustocken, aber nicht dezidiert genug zum Einschreiten aufrief. Also rührt man lieber nicht an die Wunde.

Die einzigen, die gelegentlich unbequem werden, sind Journalisten und Wissenschaftler. Weil sich Annan von Reportern und Forschern immer wieder bohrenden Fragen ausgesetzt sieht, tritt er schließlich die Flucht nach vorne an und setzt – Jahre später, als Generalsekretär – eine unabhängige Untersuchungskommission ein: »Zur Überprüfung des Verhaltens der Vereinten Nationen vor und während des Völkermordes in Ruanda«, wie es in einer Mitteilung dazu heißt. In ihrem Abschlussbericht, in dem Annan einige Male namentlich und selten zu seinem Vorteil erwähnt wird, geben die Kommissionsmitglieder – ähnlich wie Alison des Forges für »Human Rights Watch« – allen Beteiligten die Schuld am Versagen der internationalen Gemeinschaft. »Jeder Teil des Systems, vor allem der Generalsekretär, das Sekretariat, der Sicherheitsrat und die Mitgliedstaaten der Organisation müssen ihren Teil der Verantwortung anerkennen und übernehmen...« Annan stellt dem Bericht eine Erklärung voran, in der er sich für das Geschehen in Ruanda zu entschuldigen versucht: »Im Namen der Vereinten Nationen gebe ich dieses Versagen zu und bereue zutiefst.« Ein mutiger Schritt, wie viele in den UN finden, aber auch ein kluger Schachzug, denn ab jetzt kann er beim Stichwort Ruanda immer auf die Ergebnisse der unabhängigen Kommission und auf die kollektive Schuld der internationalen Gemeinschaft verweisen.

Eine ähnliche Taktik wendet Annan auch in Bosnien an, wo die Vereinten Nationen mit ihrem Blauhelm-Einsatz ebenfalls kläglich versagen. Das Massaker von Srebrenica, das schlimmste Blutbad im gesamten Bosnien-Krieg, bezeichnet Annan später als die »dunkelsten Seiten in der menschlichen Geschichte«: Im Sommer 1995, gerade ein Jahr nach der Tragödie in Ruanda, »säubern« bosnische Serben die UN-Schutzzone Srebrenica von ihrer muslimischen Bevölkerung. Sie überrennen die Stadt förmlich. Blauhelm-Truppen, zur Abschreckung und zum Schutz der Bevölkerung dort stationiert, schauen mehr oder weniger tatenlos zu, wie Tausende Frauen und Kinder zur Deportation in Busse verfrachtet werden. Männer bringen sie in umliegende Dörfer; dort werden mehr als 7000 von ihnen brutal getötet und in Massengräbern verscharrt. Den überwiegend niederländischen Blauhelm-Soldaten legt man später ihre Untätigkeit zur Last, denn es fällt so gut wie kein Schuss. Stattdessen überlassen sie die Enklave den angreifenden Serben praktisch kampflos und übergeben ihnen sogar noch 5000 Muslime, die Schutz im niederländischen Lager gesucht haben. Dass Einsatzleiter Tom Karremans dann noch Wein trinkt mit dem serbischen General Ratko Mladić – ein Bild, das um die Welt geht –, empfinden nicht nur die überlebenden Betroffenen als Gipfel der Geschmacklosigkeit.

Die UN werden im Nachhinein zu ergründen versuchen, wie es zum Desaster von Srebrenica kommen konnte. Annan gibt als Generalsekretär eine Untersuchung in Auftrag, die zwar anders als bei Ruanda nicht von externen Fachleuten durchgeführt wird, sondern vom Sekretariat selbst, aber er lässt dafür Archive öffnen und macht bis dahin geheimes Material zugänglich. Wiederum ein Schritt, bei dem Annan Größe, zugleich aber auch politisches Geschick beweist. Denn ohne diese Vergangenheitsbewältigung in eigener Sache, ohne diesen Prozess der Katharsis, haftete den UN ewig der Ruch an, wer sich auf sie verlasse – wie die Zivilisten in Srebrenica –, sei im Zweifel verlassen. Ob aus bösem Willen oder aus Inkompetenz spielt für das Gesamturteil dann keine entscheidende Rolle mehr.

Die Untersuchung, die Annan als einen Bericht des Generalsekretärs vorstellt, spricht die niederländischen Blauhelme, inklusive der übergeordneten Stellen in Zagreb und New York, keineswegs frei von Schuld. »Hätten sie die angreifenden Serben in Kämpfe verwickelt, dann hätte die Entwicklung möglicherweise einen anderen Verlauf genommen«, schreibt Annan selbstkritisch in dem mehr als

100 Seiten langen Abschlussbericht. Andererseits analysiert er den Krieg auf dem Balkan derart umfassend, dass die Schuld sich ganz automatisch auf viele Schultern verteilt. Der Fall von Srebrenica war demnach »nur« das schrecklichste und bekannteste Beispiel einer insgesamt verfehlten Balkanpolitik der internationalen Gemeinschaft. Unentschlossen, zögerlich und über lange Zeit uneins habe sich der für die Mandate zuständige Sicherheitsrat präsentiert (dort sitzen als ständige Mitglieder China, Frankreich, Großbritannien, Russland und die Vereinigten Staaten und jeweils auf zwei Jahre gewählte zehn nichtständige Mitglieder). Allein zwischen April 1992 und Oktober 1993 verabschiedet das Gremium 47 Resolutionen – ein klares Zeichen von Hilflosigkeit, wie Annan meint. Die Politik der Schutzzonen, von denen im Laufe des Krieges außer in Srebrenica noch fünf weitere (Bihac, Gorazde, Sarajevo, Tuzla, Zepa) auf serbischem Gebiet eingerichtet werden, um Refugien für die muslimischen Bosnier zu schaffen, bezeichnet Annan letztlich als »gescheitert«. Sie seien nichts weiter als ein Feigenblatt für Untätigkeit gewesen, für das Ausbleiben einer entschlossenen Intervention der internationalen Gemeinschaft. Dazu komme die schlechte Ausrüstung der Militärs – die Blauhelm-Soldaten in Srebrenica sind wie überall in Bosnien nur leicht bewaffnet – und der zögerliche Einsatz von Luftschlägen.

Ein weiterer Teil der Erklärung lautet: Die UN-Abteilung für Friedensoperationen ist noch gefangen in ihrem jahrzehntelangen Konzept der Neutralität. In einen Konflikt aktiv einzugreifen, verbot sich im Kalten Krieg strengstens. Davon geprägt sind vor allem die Verantwortlichen in New York, in erster Linie Generalsekretär Boutros-Ghali, aber auch Kofi Annan: »Wir versuchten einen Frieden zu sichern und die Regeln des Peacekeeping anzuwenden, wo es keinen Frieden zu sichern gab.« Denn es herrscht Krieg, ein brutaler Krieg, den man, wie sich im Nachhinein gezeigt hat, nur mit gleichen Mitteln und einem robusten Mandat beherrschen kann. »Die internationale Gemeinschaft entschloss sich, auf den Krieg in Bosnien-Herzegowina mit einem Waffenembargo, humanitärer Hilfe und mit dem Einsatz von Friedenstruppen zu reagieren. Es muss ganz klar gesagt werden, dass diese Maßnahmen ein schwacher Ersatz waren für entschlossenes und tatkräftiges Handeln…« Mit anderen Worten: Die Verantwortung tragen viele, zwar auch die UN, aber längst nicht allein. »Meine persönliche Ansicht ist, dass menschliche und institutionelle Fehler auf vielen Ebenen… dafür verantwortlich sind, dass die Serben nicht daran gehindert wurden, die Schutzzone Srebrenica einzunehmen«, lautet Annans Fazit.

Ausgerechnet der Fall von Srebrenica trägt, bitter genug, am Ende zu einer Wende auf dem Balkan bei. Schon wenige Wochen später führt die Nato massive Luftschläge aus, die Kriegsparteien verhandeln bald über einen Waffenstillstand unter Führung der Vereinigten Staaten. Sie enden im Dezember 1995 (Srebrenica ereignete sich im Juli) im Friedensvertrag von Dayton, den der amerikanische Balkan-Beauftragte Richard Holbrooke aushandelt. Die Vereinten Nationen sind von den Gesprächen ausgeschlossen; auf militärischem Gebiet spielen sie fortan eine Nebenrolle, bleiben aber zuständig für die Zivilverwaltung in Bosnien-Herzegowina. Daraus entwickelt sich eine Arbeitsteilung, die im Laufe der nächsten Jahre immer wieder zur Anwendung kommt, etwa im Kosovo oder in Afghanistan: Die Nato – oder andere Regionalorganisationen – sorgen für Sicherheit, die UN organisieren Wahlen, helfen bei der Ausarbeitung einer Verfassung und beim Aufbau des jeweiligen Landes.

Annan zieht daraus die persönliche Lehre, dass »der Job« von den UN »einfach nicht erledigt werden kann, wenn die nötigen Ressourcen fehlen und die notwendigen politischen, militärischen und moralischen Urteile nicht gefällt werden«. Diese Zeit prägt ihn entscheidend für die Zukunft: Ohne die katastrophalen Einsätze von Ruanda und Srebrenica kann man seinen weiteren Weg kaum verstehen. Sie bilden einerseits das Sprungbrett zum höchsten UN-Posten, weil die Amerikaner ihn als Partner bei den UN schätzen lernen. Andererseits gehen einige seiner späteren Handlungen als Generalsekretär direkt auf die Erfahrungen jener Jahre zurück, vom Kosovo über Osttimor bis zum Irak, von der Reform der Weltorganisation bis zu seinem Umgang mit dem Sicherheitsrat. Immer legt er Wert auf Prävention, auf Frühwarnmechanismen, fließenden Informationsaustausch, auf entschlossenes Eingreifen und auf klare Anweisungen aus dem Sicherheitsrat (auch wenn manches davon weiterhin ausbleibt). Und seit damals wünscht sich Annan – aus Gründen der Glaubwürdigkeit und der Menschlichkeit – nichts mehr, als solche verheerenden Katastrophen in Zukunft zu verhindern: »Es war ein Albtraum«, sagt er noch Jahre später über Ruanda. »Wenn wir früher gehandelt hätten, hätten wir eine Menge Leben retten können. Wir müssen sicherstellen, dass wir, sollten wir noch mal in eine ähnliche Lage geraten, was Gott verhindern möge, nicht versagen … Dass wir es nicht verabsäumen, rechtzeitig zu handeln.« Daraus sprechen persönliche Schuldgefühle, ein schlechtes Gewissen gegenüber den Opfern und ihren Angehörigen. Andererseits verwendet Annan, wenn er von Ruanda und Srebrenica redet, häufiger die verschleiernde »wir«-Form als das direkte »ich«, wie er überhaupt stets darauf achtet, dass die Verantwortung nicht an den UN allein hängen bleibt. Politisch beantwortet er das Fiasko von Ruanda später mit dem Postulat der »Humanitären Intervention«, um gegen massive Menschenrechtsverletzungen zur Not auch unter Missachtung der nationalen Souveränität einzuschreiten.

General Dallaire, der in der Folgezeit mehrere Selbstmord-versuche unternimmt, erst Jahre später wieder ins normale Leben zurückfindet, fordert ganz ähnlich eine schnelle UN-Eingreiftruppe, »damit so etwas nie wieder passiert«.

»Zunächst dachte ich überhaupt nicht daran,
Generalsekretär werden zu können,
denn es ist noch nie passiert.«

Ganz oben: Annan wird Generalsekretär

Dem Ruf der Weltorganisation haben die verunglückten Friedensoperationen der frühen neunziger Jahre erheblich geschadet, ihr traut man jahrelang wenig zu – nicht aber dem verantwortlichen Untergeneralsekretär Kofi Annan. Ein Phänomen, das UN-Beobachter immer wieder ins Grübeln bringt und dem Betroffenen bald den Spitznamen »Teflon« beschert: Genau wie bei einer beschichteten Pfanne perlt aller Schmutz, und sei er noch so hartnäckig, mühelos von ihm ab. Nichts scheint sein Fortkommen zu behindern. »Annan ging seinen Weg und keiner hat's nachdrücklich verfolgt«, beschreibt Joachim Hütter, langjähriger Mitarbeiter der Abteilung für Friedensoperationen, seinen Aufstieg. Sicher liegt das vor allem an seiner angenehmen Art. Aber ohne den Rückhalt von einem, mehreren oder allen ständigen Mitgliedern des Sicherheitsrats wäre Annan nicht bis zur Spitze gelangt. In diesem Fall sind es die Amerikaner, die ihn stützen – hinter den Kulissen schon recht früh.

Nach Ruanda und Bosnien wird Annan also nicht etwa kaltgestellt oder gar suspendiert, sondern im Gegenteil mit einem prestigeträchtigeren Posten belohnt. Zwar verharrt er auf derselben UN-internen Karrierestufe, erhält aber die Gelegenheit, sein politisches Können vorzuführen: Ende 1995 bis Frühjahr 1996 fungiert Annan einige Monate lang als Sonderbeauftragter für das ehemalige Jugoslawien auf dem Balkan, um den Übergang von der Blauhelm- zur Nato-Truppe zu koordinieren und zu überwachen. Dort löst er den glücklosen Japaner Yasushi Akashi ab, der mittlerweile zum Sinnbild für das Zögern und Zaudern der internationalen Gemeinschaft geworden ist. Die Amerikaner wollten Akashi schon länger loswerden. Der Abzug der UN-Truppe im Zusammenhang mit dem Friedensvertrag von Dayton Ende 1995 liefert dann den passenden Anlass für einen Wechsel des UN-Personals. Erstaunlicherweise ist es Boutros-Ghali selbst, der Annan dorthin versetzt, natürlich mit Rückendeckung der Amerikaner, wahrscheinlich sogar auf ihr Drängen hin, aber offiziell fasst er selbst den Beschluss. Warum nur zieht er sich einen Rivalen im eigenen Haus heran? Oder will er den Vereinigten Staaten einfach einen Gefallen tun, um sich bei ihnen einzuschmeicheln? Schon damals wird gemunkelt, Annan habe Chancen auf den höchsten UN-Posten. In dem Maße, wie sich das Verhältnis zwischen dem Ägypter Boutros-Ghali und den Vereinigten Staaten verschlechtert, erhöhen sich die Aussichten des Ghanaers. Auch Boutros-Ghali muss bemerkt haben, wie sehr die damalige UN-Botschafterin – und spätere amerikanische Außenministerin – Madeleine Albright Gefallen an Annan gefunden hat. Wohl deshalb schickt er seinen direkten Untergebenen weit weg vom New Yorker Machtzentrum, auf einen schwierigen Außenposten, wie er glaubt, bei dem dieser sich und für alle Welt sichtbar blamieren soll. Aber Boutros-Ghali verkalkuliert sich – Annan erledigt die Aufgabe zuverlässig und gut, hat zugegebenermaßen auch viel leichteres Spiel als Akashi. Er muss nur noch abwickeln, nicht mehr gestalten wie sein erfolgloser Vorgänger, der täglich um die Rolle der UN auf dem Balkan rang. Eingreifen oder nicht? Luftschläge ja oder nein? Friedenstruppe im herkömmlichen Sinne oder mit robusten Mitteln? All diese Debatten sind vorbei, als Annan eintrifft, und zu Lasten der Weltorganisation entschieden. Deshalb zieht man deren Truppen ab und ersetzt sie durch Nato-Einheiten.

Die qualitative Änderung der Aufgabe macht Boutros-Ghali sich offenbar nicht bewusst, als er seinen Untergeneralsekretär auf den Balkan versetzt, sonst hätte er anders handeln müssen. Später wird man Annans Einsatz dort als letzten Test, gleichsam als Ritterschlag, für den höchsten UN-Posten erachten.

Zu seinen wichtigsten Aufgaben im ehemaligen Jugoslawien gehört neben dem Abzug der eigenen Truppe der regelmäßige Kontakt zu den Botschaftern der Vereinigten Staaten, Großbritanniens, Frankreichs und Russlands, die großes Interesse an einer Befriedung des Balkans haben, in ihrer Zielsetzung aber selbst zu diesem späten Zeitpunkt alles andere als übereinstimmen. Russland fühlt sich lange als Sprecher Serbiens, die Vereinigten Staaten stehen auf der Seite der Bosnier. In seiner versöhnenden Art gelingt es Annan trotz der offensichtlichen Meinungsverschiedenheiten, allen beteiligten Parteien ein gutes Gefühl zu vermitteln. Niemand glaubt am Ende, zu sehr nachgegeben zu haben. Die amerikanische Zeitschrift »Newsweek« feiert das nur wenige Monate später als »wahre Diplomatie«. »Jeder sah ihn als ehrlichen Makler.« Annan besteht diese letzte Probe glänzend, kehrt im März 1996 zurück nach New York und leitet dort wieder die Abteilung für Friedensoperationen.

Zugleich spitzt sich der Konflikt zwischen Amerika und den Vereinten Nationen weiter zu. Wie so oft entscheidet sich Weltgeschichte an einzelnen Personen: Zwischen Generalsekretär Boutros-Ghali und UN-Botschafterin Albright stimmt die viel beschworene »Chemie« nicht. Man macht sich wechselseitig Vorwürfe, angefangen von Somalia, über Ruanda, den Balkan bis hin zu einer umfassenden Reform der Vereinten Nationen. Die Aversionen sind in beider Memoiren sehr schön nachzulesen. Weder Albright noch Boutros-Ghali machen einen Hehl aus ihrer wachsenden Antipathie, den Kürzeren zieht am Ende aber der Generalsekretär. Ohne Rückhalt der Supermacht ist er auf verlorenem Posten. »In Somalia war es Boutros-Ghali gewesen, der die erfolglose Strategie der Konfrontation mit Aidid als Erster akzeptiert und als Letzter aufgegeben hatte. In Ruanda war er in der Zeit, in der sich der Völkermord angebahnt hatte, unbeteiligt geblieben – ein Versäumnis, das er nie öffentlich eingestand. In Bosnien war unentschuldbar gewesen, dass er auf dem ›Dual-Key‹-System beharrt und den Konflikt als ›Krieg der Reichen‹ abgetan hatte. Auch war er übermäßig statusbewusst und schien Verwaltungsaufgaben für unter seiner Würde zu halten. Mit der Zeit wurde er immer kritischer gegenüber den Vereinigten Staaten, womit er vielleicht anderswo punkten mochte, was es mir aber zusätzlich erschwerte, auf dem Kapitolshügel Unterstützung für die Vereinten Nationen zu bekommen.« Nicht gerade schmeichelhaft, was die frühere Außenministerin da in wenigen Sätzen über Boutros-Ghali sagt.

Tatsächlich war die Clinton-Regierung zunächst recht UN-freundlich eingestellt gewesen, was sich schon daran zeigte, dass sie den New Yorker Botschafterposten mit einem Kabinettsrang versah. Präsident Clinton verfolgte nach seiner Amtsübernahme im Jahr 1992 eine Politik des zupackenden Multilateralismus, ungefähr nach dem Motto: Wann immer möglich gemeinsam und im Kanon der Völkergemeinschaft, aber nur so lange, wie amerikanische Interessen nicht verletzt werden. Durch die Ernennung Madeleine Albrights, einer kämpferischen Frau, deren Vater schon für die Vereinten Nationen tätig war, wertete er die Repräsentanz bei den UN sichtbar auf. Aber schon wenig später beginnt sich das Blatt zu wenden; die Republikaner, die mittlerweile über eine Mehrheit in dem für außenpolitische Fragen zuständigen Senat verfügen, schießen sich allmählich auf die Vereinten Nationen ein, erklären die Weltorganisation zu einem ihrer

Lieblingsfeinde. Sie fordern tief greifende Reformen, einen Abbau von Bürokratie und Doppelarbeit in New York. Bis zur Inangriffnahme der geforderten Veränderungen halten sie Mitgliedsbeiträge zurück, die sich bald auf etwa 1,3 Milliarden Dollar summieren und die Weltorganisation an den Rand der Handlungsunfähigkeit treiben. Die Vereinigten Staaten kommen damals gemäß ihrer Wirtschaftskraft für 25 Prozent des regulären UN-Budgets auf; sie sind mit Abstand der wichtigste Beitragszahler. Bleibt Washington nur einen Teil der fälligen Summe schuldig, geraten die UN in ernste finanzielle Schwierigkeiten. Denn sie dürfen nicht, wie nationale Regierungen, Kredite oder Hypotheken aufnehmen, sondern müssen mit den Zuwendungen der Einzelstaaten haushalten, egal, in welcher Höhe die Schecks eintreffen. Entsteht ein Defizit, aus welchen Gründen auch immer, kann der Generalsekretär, wie es halb scherzhaft, halb ratlos heißt, nur noch das Licht ausschalten und seine Leute nach Hause schicken. So weit kommt es zwar nie, durch interne Umschichtungen aus dem Etat für Friedensoperationen bleiben die Vereinten Nationen selbst in der schlimmsten Phase Mitte der neunziger Jahre noch betriebsfähig, aber die Not ist groß und die Stimmung schlecht.

Für die Clinton-Regierung gerät die republikanische Kritik, die nach Somalia und Bosnien erst richtig anschwillt, bald zu einem ernsthaften Problem. »Das fiel ins Gewicht, denn da die Republikaner den Kongress beherrschten, war jede die Vereinten Nationen betreffende Frage ein Kampf, während der Generalsekretär selbst eine negative Ausstrahlung zu haben schien. Er glaubte, Abgeordnete im direkten Gespräch bekehren zu können, machte die Sache aber regelmäßig nur schlimmer. Seine imperiale Art kam nicht gut an, und die parteilicheren unter unseren Gegnern mochten ihm erst gar nicht zuhören, weil es ihnen viel mehr Spaß bereitete, auf die UNO einzudreschen.« Also beschließt Madeleine Albright lange vor der anstehenden Wiederwahl im Jahr 1996, Boutros-Ghali weitere fünf Jahre als UN-Chef zu verweigern. Da der Generalsekretär in der Vollversammlung auf Vorschlag des Sicherheitsrats gewählt wird, können die Amerikaner, wie die anderen vier ständigen Mitglieder, jeden Kandidaten durch ihr Veto blockieren. Gewählt ist dort erst, wer 9 der 15 Stimmen auf sich vereinigen kann – und kein Veto kassiert.

Bereits im Januar 1996, fast elf Monate vor dem Ende seiner Amtszeit, überzeugt Albright nach eigenen Aussagen Präsident Bill Clinton von ihrem Vorhaben; Außenminister Warren Christopher wurde schon vorher in den Plan eingeweiht. »Ich kam zu dem Ergebnis, dass der Generalsekretär gehen müsse, wenn sich das Verhältnis zwischen den Vereinten Nationen und den USA verbessern solle.« Schon zu diesem Zeitpunkt erörtert das amerikanische Kabinett Ersatzkandidaten, darunter »den von mir bevorzugten Ghanaer Kofi Annan«, wie Albright schreibt. Er wäre, so die amerikanische Erwartung, als Mann des Systems mit Erfahrung aus der politischen wie der administrativen Arbeit der Garant für einen nachhaltigen Umbau der Vereinten Nationen. Um Annan nicht zu »verbrennen« und Boutros-Ghali nicht vor der Zeit zu verprellen, beschließt man, die Entscheidung noch einige Monate geheim zu halten. Im Mai eröffnet Außenminister Christopher dem Betroffenen den amerikanischen Entschluss und bietet ihm eine gesichtswahrende Verlängerung um ein oder zwei Jahre an. Boutros-Ghali lehnt ab, obwohl er fünf Jahre zuvor für nur eine Amtszeit angetreten war und fast 74 Jahre alt ist. Die beispiellose Zurückweisung durch die Clinton-Regierung trifft ihn persönlich hart und fordert seinen Trotz und Widerspruchsgeist heraus. Sich so abspeisen zu lassen, erscheint ihm unwürdig. Er fühlt sich als der »am ärgsten geschmähte Mann in Washington«. Niemals zuvor war einem UN-Generalsekretär eine zweite Amtszeit verweigert worden. Der Österreicher Kurt Waldheim, von 1972 bis 1981 an der Spitze der UN, konnte gar nicht genug bekommen von den Vereinten Nationen. Am liebsten hätte er 15 Jahre in New York »regiert«, was ihm sogar beinahe gelungen wäre, doch in letzter Minute drohten die Chinesen ein Veto an. Zehn Jahre aber waren immer Standard; sie Boutros-Ghali zu nehmen kommt einer glatten Ohrfeige gleich: schon weil die Generalsekretäre nicht als Einzelpersonen antreten, sondern als Repräsentanten ihrer jeweiligen Regionalgruppe. Boutros-Ghali aus Ägypten ist der Kandidat Afrikas; ihn derart zu brüskieren, heißt auch, Afrika als Kontinent zu diskreditieren.

Entsprechend hält Boutros-Ghali dagegen. Kompromisse lehnt er ab, egal in welcher Variation sie auftauchen, selbst jenen über die Schaffung eines neuen Postens mit dem beeindruckenden Titel »Emeritierter Generalsekretär«, der ihm ein Büro, diverse Statussymbole und sogar ein kleines Budget eingebracht hätte. Aber Boutros-Ghali ist verletzt, er fühlt sich von der Supermacht ungerecht behandelt. Zumal die Vereinten Nationen wie selten zuvor Thema im anstehenden Präsidentschaftswahlkampf sind. Präsident Clintons Herausforderer Bob Dole von den Republikanern braucht auf Wahlveranstaltungen nur den Namen »Bouuuuuutros« extra lange zu dehnen, bis ihm ein Lacherfolg sicher ist. Der so Geschmähte beschließt zu kämpfen und Washington die Stirn zu bieten. Eine Zeit lang glaubt er, einen Großteil der Staatengemeinschaft hinter sich zu haben. »Man kann den Generalsekretär der Vereinten Nationen wohl kaum aufgrund des unilateralen Diktates der Vereinigten Staaten entlassen«, findet er damals noch. Auch glaubt er, die Wogen würden sich glätten, wenn erst die Präsidentschaftswahlen im November vorüber wären und die Vereinten Nationen mitsamt ihrem Generalsekretär aus der Schusslinie kämen.

Da täuscht er sich abermals. Denn Madeleine Albright hat sich entschieden; nichts kann ihren Willen brechen, solange sie den Rückhalt Clintons genießt. Sie ist ehrgeizig, spekuliert wohl bereits damals auf das Amt der Außenministerin. Eine Niederlage, beigebracht von einem »dahergelaufenen« UN-Generalsekretär, kann sie sich schon aus Gründen des eigenen beruflichen Fortkommens nicht leisten. Und Clinton scheint gefangen im Wahlkampf, er muss auf die republikanischen Angriffe reagieren, um seine Wiederwahl zu sichern. Aus Angst, »dass die Grand Old Party das Thema Anti-UN und Anti-Boutros-Ghali für sich besetzen würde«, müssen die Demokraten »selbst mit einer Kampagne an die Öffentlichkeit gehen«, schreibt Boutros-Ghali in der Rückschau. Dass Clinton später gewinnt und Dole deutlich schlägt, kann der Präsident im Sommer 1996 noch nicht wissen. Also lässt er seine UN-Botschafterin gewähren, die alles unternimmt, um noch mehr Staaten auf ihre Seite zu ziehen. Im Juni lässt die Regierung über die New York Times verkünden, man gedenke vom Recht des Vetos Gebrauch zu machen, sollte Boutros-Ghali tatsächlich noch einmal antreten wollen.

Die ersten Versuche, weitere Länder in die Ablehnungsfront zu integrieren, scheitern allerdings. Die Organisation für Afrikanische Einheit (OAU) stellt sich Anfang Juli mit einem offiziellen und einstimmig gefällten Beschluss hinter den bisherigen Kandidaten. Auch Frankreich und Deutschland, das damals für zwei Jahre im Sicherheitsrat sitzt, stehen zum Amtsinhaber. Die Staatengemeinschaft empfindet die amerikanische Linie als arrogant und imperial. Der frühere deutsche Botschafter Tono Eitel drückt das weit verbreitete Missfallen an der amerikanischen Politik so aus: »Ich schätze Kofi Annan außerordentlich, ... er macht einen brillanten Job. Aber ich habe mich damals mit der ganzen UN vergewaltigt gefühlt. Ein Generalsekretär, der nach allgemeiner Meinung noch fünf Jahre vor sich hatte – dass er einfach durch ein kontinuierliches Veto aus dem Amt gedrängt wird, das hat mir nicht geschmeckt. Und ich habe Boutros-Ghali nichts vorzuwerfen. Im Gegenteil, Boutros-Ghali hat es schon in seinen ersten fünf Jahren gewagt, den Amerikanern die Stirn zu bieten.« So denkt die Mehrzahl der Staatenvertreter in New York, und selbst in den Vereinten Nationen, wo der UN-Chef längst zum gefürchteten Vorgesetzten geworden ist, empfindet man die Ablehnung der USA gleichwohl als unangemessen.

Es kommt, wie es kommen muss: Anfang November bestätigen die Amerikaner Clinton im Amt – und er bleibt trotzdem bei seinem »No«. Wenige Wochen nach der Wahl findet im Sicherheitsrat die erste Probe-Abstimmung statt, in der Madeleine Albright ein Veto einlegt. Die Wahlen dort sind zwar geheim, aber die ständigen Mitglieder erhalten andersfarbige Zettel, um ein Veto sofort zu identifizieren. Das Ergebnis lautet: 14 zu 1. Amerika scheint isoliert, Boutros-Ghali noch nicht verloren. Deshalb kämpft er weiter, immer in der Hoffnung, Washington möge seine Meinung in letzter Minute ändern. Es folgen weitere Abstimmungen, bei denen Großbritannien auf die Linie Amerikas umschwenkt. Das Ergebnis lautet jetzt jeweils: 13 zu 2. Anfang Dezember 1996, die Zeit drängt, denn Boutros-Ghalis Amtszeit endet mit Ablauf des Jahres, beschließt die afrikanische Regionalgruppe schließlich schweren Herzens, nach anderen qualifizierten Kandidaten zu suchen. Die amerikanische Drohung, Afrika werde seinen Anspruch auf den höchsten UN-Posten sonst völlig verlieren, zeigt Wirkung. Der Wahlkampf ist eröffnet, wenig später, am 4. Dezember suspendiert Boutros-Ghali seine Kandidatur. Er will nicht mehr Gegenstand einer Abstimmung sein, aber im Spiel bleiben, falls man sich nicht auf eine andere Person einigt.

So weit die offizielle Seite. In Wahrheit kursiert jedoch schon Wochen vorher eine Liste mit möglichen Kandidaten, auf der natürlich auch Kofi Annan steht, ganz im Sinne Madeleine Albrights. Gehandelt werden zudem Hamid Algabid aus Niger (Generalsekretär der Organisation Islamischer Staaten), Ahmed Ould Abdallah (UN-Botschafter aus Mauretanien), Olara Otunnu (UN-Bediensteter aus der Elfenbeinküste), Salim Salim aus Tansania (Generalsekretär der OAU) und Amara Essy (Außenminister der Elfenbeinküste). Inzwischen ist Madeleine Albright zur neuen amerikanischen Außenministerin auserkoren; Boutros-Ghali braucht sich nun keinerlei Hoffnungen mehr hinzugeben. »Albright konnte nicht Außenministerin werden, ohne mich abzusetzen«, analysiert der Unterlegene im Rückblick folgerichtig. Inzwischen ist auch allgemein bekannt, dass Washington Kofi Annan favorisiert, die amerikanischen Vertreter in New York machen keinen Hehl mehr daraus. So schreibt zum Beispiel der frühere stellvertretende deutsche Botschafter Gerhard Henze, der die dramatischen Tage von damals in seinem Tagebuch festgehalten hat: » ... die Grundhaltung ist für Kofi Annan, dem aus Ghana stammenden, aber amerikanisierten Leiter der Abteilung für Friedensoperationen.« An diesem 10. Dezember beginnen die Probe-Abstimmungen über die neuen Kandidaten im Sicherheitsrat – niemand wird gewählt. Ein Land legt jeweils ein Veto ein, Frankreich unterstützt den Außenminister der Elfenbeinküste, Amara Essy, die USA stehen hinter Kofi Annan.

Paris ist nicht nur verstimmt, weil sein »Liebling« Boutros-Ghali kalt abserviert wurde, es möchte – ganz alte Kolonialmacht – einen Vertreter eines frankophonen afrikanischen Staates an der Spitze der Weltorganisation platzieren. Essy von der Elfenbeinküste entspricht diesem Kriterium, Annan höchstens teilweise. Er hat zwar in Genf studiert und dort einigermaßen Französisch gelernt, aber es kommt ihm nicht leicht über die Lippen, auch nicht mit Lust. »Annan spricht Französisch, er war ja lange in Genf, aber doch mit deutlich englischem Akzent, auch nicht mit der Aisance, wie natürlich der nahezu muttersprachliche Boutros-Ghali das tat.« Da Französisch neben Englisch, Chinesisch, Spanisch, Russisch und Arabisch zu den sechs offiziellen UN-Sprachen zählt, ist der Anspruch, den Paris in dieser Frage erhebt, zwar hochnäsig, aber formell kaum zu beanstanden. Entsprechend wird Annan in den ersten Dezemberwochen immer wieder nach seinen Französischkenntnissen gefragt. Meistens antwortet er mit einem Verweis auf seine Genfer Zeit. Gelegentlich nimmt die Überprüfung seines Sprachvermögens groteske Züge an: Bei einem größeren Empfang in diesen Tagen steht Annan mit einem Französisch sprechenden Gast zusammen, und wie sie so miteinander plaudern, verstummt plötzlich die gesamte Gesellschaft. Alles starrt auf die beiden und versucht deren Gespräch zu belauschen; der Kandidat wird gründlich examiniert. Ein Scherz aus jener Zeit mit ähnlichem Tenor lautet, es genüge nicht, Französisch zu können, sondern man müsse schon Englisch mit französischem Akzent sprechen, erst dann gebe sich Paris zufrieden.

Ein bisschen vorgeschoben ist dieses Kriterium wohl schon. In erster Linie ärgert sich die französische Regierung über das eigenmächtige Verhalten Amerikas. Deshalb legen beide Seiten jeweils ihr Veto beim Kandidaten des anderen ein: Frankreich bei Annan, die USA bei Essy. Deutschland steht zunächst noch auf der Seite Frankreichs, schwenkt später aber um. So geht es tagelang, eine Probe-Abstimmung folgt der nächsten, Annan hat stets die meisten Stimmen, aber auch immer ein Veto. Erst am Freitag, 13. Dezember, verzichtet der französische Botschafter auf sein Veto: Kofi Annan ist gewählt. Der Sinneswandel trägt sich nach einer beliebten Anekdote von damals wie folgt zu. Mitten in einer der vielen quälenden Sitzungen des Sicherheitsrats fragt Madeleine Albright: »Who wants coffee?« Wer möchte Kaffee? Ein Wort, das im Englischen ähnlich ausgesprochen wird wie »Kofi«. Als alle spontan die Hand heben, ist die Frage geklärt und Annan gekürt. In Wahrheit jedoch ist alles viel komplizierter, findet hinter den Kulissen ein mächtiges Geschiebe statt. Frankreich zögert lange, lässt sich erst umstimmen, als man ihm einen bedeutenden Posten im UN-Sekretariat zusichert: Paris darf künftig den Chef der Friedensoperationen stellen. Ein begehrtes Amt, das viele Länder gerne mit eigenen Leuten besetzen würden. Seit den dramatischen Wochen im Dezember 1996 jedoch »gehört« das Büro den Franzosen. Und solange Annan Generalsekretär ist, wird sich daran wahrscheinlich nichts ändern.

Und was unternimmt der Kandidat selbst in den entscheidenden Wochen vor seiner Wahl? Wie verhält er sich gegenüber seinem Vorgesetzten und ursprünglichen Förderer Boutros-Ghali? Vordergründig loyal, er führt keinen offiziellen Wahlkampf, greift nicht nach dem Amt, bringt auch seinen Namen nicht selbst ins Spiel. »Es geschah alles sehr spät. Zunächst dachte ich überhaupt nicht daran, Generalsekretär werden zu können, denn es ist noch nie passiert. Die Mitgliedstaaten wählten immer jemanden von außerhalb, einen Botschafter oder Außenminister. Es gab keinen Präzedenzfall«, sagt er im Rückblick. Annan steht nach außen hin zu seinem Chef, weil er den eigenen Namen öffentlich erst kursieren lässt, als Boutros-Ghali bereits aus dem Rennen ist. Tatsächlich bleibt er aber auch vorher nicht so untätig, wie er heute gerne vorgibt. Natürlich »gab es Gespräche mit einzelnen Mitgliedstaaten«, weiß sein treuer Mitarbeiter und Untergeneralsekretär Shashi Tharoor. Auf jeden Fall besteht früh Kontakt zu Vertretern seines Heimatlandes Ghana, denn dort will man wissen, ob Annan überhaupt Interesse hat, bevor man ihn formal vorschlägt. Auch die Amerikaner signalisieren ihm ihre Unterstützung und prüfen seine Ambitionen. Und selbst Deutschland, das zunächst für Boutros-Ghali, dann für Essy stimmt, schickt Annan eine aufmunternde Nachricht: »Ich habe über einen gemeinsamen Freund an Kofi gelangen lassen, unser Festhalten an Boutros bedeute nicht etwa, dass wir ihn ablehnten oder nicht für geeignet hielten, sondern dass wir uns einfach wehrten dagegen, wenn man den UN einen Generalsekretär wegschießt«, erinnert sich der damalige deutsche Botschafter Tono Eitel.

Dass er im Gespräch ist, weiß Annan schon Monate vorher. Im Frühjahr jedenfalls bittet er seinen alten Freund und früheren Kollegen Giandomenico Picco um ein Büro in dessen New Yorker Unternehmen, weil er die Vereinten Nationen vielleicht für eine Weile verlassen müsse. Er ist sich der Tatsache voll bewusst, »Boutros-Ghali im Genick« zu haben. Deshalb plant er, sich von Juni an für sechs Monate aus der Schusslinie zu ziehen und bei Picco »unterzutauchen«. Durch die frühe Ankündigung der Amerikaner, sie würden nahezu jeden anderen auf den Posten setzen, nur nicht noch einmal Boutros-Ghali, erübrigt sich die »Auszeit« für Annan. Im Laufe des Herbstes muss es dann wohl gewesen sein, als er realisiert, dass der »Job« tatsächlich auf ihn zukommen könnte. »Ich war anfangs gar nicht sicher, ob ich ernsthaft in Frage kam. Nachdem einige Regierungen mit mir gesprochen hatten, erkannte ich dann: Es war ernst.«

In der entscheidenden Dezember-Woche – inzwischen hat ihn der Ehrgeiz endgültig gepackt, nun will er nach ganz oben – müssen Annan und einige seiner Freunde in den UN noch ein wenig diskrete Überzeugungsarbeit leisten. Ein Mitarbeiter, der ungenannt bleiben möchte, berichtet, dass in letzter Minute Russland abspringen und seine Zustimmung in eine Enthaltung ändern will. Man alarmiert sofort die Amerikaner, denn der russische Meinungsumschwung könnte einen Rutschbahneffekt mit ungewissem Ausgang bewirken. Am Ende hilft nur ein klärendes Telefonat auf höchster Ebene, zwischen den Präsidenten Clinton und Jelzin – ein weiterer Beweis für den starken Rückhalt, den Annan im Weißen Haus genießt. Die Franzosen unterstützen Annan, wie erwähnt, ebenfalls erst in letzter Minute. Vor der entscheidenden Abstimmung dann aber sitzt Annan seelenruhig in seinem Büro in der 37. Etage und arbeitet, als gingen ihn die Ereignisse im Sicherheitsrat, der wieder einmal hinter verschlossenen Türen tagt, überhaupt nichts an. Das ganze Sekretariat rätselt, ob er nun endlich gewählt wird oder nicht. »Alle waren aufgeregt, nur Kofi nicht.« Tatsächlich hat ihm der französische Botschafter Alain Dejammet schon am Abend zuvor mitgeteilt, er werde auf das Veto verzichten. Annan braucht nicht mehr zu zittern, die Sache ist entschieden. Die Vollversammlung bestätigt das Votum wenig später per Akklamation.

Boutros-Ghali, der über seinen Nachfolger nur selten spricht, zieht noch vor Jahreswechsel aus der Residenz des Generalsekretärs aus und überlässt, tief verletzt, Annan das Feld. Dessen Wahl wird weltweit mit Erleichterung aufgenommen, der Poker in New York ist zu Ende. Die Vereinten Nationen haben einen neuen Mann an ihrer Spitze. Allerdings gilt er wegen der Umstände seiner Nominierung vielen von Anfang an als zu amerikafreundlich. Botschafter Henze notiert dazu: »Er ist mehr amerikanisch als afrikanisch, intelligent, guter Verwalter, sympathisch, aber vielleicht nicht stark genug, um gegen die USA Profil zu gewinnen.« Dieser Ruf bleibt ihm lange erhalten. Besonders in der arabischen Welt, auch in manchen Entwicklungsländern, verfolgt man jeden seiner Schritte mit Argusaugen und kritisiert oft seine Nähe zu den Vereinigten Staaten.

Annan versucht solche Vorbehalte von Beginn an zu zerstreuen, indem er die Aufgabe des Generalsekretärs als »mit vielen Facetten« ausgestattet definiert. Boutros-Ghali galt gemeinhin als »General«, mit anderen Worten als autoritär, von Annan denken damals viele, er sei eher »Sekretär«, also schwach. Sich der weit verbreiteten Befürchtung durchaus gewahr, er tanze lediglich nach Washingtons Pfeife, stellt Annan bereits wenige Stunden nach seiner Wahl klar, dass Management und Verwaltung, die als Priorität Amerikas gelten, nur einen Teil seines Aufgabenprofils darstellen. »...er (der Generalsekretär) hat auch eine politische und diplomatische Rolle und vor allem eine moralische Stimme, die er, wenn nötig, erheben sollte.« Als Ziele nennt Annan, ganz im Sinne der USA, eine gründliche Reform des UN-Apparats – aber auch die Einforderung der amerikanischen Schulden. »Ich habe schon früher deutlich gemacht, dass es nicht im amerikanischen Interesse liegt, die Rückstände bei den Vereinten Nationen nicht zu begleichen. Das befremdet Freund und Feind gleichermaßen. Die Vereinigten Staaten brauchen die Vereinten Nationen und die Vereinten Nationen brauchen die Vereinigten Staaten.« Trotz dieser verhaltenen Kritik gleich zu Beginn wird Annan jahrelang den Ruf nicht los, er werde von den Vereinigten Staaten ferngesteuert, manche sagen auch, er sei »Amerikas Pudel«.

Am sichtbarsten jedoch unterscheidet sich Annan von seinem Vorgänger in Stil und Umgangston, denn politisch sind einem Generalsekretär schon von Amts wegen enge Grenzen gesetzt. Der Neue gibt sich versöhnlicher, konzilianter, geschickter, eben diplomatischer in alle Richtungen, die USA eingeschlossen. Das heißt nicht, dass er keine eigenen inhaltlichen Schwerpunkte zu setzen versucht: Besonders wichtig sind ihm neben der institutionellen Reform der Vereinten Nationen, wie sie die Amerikaner wünschen, die Stärkung der Menschenrechte, die er bald zu einer Leitlinie der Vereinten Nationen erklärt, die Förderung von Frauen, die seiner Ansicht nach gerade in der Dritten Welt eine Schlüsselposition einnehmen, die Fortentwicklung Afrikas, das sich endlich vom Kolonialismus lösen soll, und eine Hinwendung zur Privatwirtschaft, die den Vereinten Nationen wertvolle Hilfe auf vielen Gebieten leisten kann. Die Entwicklungsthemen beschäftigen Annan sehr; sie bilden nach eigenen Aussagen einen zentralen Teil seiner politischen Agenda. Er habe die UN »sehr viel aggressiver« in diese Richtung gelenkt, wird er später einmal sagen. Doch den weitaus größten Teil seiner Aufmerksamkeit muss er den aktuellen Krisen schenken, deren Kette während seiner gesamten Amtszeit nicht abreißt. Vom Kosovo über Osttimor bis hin zu Afghanistan und – immer wieder – dem Irak. Dazu eine launische Supermacht Amerika und die Gefahren des internationalen Terrorismus: All das erfordert mehr seiner Energie, als Kofi Annan lieb sein kann.

Teil II: Die Agenda

Von Kontinent zu Kontinent:
Annans Alltag als UN-Chef

Für das Ehepaar Annan ändert sich durch seine Wahl zum Generalsekretär das halbe Leben. Nicht nur die Arbeitsbelastung steigt, wie das bedeutsame Positionen so mit sich bringen, der Karrieresprung markiert auch einen tiefen Einschnitt in den Alltag der beiden. Bis dahin leben Nane und Kofi Annan recht zurückgezogen und einigermaßen bescheiden. Sie wohnen in einem Apartment auf Roosevelt Island, einer kleinen Insel im East River, die per Luftlinie gar nicht weit von den Vereinten Nationen entfernt und doch in einer anderen Welt liegt. Architektonisch eintönige, aber moderne Wohnblöcke und kaum Autoverkehr prägen die Insel. Es gibt eine Bibliothek, einen Fischmarkt, ein »Family Restaurant«, gute Luft und relativ günstige Mieten dort. Erst 1989 wurde das Mittelklasse-Idyll an das U-Bahn-Netz Manhattans angeschlossen. Vorher blieb die einzige Verbindung zum restlichen New York eine Seilbahn über den Fluss. Bis Ende 1996 leben die Annans dort, zusammen mit vielen anderen UN-Beamten, bei denen Roosevelt Island wegen seiner moderaten Preise und seiner Nähe zu den UN eine beliebte Wohngegend ist.

Nane Annan, die ihren Posten als Juristin beim UNHCR in Genf aufgegeben hatte, um ihrem Mann nach New York zu folgen, hat sich beruflich umorientiert und ist damit durchaus zufrieden. Ihr früheres Hobby, das Malen, wurde zum Lebensinhalt, eine »wundervolle Chance«, wie sie inzwischen findet. Sie mietet ein Studio in einer alten Fabrikhalle in Brooklyn und nimmt Unterricht an der Kunsthochschule. Oft malt sie stundenlang, je nach Arbeitszeit ihres Mannes. Die beiden gehen gerne in Museen, lieben ausgedehnte Spaziergänge und essen in guten, aber nicht unbedingt extravaganten Restaurants. Sie führen ein völlig unauffälliges Leben, wie viele andere UN-Bedienstete auch.

Am Tag der Wahl, am 13. Dezember 1996, sitzt Nane Annan mit einer Freundin in einem Lokal auf der anderen Seite Manhattans. Das Handy klingelt, sie hört, der nächste Generalsekretär heißt tatsächlich Kofi Annan, der Sicherheitsrat hat gewählt. Natürlich ist sie stolz auf ihren Mann, aber sie ahnt auch sofort, dass nun nichts mehr bleibt, wie es war. Zwar hatte sein Wechsel zur Abteilung für Friedensoperationen im Jahr 1992 schon einiges an Veränderungen mit sich gebracht, denn die Zeit im Büro wurde länger, die Verantwortung in dieser hochpolitischen Position größer, aber jetzt greift der Beruf direkt ins Privatleben ein. In diesem Bewusstsein beschließt Frau Annan, den Heimweg zu Fuß anzutreten, quer durch Manhattan, um die letzten Momente ohne konstante Überwachung noch einmal zu genießen.

Mit dem Jahreswechsel 1996/97, wenige Wochen nach Annans Wahl, verlässt das Paar Roosevelt Island und zieht um in die offizielle Residenz des Generalsekretärs. Es ist ein so genanntes »Townhouse« am Sutton Place Nummer drei, das jedem UN-Chef mietfrei zur Verfügung steht. Die schwerreiche Bankierfamilie J. P. Morgan hatte es in den zwanziger Jahren des letzten Jahrhunderts für ihre Tochter Anne bauen lassen. Es entsprach seinerzeit den höchsten architektonischen Ansprüchen der feinen New Yorker Gesellschaft. Später gelangte das Stadthaus in die Hände von Arhur A. Houghton, Präsident von Steuben Glass, der es in den siebziger Jahren der amerikanischen UN-Gesellschaft (United Nations Association of the United States of America) zur Verfügung stellte. Die wiederum überließ das kleine Anwesen den UN; als erster Generalsekretär wohnte Kurt Waldheim darin. Das schmucke Klinkerhaus mit vier großzügigen Stockwerken verfügt über einen Hintergarten mit Blick auf den East River. Nichts lässt jedoch erahnen, dass hier der Generalsekretär der Vereinten Nationen wohnt. Keine UN-Flagge, kein Pomp. Nur eine kleine Polizeistation, in der einige Sicherheitsleute 24 Stunden am Tag Wache halten. Die Residenz, in der hin und wieder kleinere Gesellschaften und Besprechungen abgehalten werden, befindet sich in Fußweite zu den UN, wiewohl die Generalsekretäre selten dorthin gehen, auch Kofi Annan nicht. Sie werden aus Sicherheitsgründen von einem Fahrer abgeholt und direkt zum UN-Gelände gebracht.

Haus, Chauffeur und Bodyguards sind aber auch schon die einzigen Insignien der Macht, über die ein Generalsekretär verfügt. Der Verdienst ist mit einem Nettojahresgehalt von etwas mehr als 200 000 Dollar und einer Repräsentationspauschale von 25 000 Dollar per annum ebenfalls nicht überhöht, jedenfalls nicht im Vergleich zu den Bezügen von Spitzenmanagern. Überhaupt hat ein UN-Generalsekretär viel weniger Einfluss als seine öffentlichen Auftritte gelegentlich vermuten lassen. Er kontrolliert weder Land noch Truppen, er kann keine Gesetze erlassen oder durchsetzen, darf keine Steuern erheben, hat außerhalb der Vereinten Nationen keinerlei Verwaltungskompetenz und im Sicherheitsrat oder der Generalversammlung nicht einmal ein Stimmrecht. Die Charta schweigt sich über die Rolle des höchsten UN-Beamten weitgehend aus. Im entsprechenden Kapitel XV steht wenig über seine Rechte, aber viel darüber, was er zu unterlassen oder wo er sich den Vorgaben der Mitgliedstaaten zu fügen hat. So muss er zum Beispiel regelmäßig über die Tätigkeit der Organisation Bericht erstatten, Bedienstete darf er nur nach Regeln der Generalversammlung ernennen und muss dabei außerdem noch auf geographische Ausgewogenheit achten. Seine politischen Kompetenzen werden in einem einzigen Artikel und dazu noch recht vage definiert, was nebenbei bemerkt schon mehr ist als seinerzeit beim Völkerbund. Es heißt dort: »Der Generalsekretär kann die Aufmerksamkeit des Sicherheitsrats auf jede Angelegenheit lenken, die nach seinem Dafürhalten geeignet ist, die Wahrung des Weltfriedens und der internationalen Sicherheit zu gefährden.« (UN-Charta) Der UN-Chef hat, mit anderen Worten, eine Alarm- und Aufmerksamkeitsfunktion, die er, je nach Einsatz und Persönlichkeit, enger oder weiter auslegen kann.

Er darf eigene Vermittler entsenden, Sonderrepräsentanten ernennen, Missionen für Tatsachenermittlung in Leben rufen und seine »guten Dienste« anbieten. »Seine Rolle ist die eines konstitutionellen Monarchen – er hat keine wirkliche Macht, sondern er ermuntert, berät und warnt«, beschreibt Kieran Prendergast, Annans wichtigster politischer Berater, die Funktion eines Generalsekretärs. Auf keinen Fall steht er einer Art Weltregierung vor, wie manchmal fälschlicherweise angenommen wird. Der Generalsekretär ist vielmehr der höchste Verwaltungsbeamte der UN mit einem unbedingten Gebot zur nationalstaatlichen Neutralität und insgesamt begrenztem politischen Einfluss, aber hohem moralischen Anspruch, der sich aus den Werten Frieden und Gerechtigkeit der Charta ergibt. Sein Erfolg steht und fällt mit seiner Persönlichkeit und seiner Glaubwürdigkeit. Als stärkstes und wichtigstes Mittel bleibt ihm die Kraft der Überzeugung. Oder, wie Annan es ausdrückt: »Manchmal fragen mich Leute: ›Herr Generalsekretär, haben Sie Macht?‹ Ich habe keine Armee oder andere wichtige Ressourcen zu meiner Verfügung. Aber ich habe durchaus eine politische Aufgabe. Ich versuche, für die Schwachen, Armen und Stimmlosen zu sprechen. Und ich versuche,

Regierungen davon zu überzeugen, in ihrem Sinne zu handeln.«

Dass der Posten kein reines Vergnügen ist, musste mancher seiner sechs Vorgänger schon erfahren. Der Erste, Trygve Lie (1946–1952), ein Norweger, gab entnervt auf – und trat vorzeitig zurück. Er scheiterte unter anderem an der Sowjetunion, zu deren Zielscheibe er geworden war. Der Zweite, Dag Hammarskjöld (1953–1961), kam 1961 bei einem Flugzeugunglück in dienstlicher Mission ums Leben. Die UN verehren ihn bis heute als einen ihrer bedeutendsten Generalsekretäre, ihm wurde posthum der Friedensnobelpreis verliehen. Von seinem Nachfolger, Sithu U Thant (1961–1971), einem tief religiösen und schweigsamen Burmesen blieb wenig in Erinnerung. Auf der Höhe des Kalten Krieges war die Organisation gelähmt, weitgehend einflusslos und zu einem Spielball der Supermächte verkommen. Der Österreicher Kurt Waldheim (1972–1981) gefiel sich selbst am meisten in der Rolle des Generalsekretärs. Er pflegte einen aufwendigen Stil und legte Wert auf protokollarische Details. Gleichwohl galt er als passabler UN-Chef, jedenfalls bis er in Konflikt geriet mit seiner eigenen Geschichte im Zweiten Weltkrieg. Der Peruaner Javier Pérez de Cuéllar (1982–1991) konnte sogar manchen Erfolg verbuchen, blieb als Persönlichkeit aber trotz seiner Freundlichkeit blass. Boutros Boutros-Ghali aus Ägypten (1992–1996) schließlich definierte die Rolle eines Generalsekretärs sehr weit und rieb sich deshalb bald an der einzig verbliebenen Supermacht, den Amerikanern. Alle sechs Amtsvorgänger Annans gerieten in irgendeiner Weise zwischen die Fronten der Mitgliedstaaten. Die Vision von einer effektiven Weltorganisation, mit deren Hilfe man die wichtigsten Konflikte und grenzübergreifenden Probleme löst, hat sich bisher höchstens phasenweise und inhaltlich nur punktuell erfüllt. Meist standen sich einige der wichtigsten Mitgliedstaaten – in unterschiedlicher

Konstellation – feindlich gegenüber, und der Generalsekretär befand sich in schwieriger Position dazwischen. Kofi Annan ergeht es nicht anders, wie man spätestens am Beispiel Irak erkennen kann.

Diese Zwänge beschreibt Annan mit einer gehörigen Portion (Selbst-)Ironie wie folgt: »Der Unterschied zwischen Gott und mir ist, er konnte die Welt allein erschaffen, ich aber habe bei allem, was ich tue, 191 Herren.« So viele Mitgliedstaaten haben die UN derzeit und ihre unterschiedlichen Interessen wollen jeweils bedacht sein. Der Norweger Trygve Lie bezeichnete das Amt des Generalsekretärs zuletzt durchaus verbittert als »die unmöglichste Aufgabe der Welt«. Annan, kurz nach seiner Wahl gefragt, weshalb er diesen Posten überhaupt wolle, antwortet mit dem für ihn typischen, aber bewusst eingesetzten Understatement: »Jemand muss den Job ja machen, jetzt bin ich eben an der Reihe.« Er weiß sehr wohl, dass es manchmal ein »Höllen-Job« ist, der da auf ihn wartet. Später wird er immer wieder behaupten, die Initialen S-G, wie der Chef UN-intern genannt wird, stünden in Wahrheit für »scape goat«, Sündenbock, statt für Secretary-General.

Da die UN-Charta, wie schon erwähnt, wenig vorgibt und den Posten vage definiert, liegt es am jeweiligen Amtsinhaber, womit er ihn ausfüllt. Von seinen Vorgängern kann Annan mit Ausnahme von Dag Hammarskjöld dabei nur wenig lernen, ihre Arbeitsbedingungen zu ihrer jeweiligen Zeit unterschieden sich deutlich von den Gegebenheiten heute, auch charakterlich waren die früheren Generalsekretäre anders. Die britische Journalistin und Historikerin Rosemary Righter bemerkte einst spitz: »U Thant war unsichtbar; Waldheim war ein Lügner; Pérez de Cuéllar war ein Mann, über den der US-General und UN-Botschafter Vernon Walters einmal sagte, er produziere nicht einmal Wellen, wenn er aus einem Boot falle.« Und Boutros-Ghali taugt schon wegen seines aufbrausenden

Wesens nicht als Vorbild. Nur Dag Hammarskjöld, der Annan bereits in jungen Jahren während des Studiums beeindruckte, mag er selbst nacheifern. Der Schwede hat die »formativen Jahre der UN geprägt« und dabei Innovationen wie die Blauhelm-Truppen eingeführt. Annan steht nach der Wiederbelebung der UN durch das Ende des Ost-West-Konfliktes in ähnlicher Position. Sein Vorgänger Boutros-Ghali scheidet – unfreiwillig zwar – wie Lie vorzeitig aus dem Amt, er selbst übernimmt die Weltorganisation in schwieriger Lage. Wie der Schwede versucht er als Erstes, neue Umgangsformen im Sekretariat einzuführen, und wie jener legt er Wert auf »international leadership«. Für Annan bedeuten Führungsqualitäten idealerweise: absolute persönliche Integrität, kombiniert mit dem hartnäckigen und beständigen Verweis auf bestimmte, auch unbequeme Themen der internationalen Tagesordnung, etwa den Kampf gegen Aids oder grassierende Armut. Insoweit hilft ihm der Vorgänger Hammarskjöld, seine Rolle als Generalsekretär zu finden. Vierzig Jahre nach dessen Tod, im Jahr 2001, erklärt Annan bei einer Gedenkveranstaltung in Uppsala: »Es gibt keine bessere Richtschnur für einen Generalsekretär, als sich zu fragen: ›Was hätte Hammarskjöld in dieser Situation getan?‹« Im Geiste bleibt er dem Schweden verbunden, denn er versucht, das zu unternehmen, »von dessen Richtigkeit man überzeugt ist«. Im Konkreten aber kann er selbst beim berühmten Vorgänger kaum Anleitung finden, wie er später sagt, denn die Welt ist völlig anders. Nicht mehr der Kalte Krieg diktiert die tägliche Politik, sondern der internationale Terrorismus. Die Lagerbildung – etwa in der Irakkrise – ist komplizierter und unbeständiger als im Ost-West-Konflikt. Vielleicht spielt auch der eigene Ehrgeiz eine gewisse Rolle bei dem Versuch, aus dem Schatten des übermächtigen Vorgängers zu treten. Denn die beiden gelten insgesamt als die beliebtesten der sieben Generalsekretäre.

Wie aber muss der perfekte Generalsekretär beschaffen sein, wie muss er handeln und auftreten, um sich unter diesen denkbar schwierigen Bedingungen das für seine Arbeit notwendige Vertrauen zu verschaffen? Er sollte, heißt es immer wieder scherzhaft, ein Kommunikator sein wie Ronald Reagan, ein Reformer wie Michail Gorbatschow, ein Diplomat wie Henry Kissinger und ein Manager wie Lee Iacocca. Etwas ernsthafter würde man sein Anforderungsprofil wohl folgendermaßen beschreiben: Er braucht intellektuellen Weitblick, um der Organisation Richtung zu geben. Er benötigt zudem unbedingten Respekt, den er sich am besten durch integeres Auftreten und Neutralität erwirbt. Ohne die Mitgliedstaaten ist er nahezu machtlos. Auf ihre Zusammenarbeit bleibt er angewiesen, sollte sich daher um förderliche Beziehungen zu den nationalen Regierungen bemühen. Er muss seine Organisation im Griff haben, sie neuen Anforderungen stets angleichen und einen Stab motivierter Mitarbeiter um sich scharen. Und er benötigt für Krisensituationen einen großen Kreis an Förderern und Freunden der Vereinten Nationen, die er um Rat fragen und um Unterstützung bitten kann. Annan legt, das Beispiel seines direkten Vorgängers noch abschreckend vor Augen, besonderen Wert auf die Beziehung zu den Mitgliedstaaten und den Aufbau eines großen Netzwerkes. Daran arbeitet er vom ersten Tag an im Amt. Mit der Neutralität tut er sich am schwersten; die Beziehung zu Amerikanern (und Briten) bleibt eine besondere, intensive und schwierige.

Als Generalsekretär ist Annan wahrscheinlich der erste wirklich »globalisierte« seiner Art. Geprägt von drei Kontinenten, auf denen er jeweils etwa gleich viel Zeit verbracht hat, verheiratet mit einer Schwedin, lebt er seine Ideale von Völkerverständigung schon im Kleinen. Als »Mini-UN« bezeichnet Nane Annan die Familie, die verstreut lebt über die ganze Welt. Er selbst fühlt sich zwar als

»Afrikaner«, aber auch als »Kosmopolit«, der »das Glück« hatte, mehrere Kontinente intensiv kennen lernen zu dürfen. »Das wird dann zu einem Teil von dir, das prägt dich.« Schon von daher fällt ihm das rastlose Hin und Her, wie es der höchste Beamte einer Weltorganisation in der heutigen Zeit nach seinem Empfinden zu bewältigen hat, leichter als anderen. Annan reist über den Globus wie keiner seiner Vorgänger und wie kaum ein Staatsoberhaupt irgendeines Landes. Er tut es, um den Kontakt zu den Regierungen zu pflegen – und um die Bodenhaftung zu den Menschen draußen nicht zu verlieren, denn dort liegt die Realität, an die er denken will und muss.

»Wir sind ständig unterwegs«, beschreibt seine Frau den Einsatz ihres Mannes. In der Tat verbringt das Paar etwa fünf Monate im Jahr auf Reisen; im Jahr 2002 zum Beispiel besuchen die Annans mehr als 50 Länder rund um den Globus. Das ist eine große – auch körperliche – Belastung, erst recht, wenn man bedenkt, wie der Generalsekretär reisen muss. Ihm steht anders als vielen Staatsoberhäuptern und Regierungschefs kein eigenes Flugzeug zur Verfügung, sondern er bedient sich in der Regel normaler Linienflüge. Dort bucht er zwar nicht gerade die »Holzklasse«, aber er reist ohne die Annehmlichkeiten, wie sie der deutsche Bundeskanzler oder gar der amerikanische Präsident kennen. Bei besonders ermüdenden Trips, mit Aufenthalten in vielen Ländern, chartern die UN gelegentlich ein Flugzeug oder erhalten leihweise eines von befreundeten Regierungen; häufig genug aber muss sich der UN-Generalsekretär dem Zeitplan herkömmlicher Linienflüge anpassen. Zum Vergleich: Präsident Clinton unternimmt im Jahr 1998 eine ausgedehnte Afrika-Reise, die mit Autoflotte, Flugzeugen und Entourage etwa 40 Millionen Dollar kostet. Der UN-Generalsekretär reist im selben Jahr ebenfalls durch diverse afrikanische Länder und gibt dafür insgesamt knapp 110 000 Dollar aus. Angesichts dieser

Zahlen kann man sich den Unterschied im Komfort leicht ausmalen.

Im Laufe der Zeit haben die Annans eine besondere Routine entwickelt für die Monate unterwegs. Sie wohnen am liebsten in guten Hotels, ziehen sich regelmäßig aufs Zimmer, beziehungsweise in ihre Suite, zurück, um wenigstens ein bisschen Privatsphäre zu erhalten, wie seine Frau sagt, und gehen gerne raus an die frische Luft. »Wann immer möglich, machen wir ausgedehnte Spaziergänge, lachen ein bisschen oder nehmen uns bei der Hand ... « Außerdem versuchen sich die beiden auch auf Reisen fit zu halten. Annan schätzt körperliche Ertüchtigung schon seit seiner Kindheit, daran ändert sich im Alter nichts. Da Laufen, wie im Studium, schon aus Sicherheitsgründen nicht mehr so leicht möglich ist, steigt er auf Laufbänder und Kraftmaschinen, die er sich unterwegs auch schon mal in der Suite installieren lässt. Nur so kann er die enormen Strapazen mit Mitte 60 überhaupt durchstehen. Den Luxus exquisiter Unterkünfte meint Annan sich als Ersatz für ein stetes Zuhause leisten zu müssen. Sie sind für ihn Privatgemächer, Arbeitszimmer und Empfangsräume in einem. Auch steht er gerne auf gleicher Augenhöhe mit Regierungschefs und Staatsoberhäuptern, deren Umgang er durchaus schätzt und in deren Gesellschaft er sich keinesfalls minderwertig oder deplatziert vorkommt. Dafür braucht er nach eigenem Dafürhalten angemessene Repräsentationsräume.

Durch sein aktives »Networking« und seine intensive Reisetätigkeit hat Annan sich im Laufe der Zeit ein dichtes Netz an persönlichen Kontakten aufgebaut, das über die herkömmlichen Politikerkreise weit hinausreicht. Er kann auf Künstler wie Harry Belafonte, auf Schauspieler wie Whoopi Goldberg und Michael Douglas, auf Unternehmer wie Ted Turner, Adelige wie Königin Beatrix der Niederlande und Theologen wie Hans Küng bauen. Er kennt neben den aktiven Politikern auch die »elder statesmen« wie Nelson Mandela, Bill Clinton, Felipe Gonzalez, Mary Robinson, und er war befreundet mit der ermordeten schwedischen Außenministerin Anna Lindh. Wo er hinkommt, spricht er neben Politikern auch mit Journalisten, Schauspielern und Universitätsprofessoren, mit Vertretern von Nichtregierungsorganisationen, Stiftungen und Unternehmen und mit Leuten auf der Straße. In New York bittet er so oft wie möglich einen Gast zum Mittagstisch in den 38. Stock der Vereinten Nationen – wieder um Kontakte zu pflegen. In einem kleinen Separée unweit seines Büros speist man dann, umsorgt von einem aufmerksamen Kellner, mit Kofi Annan und zwei, drei anderen Gästen.

Überhaupt besteht der Großteil seiner Arbeit aus Kommunikation. Wenn Annan unterwegs ist, reiht sich ein Termin an den nächsten, von früh bis spät. In New York wechseln sich Team-Besprechungen und Einzeltreffen mit Telefonaten ab. Er könnte am Tag leicht 20 Besucher empfangen und zehn Reden halten, aber dafür reicht seine Zeit nicht aus. Außerdem »telefoniert er wie ein Verrückter«. Er wartet nicht, bis man ihn anruft, sondern wird selbst aktiv. Nur deshalb kann er im Zweifel zum Hörer greifen und zu fast jedem Thema einen passenden Gesprächspartner finden. Wenn in Kolumbien mal wieder Gewaltverbrechen und Entführungen das Tagesgeschehen beherrschen, dann ruft Annan Vicente Fox an, um mit dem Präsidenten Mexikos über mögliche Lösungen für diesen Dauerkonfliktherd zu diskutieren. Durch die vielen, auch informellen Kontakte ist er über das Weltgeschehen meist gut unterrichtet, manchmal sogar besser als sein Pressesprecher, dessen einzige Aufgabe darin besteht, Informationen zu sammeln und weiterzuleiten. Fred Eckhard erinnert sich an ein besonders eklatantes Beispiel des Annan'schen Networking: Als Eckhard eines Morgens die Nachricht erreicht, das Weiße Haus in Washington sei evakuiert worden, ruft er sofort seinen Chef an, der sich noch in der Residenz befindet, um ihn über den Vorfall zu unterrichten. Wenig später trifft Annan bei den UN ein, Eckhard holt ihn am Wagen ab, er ist der erste UN-Mitarbeiter, den der Generalsekretär an diesem Morgen sieht. Noch beim Aussteigen, verkündet Annan fast beiläufig, die Mitarbeiter des Weißen Hauses seien zurück in ihren Büros, irgendein kurzzeitig nicht identifiziertes Flugzeug habe sich über Washington befunden, inzwischen sei der Fall aber geklärt und erledigt. Welche Kontakte er auf der kurzen Fahrt zum UN-Hauptquartier per Telefon mobilisiert hat, weiß auch Eckhard nicht, »aber es ist dieses Netzwerk, das ihm sehr hilft«.

Ohne Gesetzgebungskompetenz, ohne Armee, ohne großes Budget und ohne institutionalisierten Einfluss – was bleibt einem Generalsekretär außer der Macht der Worte und Gesten? Annan hat das schnell begriffen. Dabei kommen ihm seine Erfahrungen zur Hilfe, das ständige »Palaver«, an das er von klein auf gewöhnt war, und das Debatten-Training der Universität. Zumindest nutzt er das Mittel Sprache bewusster und intensiver als die meisten anderen Generalsekretäre, und er erscheint so häufig in der Öffentlichkeit wie keiner seiner Vorgänger. In seiner Amtszeit hat er knapp 3000 Statements, Pressemitteilungen, Grußworte, Reden, ... abgegeben. Dabei redet Annan selbst vor akademischem Publikum überhaupt nicht gedrechselt, wählt selten überraschende oder extravagante Formulierungen, sondern gleitet manchmal fast ab ins Banale, hat aber oft ein gutes Timing. Was er sagt, klingt glaubwürdig und sympathisch, weil man ihn als glaubwürdig und sympathisch empfindet. Doch ist seine Sprache letztlich wie ein politischer Gassenhauer: eingängig und einfach. Am liebsten wiederholt er seine Botschaften so oft und so lange, bis er meint, sie seien angekommen. Dann wechselt er das Thema, bis auch dieses seine Adressaten erreicht hat – und so weiter. Zum besseren und leichteren Verständnis reichert Annan seine Reden gerne mit Bildern, Anekdoten, Sprichwörtern, Witzen oder Zitaten an. Er sagt Dinge wie: »Um Frieden zu erreichen, müssen wir manchmal auch die Hand von Aggressoren schütteln und der Stimme des Feindes zuhören. Denn, wie schon der verstorbene Yitzhak Rabin sagte: ›Wir machen Frieden mit unseren Feinden, nicht mit unseren Freunden.‹« Solche Zitate sind typisch für Annans Rhetorik, sie fehlen in fast keiner Rede. Zu seinen Lieblingsformulierungen zählte, wie sein Redenschreiber Edward Mortimer zu berichten weiß, eine Zeit lang auch der bildhafte Satz: »Statt die Dunkelheit zu verfluchen, zünde lieber eine Kerze an.« Da Annan mit Sprichwörtern aufgewachsen ist – sein Vater setzte sie als Erziehungsmethode ein –, wendet er, bewusst oder unbewusst, denselben Trick an, um die Botschaft der Vereinten Nationen zu verbreiten. Und er hat Erfolg mit dieser einprägsamen Sprache: Annan gehört heute zu den am häufigsten zitierten lebenden Personen überhaupt. Kein Thema, zu dem sich nicht ein passender und leicht wiederholbarer Ausspruch des UN-Generalsekretärs finden würde. Auf Konferenzen, Symposien, Vereinstreffen, Frauengebetstagen, in Zeitungen und Büchern – mit einem Zitat von Kofi Annan liegt man immer richtig und kann nebenbei noch seine Weltläufigkeit und Menschenliebe zur Schau stellen. Im Internet finden sich bei der Suchmaschine Google unter seinem Namen 57 000 Seiten. Insofern hat sich seine Strategie ausgezahlt: Er ist zu einer einzigartigen Bezugsquelle geworden – allein durch das Mittel Sprache. Manche bei den Vereinten Nationen werfen ihm vor, den Showeffekt über die Sache zu stellen, die PR mehr zu pflegen als die Sachthemen. »Er hat mit Recht versucht, das öffentliche Bild der UN zu verbessern, aber zuweilen war ihm das Publizistische wichtiger als manche konkrete Frage. Mich hat das befremdet. Ich bin nicht der Meinung, dass

113

der Generalsekretär sich um das Bild in der Öffentlichkeit kümmern soll. Das Diplomatische und Intellektuelle ist entscheidender«, sagt zum Beispiel Jürgen Dedring, langjähriger Mitarbeiter der UN, der heute wissenschaftlich tätig ist. Andererseits hat Annan schnell begriffen, dass Inhalte nur ankommen, wenn die Öffentlichkeitsarbeit stimmt.

Annans diesbezüglicher Erfolg ist jedoch auch ein Arbeitssieg, erkämpft mit Disziplin und Zähigkeit. Von Anfang an hat er als Generalsekretär viel Mühe und Energie in sein Auftreten gesteckt. Er arbeitete, wie Mitarbeiter aus seiner Umgebung anonym berichten, hart an seiner freien Rede, bei der er trotz Wettbewerben im Studium hölzern wirken kann. So angenehm und vertrauenerweckend seine tiefe Stimme klingt, vor laufenden Kameras, bei einem so genannten Kurzaufsager, sieht er bisweilen gequält und überrumpelt aus. Es fehlt ihm dann die Leichtigkeit eines Bill Clinton oder Jacques Chirac. Die Worte sprudeln nicht hervor, obwohl Annan durchaus Esprit hat, vielmehr kommentiert er die Weltpolitik dann eher bedächtig, ganz so, als müsse er sich beim Formulieren erst noch selbst zuhören. Das Stockende hat zum Teil mit seiner schwierigen Position als Generalsekretär zu tun, bei der jedes Wort auf die Goldwaage gelegt wird – und zwar auf immer andere in jeder Weltregion. Er muss permanent darauf achten, selbst vieldeutige Zwischentöne zu vermeiden oder sie, je nach Intention, absichtlich einzustreuen. Ein Generalsekretär kann nicht einfach sagen, was er denkt. Und doch spürt man, ungeachtet dieser äußeren Zwänge, dass Annan, sosehr er eigentlich den Kontakt mit Menschen liebt, sich selbst nach Jahren im Amt ungern spontan vor eine Kamera stellt.

Zum Image des machtlosen moralischen Wächters der Welt gehört – man sollte das nicht zu gering achten – unbedingt auch sein Äußeres. Annan ist stets tadellos gekleidet. Er bevorzugt exquisite, westliche Anzüge mit Krawatte, mutmaßlich Designerstücke. Am Revers, dort, wo Präsident Bush eine kleine amerikanische Flagge zeigt, trägt Annan eine silberne Friedenstaube, die er extra von einem Künstler hat anfertigen lassen und die auf Fotos immer wieder als Markenzeichen aufscheint. Dazu das silbergraue Haar, die schlanke Figur – selbst Diplomaten in New York staunen zuweilen über sein gepflegtes Auftreten. Wenn andere nach langen Nachtsitzungen mitgenommen wirken, erscheint Annan adrett und aufgeräumt wie immer. Der frühere stellvertretende deutsche Botschafter Hanns Schumacher weiß von einer solchen Begebenheit zu berichten: »Einmal verhandelte der Sicherheitsrat fast die ganze Nacht. Es ging um den Nahen Osten. Die Resolution wurde erst um vier Uhr morgens verabschiedet … Die Kollegen, die aus dem informellen Raum kamen, sahen völlig zerknittert, verschlafen und ziemlich derangiert aus. Sie gingen alle in den großen Saal, um dort die Resolution anzunehmen. Plötzlich kam Annan herein: Er sah frisch aus, wie aus dem Ei gepellt, wenn auch ausnahmsweise einmal nicht in Anzug und Krawatte, sondern in einem gepflegten Rollkragenpullover. Wie er das bewerkstelligt hat, war uns allen ein Rätsel.« Mit seinem Stil unterstreicht Annan den Eindruck des seriösen Diplomaten, der in jeder Lage weiß, wie er aufzutreten und sich zu verhalten hat. Er pflegt das Image des integren und glaubwürdigen Weltenlenkers ganz bewusst, um sein Vertrauen in der Öffentlichkeit zu steigern, das er wiederum benötigt, um auf die nationalen Entscheider, seine »Herren«, Einfluss zu nehmen. Allerdings scheint Annan auch selbst Gefallen am eigenen Auftreten zu finden. Der ehemalige deutsche Botschafter Dieter Kastrup, der den Generalsekretär auf etlichen Reisen begleitet hat, stellt jedenfalls fest, Annan genieße es durchaus, wenn Menschen an seinen Lippen hingen, sich mit ihm fotografieren ließen und seine Hände schütteln wollten.

Annans große Stärke liegt zweifellos im direkten Umgang mit Menschen; hier unterscheidet er sich deutlich vom unmittelbaren Vorgänger. Durch seine Integrationskraft, seinen konzilianten Führungsstil und seine intensive Kontaktpflege zu den nationalen Regierungen schafft er es binnen kurzer Zeit, den Ruf der Weltorganisation zu verbessern und den Generalsekretär der Vereinten Nationen als geschätzte – wenn schon machtlose – Figur in der internationalen Politik zu etablieren. Über Jahre hinweg stärkt er dadurch den Glauben an das Können der Vereinten Nationen. Erst sehr viel später, im Zusammenhang mit dem Irakkonflikt, gerät die Weltorganisation in eine neue Vertrauenskrise und Abwärtsspirale.

Stille Revolution: Annan und die Reformen

Zur ersten offiziellen Amtshandlung Annans gehört die demonstrative Freigabe eines Fahrstuhls, der bis dahin dem Generalsekretär vorbehalten war und ihn ohne Stopp, sprich Belästigung, in den 38. Stock des UN-Gebäudes brachte. Wo Boutros-Ghali sich abschottete, sucht Annan nun Kontakt zu seinen Mitarbeitern, durchaus schon morgens im Aufzug mit ein wenig Smalltalk. Der frisch gewählte Generalsekretär pflegt einen spürbar offeneren Führungsstil. Der Fahrstuhl ist ein beredtes Beispiel für den neuen Ton im Haus. Es folgen viele weitere, oft nur kleine Veränderungen, die die Mitarbeiter bald honorieren. Sie litten unter Boutros-Ghali und freuen sich nun darüber, einen der Ihren an der Spitze der Organisation zu wissen, einen, der ihre Sorgen und Nöte aus eigener Erfahrung kennt. Boutros-Ghali genoss in den UN großen Respekt, viele Mitarbeiter haben ihn für seinen Mut gegenüber den Amerikanern durchaus bewundert, ihn auch wegen seiner intellektuellen Fähigkeiten geschätzt, seiner herrischen Art aber fühlten sie sich oft genug ausgeliefert. Denn der Ägypter mit dem bezeichnenden Spitznamen »Pharao« war berüchtigt für seine hohen Anforderungen und seinen harschen Befehlston. Wer zu ihm ins Büro gerufen wurde, zitterte. Selbst ranghohe Untergeneralsekretäre kamen manches Mal »mit einem Arm weniger« heraus. Es herrschte insgesamt »ein ungemütliches Klima unter Boutros-Ghali«.

Das bekam auch Kofi Annan, damals nur eine Hierarchiestufe unter dem Generalsekretär, gelegentlich zu spüren. Der deutsche General Manfred Eisele, der von 1994 bis 1998 als Beigeordneter Generalsekretär für die Blauhelm-Soldaten der UN zuständig war, berichtet von einer besonderen Begebenheit aus dem Jahr 1995: Annans Vater ist über neunzigjährig in Ghana gestorben, der Sohn möchte natürlich zur Familie nach Hause. Er sitzt niedergeschlagen in seinem Büro, vertraut sich schließlich Eisele an, der zufällig vorbeischaut. Für den Deutschen ist es keine Frage, dass man beim Tod des eigenen Vaters Sonderurlaub erhält und sich sofort auf den Weg macht. Annan aber wagt erst gar nicht, darum zu bitten, denn »hier war die Ablehnung in der Person des Generalsekretärs bereits zementiert«. Letztendlich findet die Beerdigung erst sehr viel später statt, weil Annan – ohne »ernsthaften Hinderungsgrund« – in New York gehalten wird. Als UN-Mitarbeiter handelte man am besten vorauseilend untertänig, um den Zorn des Chefs erst gar nicht auf sich zu ziehen.

Überhaupt verschloss sich der intellektuelle Boutros-Ghali gerne in seinem »Kämmerchen«. Dort arbeitete er hart, produzierte viel gerühmte Aufsätze von einer Qualität, die man bei Annan vergeblich sucht, etwa seine »Agenda für den Frieden«, aber es fehlte ihm das nötige Gespür für das Innenleben der Weltorganisation. Er war ein Einzelkämpfer, der vom »Sachverstand und der Loyalität im Sekretariat viel zu wenig Gebrauch machte«. Dann kommt der neue Generalsekretär – und setzt als Praktiker genau hier mit seinen Reformen an: »Vor Kofi Annan zittert niemand«, fasst General Eisele die Veränderungen zusammen, die wohl stark mit den Charakteren der beiden UN-Chefs und ihrer Sozialisation zu tun haben. Tono Eitel, früherer deutscher Botschafter in New York, erklärt sich die grundverschiedenen Arbeitsstile so: Boutros-Ghali als Christ in einem arabischen Land, »einem prinzipiell seine Religion ablehnenden Umfeld«, ist ein Mann mit einem gewissen Grundmisstrauen, während Kofi Annan,

»in diesem afrikanisch-warmen Milieu« aufgewachsen, am liebsten die ganze Welt umarmt. Auf jeden Fall verbindet sein neuer Führungsstil die Ziele eines Ökonomen mit den eigenen Vorlieben auf angenehme Weise.

Gleich zu Beginn seiner Amtszeit ruft Annan eine Betriebsversammlung ein, auf der er seine bisherigen Kollegen um Mithilfe und Zusammenarbeit bittet – eine Gewohnheit übrigens, die er lange Zeit nicht ablegt: Wenn es Erklärungsbedarf gibt, wie im Irakkrieg, ruft er den UN-Stab zusammen und spricht zu ihm. Er tut dies auch regelmäßig in Genf und Wien. Damals, bei der ersten dieser Zusammenkünfte, sagt Annan seinen früheren Kollegen und jetzigen Untergebenen, er könne die Reform der Weltorganisation – die er schon wegen des Drucks aus Washington in Angriff nehmen muss – nicht allein bewältigen: »Ich kann das nur mit Ihnen allen machen.« Das beeindruckt die Mitarbeiter, die man letzthin wenig einbezogen hat, so sehr, dass sie lange Zeit nichts auf ihren Chef kommen lassen (später ändert sich das). Annan ist im Haus wesentlich beliebter als Boutros-Ghali, weil er sich nicht wie jener isoliert, sondern permanent kommuniziert, integriert, Brücken baut und Konsens sucht. »Er ist ein ausgesprochener Team-Player.« Von der Kraft gemeinsamen Handelns ist er felsenfest überzeugt. Pressesprecher Fred Eckhard beschreibt Annans unerschütterlichen Glauben an das Miteinander wie folgt: »Wäre Kofi Annan damals (vor dem Ende des Ost-West-Konflikts) Generalsekretär gewesen, hätte er gesagt: ›Wenn wir alle zusammenarbeiten, können wir die Berliner Mauer zum Einsturz bringen.‹« Das klingt idealistisch und reichlich naiv, kennzeichnet aber sein Auftreten.

Auch Schreien und Toben sind Annans Sache nicht. Er glaubt nicht, dass sie einen Menschen weiterbringen, sondern höchstens negative Energie erzeugen, wie seine Frau behauptet. Lange Jahre gilt Annan als ungeheuer gelassen, als jemand, der kaum je die Stimme erhebt, nie wütend oder ungeduldig wird und dem man große Nervosität höchstens durch fortgesetztes Händereiben und hektisches Augenflattern anmerkt. Als er – noch in der Funktion eines Untergeneralsekretärs – einmal aus heiterem Himmel einen Soldaten in UN-Diensten wegen dessen vulgären Jargons mit den Worten anbrüllt: »Ich verbitte mir einen solchen Ton!«, erschrickt die ganze Runde ob dieses ungewohnten »Granatenangriffs« aufs Äußerste. Der absichtliche Ausbruch verfehlt seine Wirkung indes nicht. Demgegenüber sagen die meisten von Annans direkten Mitarbeitern, sie hätten ihn noch nie ausfällig oder verletzend, sondern stets zuvorkommend und höflich erlebt, obwohl er die Geduld seit der Irakkrise etwas häufiger verliert. Dann wird er fahrig, nervös und unkonzentriert, selten jedoch aggressiv oder unwirsch. Elisabeth Lindenmayer, stellvertretende Kabinettschefin, arbeitet seit über zehn Jahren in verschiedenen Positionen mit Annan zusammen. Selbst sie hat ihn erst einmal richtig aufbrausend gesehen: »Die Art, wie er seinen Ärger dann rauslässt, ist sehr stark. Die ganze Person ist nichts als Zorn, seine Stimme senkt sich, seine Augen funkeln – und das ist wirklich sehr, sehr beängstigend.«

Der »normale« Kofi Annan jedoch ist eher sanftmütig und versucht die Leute um sich herum zu motivieren. Im Umgang mit Menschen ist er »ein ganz großer Künstler«. Er behandelt sie nicht von oben herab, nimmt sie ernst, im Beruf wie im Privatleben. In manchen UN-Büros hängen Fotos, Memos oder kurze Nachrichten vom Chef, auf denen er sie für irgendeinen Einsatz lobt, ihnen zum Geburtstag oder zur Geburt eines Kindes gratuliert. Er hat ein enormes Gedächtnis für solche Details, merkt sich Vornamen von Ehefrauen, Schwierigkeiten in der Familie. Trifft er eine Person nach längerer Zeit wieder, vergisst er selten, sich nach der Familie zu erkundigen. »Nachdem er meine Frau persönlich kennen gelernt hatte, gab es kein Zusammentreffen mit ihm, an dem er sich nicht nach ihrem Befinden erkundigt oder mich gebeten hätte, ihr Grüße auszurichten. Und das war nicht etwas Formelhaftes, sondern es schien mir wirklich persönliche Anteilnahme zu sein.« So schildert Dieter Kastrup, früherer deutscher Botschafter bei den UN, Annans Umgangsformen. Und er ist kein Einzelfall. Wer immer näher mit ihm zu tun hatte, zeigt sich beeindruckt von dieser Menschlichkeit im Kleinen, die jede Zusammenarbeit erleichtert und manchmal sogar bis fast ins Seelsorgerische hineinreicht. Wenn in einer Friedensmission Verzweiflung herrscht, dann hängt Annan sich auch persönlich ans Telefon und spricht »dem zuständigen Kommandeur Mut, Trost und Unterstützung zu«. Die Leute nehmen das nicht nur als »Wortgeklingel« auf, sondern empfinden es als »eine wirklich starke Ermutigung«.

Kurz gesagt, zu den wichtigsten Neuerungen Kofi Annans gehört vor allem, wie es in der Verwaltungssprache heißt, eine Verbesserung der »horizontalen und vertikalen Kommunikation«, die zuvor stark »zu wünschen übrig ließ«. Dazu ruft er eine Art Kabinettsrunde – die »Senior Management Group« ins Leben, die es bis dahin nicht gab und die sich, ähnlich wie das Bundeskabinett, regelmäßig mittwochmorgens um zehn Uhr trifft. Daran nehmen etwa zwanzig Personen teil, Untergeneralsekretäre, Beigeordnete Generalsekretäre sowie die Chefs von Programmen und anderen Untergliederungen der UN. Der Exekutivdirektor des UN-Umweltprogramms, Klaus Töpfer, ist per Videotechnik aus Nairobi ebenso zugeschaltet wie der Chef des UN-Flüchtlingshilfswerks Ruud Lubbers aus Genf. Diese Runde, die nach Töpfers Angaben inzwischen völlig etabliert ist und sich sehr bewährt hat, gilt als das zentrale Planungsinstrument der Vereinten Nationen. Auch Annans wichtigste Berater – der Inder Shashi Tharoor, der Brite Kieran Prendergast und früher der Pakistaner Iqbal Riza – sind dort vertreten. Wenn der Generalsekretär in New York ist, leitet er die Zusammenkunft, sonst führt den Vorsitz seine Stellvertreterin, Louise Fréchette aus Kanada, deren Posten Kofi Annan nach seiner Wahl überhaupt erst eingerichtet hat.

Als weiteres Beispiel für Annans Offenheit gilt das Verhältnis zwischen dem UN-Sekretariat und dem Sicherheitsrat, von dem für einen Generalsekretär viel abhängt. Boutros-Ghali hatte für den Kontakt zum höchsten UN-Gremium einen Untergeneralsekretär, Chinmaya Gharekhan aus Indien; dieser fungierte als sein Vertreter beim Rat; er selbst tauchte dort »selten persönlich« auf und war für die Botschafter insgesamt »sehr viel schwerer zu erreichen«. »Seine PR war entsetzlich.« Annan schafft diesen Posten sofort ab und ermächtigt stattdessen die Abteilungsleiter, direkt mit dem Sicherheitsrat zu sprechen, jeweils zu ihren Sachgebieten. Und, wann immer möglich, nimmt er an Ratssitzungen persönlich teil. Dadurch entspannt sich das Verhältnis zwischen dem höchsten Entscheidungsgremium und dem Sekretariat schnell und spürbar, was übrigens nicht bedeutet, dass nun alles immer friedlich und konfliktfrei ablaufen würde, wie sich spätestens im Irakkrieg zeigt, der Grundton aber ist ein freundlich-geschäftsmäßiger.

Ähnliches gilt für das Verhältnis zur Presse. Während Boutros-Ghali hohen UN-Repräsentanten noch verboten hatte, mit Journalisten zu sprechen, ermuntert Annan seine Mitarbeiter im Gegenteil schriftlich dazu, solange es Fachfragen aus ihrem Referat betrifft. Damit verschafft er sich Sympathien beim Pressecorps – und das zu einem geringen Preis: In den ersten Monaten stellt Annan seine Kunst der Aussöhnung auf vielen Ebenen unter Beweis. Später wird ihm dieses Talent auch Kritik einbringen, weil viele ihn für zu nachgiebig gegenüber renitenten, unfähigen und verantwortungslosen Mitarbeitern halten und für zu zahm gegenüber den fünf ständigen Mitgliedern des Sicherheitsrats. »Es genügt einfach nicht, nett zu sein«, merkt ein früherer Kollege Annans an, der nicht öffentlich Stellung beziehen möchte. »Manchmal muss man auch auf den Tisch hauen.«

Annan wurde von den Amerikanern bewusst als Gegenpol zu Boutros-Ghali erwählt. Mit atmosphärischen Änderungen im Innern der Vereinten Nationen ist es deshalb nicht getan. Er muss Beweise liefern, muss zeigen, dass er die Vereinten Nationen, die über Jahrzehnte größer und behäbiger geworden waren, verschlanken und verjüngen kann, sonst zahlt Washington seine Schulden von mehr als einer Milliarde Dollar niemals. Eine fortgesetzte Weigerungshaltung des Kongresses aber würde die UN empfindlich treffen, ihre Arbeitsfähigkeit dauerhaft einschränken. Also muss Annan all das tun, was man heutzutage von vielen Managern im privaten Sektor verlangt: Personal einsparen, Abläufe straffen, Aktivitäten konzentrieren, Doppelarbeiten abschaffen und das Image der Organisation verbessern. Sechs Monate nach Amtsantritt, am 16. Juli 1997, legt er der Generalversammlung ein mehr als 90 Seiten langes Reformpaket vor, das er in für ihn typischer Manier als »stille Revolution« bezeichnet. Am liebsten geht Annan evolutionär vor, auch hier. Die radikale Veränderung liegt ihm nicht. Kleine Schritte, langer Weg und viel Energie – das sind seine Stärken. Entsprechend moderat legt er sein Reformprogramm an und warnt alle Beteiligten von vornherein, dies sei »ein fortlaufender Prozess und kein einmaliges Ereignis«. Ehrgeizig ist die neue Agenda mit den geplanten Einsparungen von knapp 1000 Stellen und der Neustrukturierung des Sekretariats schon, aber sie wirkt hauptsächlich nach innen. Unter den mehr als 80 Einzelvorschlägen befinden sich keine Sensationen oder Ungeheuerlichkeiten. »Wer von Annan einen programmatischen Entwurf für die Neupositionierung der UN im System internationaler Politik erwartet hat (…), wird enttäuscht sein«, heißt es etwa bei deutschen Nichtregierungsorganisationen dazu. Auf die Forderung nach einer schnellen Eingreiftruppe für die UN zum Beispiel verzichtet er noch in letzter Minute, um keinen neuen Streit mit dem amerikanischen Kongress zu riskieren. Dabei plädieren nicht nur Fachleute wie der Ruanda-General Roméo Dallaire für eigene UN-Verbände, um auf schnell sich entwickelnde Katastrophen sofort reagieren zu können. Immer wieder regen Militärfachleute entsprechende Veränderungen an. Aber Annans sicherer Instinkt sagt ihm, dass der Vorschlag zur Unzeit käme, keine Chance auf Verwirklichung hätte und nur für Ärger sorgen würde. Also lässt er ihn fallen. Ähnlich vorsichtig packt er auch andere große Fragen an – etwa die für Deutschland relevante Erweiterung des Sicherheitsrats oder die Stärkung des Umweltsektors. Statt knallharter eigener Positionen empfiehlt er die Einrichtung einer Sonderkommission, in der nationale Minister sitzen und entscheiden sollen. Dazu kommt es allerdings nie. Auch manch anderer Vorschlag Annans verschwindet in der Versenkung, wie der so genannte »Sunset Clause«, der jedes Mandat, Programm und jede neue Aufgabe schon beim Start mit einem Ende versehen sollte, um den üblichen Endlosprogrammen entgegenzuwirken.

Die Reaktion aus Washington kommt prompt. Während die demokratische Regierung noch vorsichtige Unterstützung signalisiert, beurteilt man die Reform-Agenda im republikanischen Abgeordnetenlager als »nicht überwältigend«, »bescheiden« und »fast irrelevant«. Nicht etwa, weil man dort auf eine schnelle Eingreiftruppe gewartet hätte, sondern weil Washington die Einsparungen nicht weit genug gehen. Und damit rückt das Ziel, endlich die amerikanischen Schulden einzutreiben, in immer weitere Ferne. Es wird noch Jahre dauern – bis 2000 –, ehe ein

Kompromiss gefunden ist und die Rückstände nach und nach beglichen werden. Das macht die anderen Mitgliedstaaten, die spätestens seit der Abwahl Boutros-Ghalis jeden diplomatischen Zug Amerikas genauestens verfolgen, noch misstrauischer. Was, fragen vor allem Vertreter von Entwicklungsländern, muss noch geschehen, damit Washington endlich zufrieden ist und zahlt? Überhaupt finden sie, dass Annans Vorschläge sich stark an amerikanischen Wünschen orientieren. Hinter jeder Reform vermuten sie eine Schwächung ihrer Position. Die Verkleinerung oder Abschaffung von Programmen, von denen überwiegend die Dritte Welt profitiert, stößt erst einmal und prinzipiell auf Skepsis in ihren Reihen, so dass Annans Vorschläge bald immer mehr zerredet werden. Die Entwicklungsländer wollen nichts preisgeben, den Vereinigten Staaten geht alles nicht schnell und schon gar nicht weit genug. Annan steht um Reformen ringend dazwischen.

Dem Generalsekretär sind damit fürs Erste die Hände gebunden; ihm bleibt nichts anderes, als sich zunächst auf das Sekretariat, seinen unmittelbaren Machtbereich, zu konzentrieren. Dort stellt er, neben der schon erwähnten neuen Gesprächskultur, vieles um. Er reorganisiert Abteilungen, fasst Bereiche zusammen und versucht, das Personalmanagement neu zu gestalten. Im Jahr 2002 ergänzt er seinen ersten Reformkatalog durch ein weiteres Paket mit neuen Vorschlägen. Wie gleich zu Beginn seiner Amtszeit angekündigt, bleibt die Anpassung der Vereinten Nationen über lange Zeit hinweg eines seiner Hauptanliegen. Noch am Tag seiner Wahl – im Dezember 1996 – bat er die Mitgliedstaaten, den Wandel mitzutragen, anstatt ihn zu bekämpfen, und ihn zu einem »Verbündeten statt zu einem Feind« zu machen. Daran hält er über die Jahre fest, schon weil er an den Nutzen ständiger Veränderungen glaubt. »Wandel« und »gemeinsam« sind Schlüsselwörter vieler Reden Kofi Annans und tragende Pfeiler seiner Überzeugungen. Hinzu kommt eine »reformhungrige« Supermacht, die Annan auf diese Weise zufrieden zu stellen und näher an die Vereinten Nationen heranzuführen versucht.

Was aber ist geblieben von seinen vielen Einzelvorschlägen, die selbst Diplomaten in New York kaum noch überblicken? Das »General Accounting Office« (GAO), eine Art Aufsichts- und Kontrollbehörde in Diensten des amerikanischen Kongresses, hat sich die UN in regelmäßigen Abständen vorgenommen und untersucht, ob der versprochene Abbau von Bürokratie tatsächlich stattgefunden hat oder nicht. Die Behörde kommt zu einem durchwachsenen Ergebnis: Im Dezember 2003 waren 60 Prozent der Initiativen aus dem Jahr 1997 und 38 Prozent der Vorschläge aus dem Jahr 2002 weitgehend durchgesetzt. »Generell machten die Reformen unter der Autorität des Generalsekretärs schnellere Fortschritte als diejenigen, welche der Zustimmung der Mitgliedstaaten bedürfen.« Die größten Hindernisse sieht das GAO noch im Personalmanagement, in der Haftung und Verantwortlichkeit von Mitarbeitern (eine Kritik, die später im Zusammenhang mit Korruptionsvorwürfen gegen die UN viel massiver geäußert wird), im Widerstand einzelner Abteilungsleiter und in der internen Bewertung des Reformprozesses. Insgesamt seien die Veränderungen auf gutem Wege, aber noch lange nicht abgeschlossen – lautet der Tenor der Untersuchung.

Die großen Umwälzungen, etwa die Veränderung der Hauptorgane, kann nur die Staatengemeinschaft als Ganzes beschließen, und das hat sie bisher unterlassen. An Initiativen, Ideen und kreativen Vorschlägen dazu mangelt es wahrlich nicht, sie müssen mittlerweile in die Tausende gehen. Unzählige Experten aus den UN, von Nichtregierungsorganisationen, der Wissenschaft und nationalen Regierungen haben sich in den vergangenen Jahren den Kopf darüber zerbrochen, wie die UN zu einer zeitgemäßen Einrichtung entwickelt werden könnten. Denn in ihrem jetzigen Zustand sind sie weitgehend ein Produkt des Zweiten Weltkriegs. Deutschland zum Beispiel galt bis 1995 – damals schon wiedervereinigt und Kandidat für einen ständigen Sitz im Sicherheitsrat – offiziell noch als Feindstaat. Die so genannten »Feindstaatenklauseln« befreiten die Sieger des Zweiten Weltkrieges im Umgang mit den »Enemy States« von der Beachtung wesentlicher Inhalte der Charta. Diese anachronistischen Regeln gibt es immer noch, weil eine Revision der »UN-Verfassung« mangels Mehrheit nicht durchzusetzen war. Das Problem ließ sich einstweilen nur durch einen diplomatischen Kniff lösen: Zum 50. Jubiläum der Vereinten Nationen im Jahr 1995 verabschiedete die Generalversammlung eine Resolution zu »Charta-Fragen«, in der sie die »Feindstaatenklauseln« als obsolet definierte, getilgt sind sie aber immer noch nicht. An Beispielen wie diesen zeigt sich, dass die Weltorganisation einen Modernisierungsschub bitter nötig hätte, die 191 Mitgliedstaaten jedoch allzu oft keinen Konsens für dessen Ausgestaltung finden – und Annan nur weiter dafür werben kann.

Die Generalversammlung, das »normale Parlament« der UN, in dem jeder Staat einen Sitz und eine Stimme hat, schiebt seit vielen Jahren unnötigen Ballast auf seiner Tagesordnung hin und her und kann sich doch von nichts trennen. Alle Vorschläge Annans, auch das gehört zu seinen Reformideen, das Jahrestreffen der Generalversammlung zeitlich und inhaltlich zu begrenzen, halfen bisher wenig. Auf der Agenda stehen immer noch an die 130 zum Teil sehr umfassende Punkte, an denen jeweils mindestens ein Land festhält. Weitgehend Stillstand herrscht auch beim Sicherheitsrat. Zwar hat eine Ende 2004 von Kofi Annan eingesetzte externe Arbeitsgruppe zwei neue Erweiterungsmodelle vorgestellt, weil die fünf ständigen Mitglieder – China, Frankreich, Großbritannien, Russland und die Vereinigten Staaten – die Kräfteverhältnisse der heutigen Welt weder wirtschaftlich noch politisch angemessen abbilden, doch ohne Folgen. Bisher – Stand Januar 2005 – ist alles beim Alten geblieben. In den ersten Jahren als Generalsekretär äußert sich Annan noch vorsichtig, wenn es um die großen Reformen der Mitgliedstaaten geht, über die er nicht zu entscheiden hat. Er will niemanden vor den Kopf stoßen, schon gar nicht die fünf ständigen Ratsmitglieder, ohne deren Zustimmung keine Charta-Änderung möglich ist. Später, die vielen Kriege in Afrika und den Irakkonflikt vor Augen, macht er keinen Hehl mehr aus seiner Forderung nach einer »breiteren Repräsentanz« des Rates, in dem auch Afrika und Lateinamerika Sitz und Stimme haben sollten. Dass er Veränderungen dieser Tragweite nicht eigenmächtig herbeiführen oder beschleunigen kann, nützt ihm als Begründung auf Dauer wenig, denn unter unnötigen Aufträgen aus der Generalversammlung etwa hat in erster Linie das Sekretariat, also seine Behörde, zu leiden. Zudem würde eine umfassende Reform der Vereinten Nationen, käme sie noch während seiner Amtszeit, immer mit dem Namen Annan verknüpft. Schon dafür lohnt der Einsatz.

Trotz der bestenfalls gemischten Erfolgsbilanz erwirbt sich Annan schnell den Ruf des tatkräftigen Erneuerers, weil er intern manches bewegt hat – und gerne darüber redet: Wo er geht und steht, spricht Annan von Reform, Wandel, Veränderung, von Erneuerung, mehr Effizienz und besserem Management. Darüber hat der höchste UN-Bedienstete freilich nicht vergessen, auch seine eigene Position zu stärken. »Annan macht die 38. Etage am East River zum Knotenpunkt aller Entscheidungswege«, urteilt schon kurz nach Amtsantritt ein Kommentator. Dieser Trend hat sich durch eine geschickte und langfristig angelegte Personalpolitik noch verstärkt. Mehr und mehr besetzt Annan wichtige Positionen mit Vertrauten, obwohl er laut Charta dazu verpflichtet wäre, bei der Einstellung von Bediensteten »ein Höchstmaß an Leistungsfähigkeit, fachlicher Eignung und Ehrenhaftigkeit« zu gewährleisten. Bei Personalfragen legt Annan durchaus »ein gesundes Machtbewusstsein« an den Tag. Ein herausragendes Beispiel ist die Beförderung des Inders Shashi Tharoor zum Untergeneralsekretär der Hauptabteilung für Information – DPI, »Department of Information« – im Juni 2001. Annan und Tharoor kennen sich noch aus Genfer Tagen der frühen achtziger Jahre. »Der wäre nicht nur nicht dran gewesen; Tharoor hat er auf einen Posten befördert, für den auch Deutschland damals Kandidaten vorgeschlagen hatte.« Am Ende kommt Berlin nicht zum Zug. Natürlich muss der Leiter einer großen Behörde, wie sie die UN sind, sich mit loyalen Mitarbeitern seiner Wahl umgeben können. Aber Annan befördert immer wieder Weggefährten, obwohl andere geeignete Kandidaten ebenfalls bereitstünden. Zu den Begünstigten gehört zum Beispiel auch Mark Malloch Brown, der langjährige Chef des UN-Entwicklungsprogramms, ein persönlicher Freund Annans: Die Europäer sind an der Reihe und schlagen im Jahr 1999 einen Dänen als UNDP-Chef vor – vergeblich, der Generalsekretär entscheidet anders. Das frustriert und ärgert vor allem kleinere Länder, denn Amerikaner, Briten und Franzosen werden als »Key Player« bei der Stellenbesetzung selten übergangen.

Jede Stärke ist zugleich eine Schwäche: Annan öffnet die UN in alle Richtungen – und wird dabei beeinflussbarer als sein Vorgänger. Der Generalsekretär ist eingebettet in ein dichtes Netz aus Kontakten innerhalb und außerhalb der UN. Dadurch verliert er im Vergleich zu Boutros-Ghali zwangsläufig ein Stück Unabhängigkeit. Andererseits verbessert er mit seiner zugänglichen und sympathischen Art spürbar den angeschlagenen Ruf der Vereinten Nationen – jedenfalls bis zum Irakkonflikt. Das beflügelt das Selbstbewusstsein der Mitarbeiter, die durch den neuen Umgangston im Haus zudem eine gestärkte »Corporate Identity« vorfinden. Alles zusammen verschafft Annan bald das Etikett eines »Reformators«, obwohl Neuerungen nicht erst mit seinem Amtsantritt angepackt werden. Seit ihrer Gründung befinden sich die UN in einem ständigen Veränderungsprozess. Und wenn, meist aus politischen Gründen, gerade einmal Stillstand herrschte, dann wurde darüber von irgendeiner Seite ausführlich geklagt. Annan hat das Thema Reform keineswegs erfunden, trotzdem verbindet man seinen Namen bald mit dem Aufbruch in eine neue Ära.

Ganz menschlich: Annans Weltbild,
Überzeugungen und Schwächen

Kofi Annan hat ein festes Weltbild, in dessen Mittelpunkt
die Menschenrechte stehen. Sie bilden sein zentrales Koor-
dinatensystem, im Kleinen wie im Großen. Wenn er von
sich sagt: »Ich liebe die Menschen«, ist das als persönlicher
Ausdruck der größeren politischen Anschauung zu verstehen. Unterdrückung und Gewalt sind ihm zuwider; der
Mensch muss sich entfalten können, ohne deshalb gleich
mit allen Sorgen und Nöten allein zu sein. Annan bevorzugt als Staatsform eine Demokratie mit sozial-wirtschaft-
licher Ausrichtung. Denn nur die Demokratie sichert dem
Einzelnen die Freiheiten, die er für ein produktives und
selbstbestimmtes Leben braucht. Und seit Annans prägenden Jugendjahren, seit dem ghanaischen Unabhängigkeits-
kampf in den späten fünfziger Jahren, ist ihm Freiheit etwas Elementares, ja fast Heiliges. Da er die Freiheit des
Einzelnen am ehesten in einer Demokratie gesichert sieht,
geht für ihn beides Hand in Hand: »Demokratie ist mehr
als das effektive Funktionieren repräsentativer Institutionen. Dazu gehört auch die Achtung bestimmter Grundsätze – ganz besonders die Herrschaft des Rechts und die
Menschenrechte … Die Achtung der Menschenrechte ist
lebenswichtig für das Gebäude Demokratie. Genauer gesagt, gibt es eine symbiotische Beziehung zwischen beiden.
Die Menschenrechte sind notwendig für das Funktionieren der Demokratie und eine intakte Demokratie ist essen-
ziell, um die volle Achtung der Menschenrechte zu sichern.« Als sichtbares Produkt dieser Überzeugung

erklärt Annan schon bald nach Amtsübernahme die Menschenrechte zu einer »Querschnittaufgabe« der Vereinten Nationen. Sie sollen die Richtschnur für alle Aktivitäten der Organisation sein. Joanna Weschler von »Human Rights Watch« bezeichnet die Veränderungen, die seither im UN-System eingetreten sind, als einschneidend und beinahe »revolutionär«. Früher galten die Menschenrechte in den Vereinten Nationen als eine Art eigenständiges Ressort, berichtet sie, völlig getrennt von anderen Themen. Ein politischer UN-Mitarbeiter in New York habe niemals mit den »Menschenrechts-Leuten« in Genf auch nur gesprochen. Und der Sicherheitsrat als Wächter über Krieg und Frieden habe Menschenrechte nicht als oberstes Gebot wahrgenommen. Noch immer sieht Weschler die Verquickung nicht vollständig hergestellt, aber »diese starre Abgrenzung ist definitiv durchbrochen worden«. Der UN-Chef, meint Weschler, habe diesen Sinneswandel mit bewirkt.

Im Allgemeinen glaubt Annan an das Gute im Menschen, an seine Beweglichkeit und Lernfähigkeit. Er ist der klassische Vertreter dessen, was heute – meist abfällig – als »Gutmensch« umschrieben wird. Vom »Ende der Geschichte« oder einem Stillstand der Entwicklung hält er wenig. Vielmehr blickt er, getragen von der Überzeugung, dass der Mensch nur die richtigen Bedingungen braucht, um über sich hinauszuwachsen, meist optimistisch in die Zukunft. »Die Welt besteht aus Optimisten und Pessimisten. Letztlich liegen beide falsch. Aber der Optimist lebt glücklicher«, lautet seine simple Erklärung dafür. Und zu diesem Optimismus gehört auch eine gute Portion Idealismus.

Wie für viele Leute, die sich den Vereinten Nationen anschließen, ist der Posten für Kofi Annan mehr als ein Job zum Geldverdienen. Bei den UN zu arbeiten bedeutet, sich für übergeordnete Werte und Überzeugungen einzusetzen.

Gleichzeitig zeichnet dies einen Lebensweg vor, der, grob umrissen, so aussieht: Man lässt die kleinlichen nationalen – um nicht zu sagen nationalistischen – Interessen hinter sich und arbeitet am Fortkommen der Menschheit als Ganzes. Dazu löst man sich örtlich von Kindheit und Familie, von Land und Gebräuchen, wird Kosmopolit und Weltbürger. Man dient der Idee von Frieden, Völkerverständigung und Toleranz, mithin einer höheren Sache, so das Selbstbild. Kofi Annan jedenfalls glaubt fest an den Nutzen der Vereinten Nationen, sie sind zu einem Teil seines Lebens, sein Leben ist Teil der Organisation geworden.

Die Freiheit des Einzelnen wie sie die Menschenrechte vorsehen, ist für ihn aber nicht nur Recht, sondern auch Auftrag. »Ich habe immer gedacht, wenn man helfen kann – zögere nicht. Das ist ein Privileg und eine Pflicht.« Der jungen Generation gibt Annan deshalb als Rat mit auf den Weg: »Engagiert euch!« Sie sollte sich beteiligen, nicht einfach zurücklehnen und denken, sie könne ja doch nichts ändern. »Sie können. Wenn Individuen sich zusammenschließen, lassen sich die Dinge verbessern.« Überhaupt hält er viel vom kollektiven Dienst an der Allgemeinheit. In Annans idealer Welt sollte sich jeder nach Kräften für die Gemeinschaft einsetzen, die Starken mehr, die Schwachen weniger. Er selbst begreift seine Arbeit bei den UN, speziell als Generalsekretär, neben dem Karriereaspekt durchaus als Dienst am Gemeinwohl. Ganz so wie ein guter »Farmer der Erde zurückgibt, was er von ihr erhalten hat«.

Um seine Ziele durchzusetzen, möchte Annan aber nicht sein wie »ein Bulle«, der sehenden Auges gegen eine Lokomotive anrennt, wie er einmal sagte, denn so ein Zusammenprall beweise zwar Mut, aber wenig Urteilskraft. Mit anderen Worten: Annan ist nicht der Typ, der mit dem Kopf durch die Wand will. Wenn eine Sache jetzt nicht klappt, dann vielleicht später. Er ist beständig, aber nicht stur. Das kann er auch sein, weil er an die Anziehungs- und Durchsetzungskraft der Menschenrechte glaubt. Dieses feste Gerüst an Grundsätzen gibt ihm Sicherheit in fast jeder Lage. Seine Mitarbeiter erleben ihn daher in aller Regel als »enorm ausgeglichen«; er wisse, wer er sei und woher er komme. Seine Ziele verliere er nie aus dem Auge. Dabei verhalte er sich gelassen wie ein »indischer Yogi«, was ihn so anziehend und sympathisch für jedermann mache. Seine Frau meint gar, Annan sei auf eine höhere Ebene der menschlichen Existenz »transzendiert«, in der es keinen Streit mehr gebe. Bei so viel innerer Balance kann es daher kaum verwundern, dass Annan auch politisch nie durch extreme, geschweige denn extremistische Äußerungen aufgefallen, vielmehr im eigentlichen Sinne liberal ist. Annan lässt die Menschen nach ihrer Facon leben und glücklich werden, solange sie anderen nicht schaden. Diese grundlegende Liberalität mischt sich – er glaubt ja auch an die Kraft des Wandels – mit viel Progressivität. Das Konservative, das Bewahrende, Einengende passt nicht zu ihm. Auf Neues lässt er sich mit großer Offenheit ein. Sein Lebensmotto lautet denn auch typischerweise: »Warum nicht?« – statt des hadernden »Warum?«.

Parteipolitisch indes lässt sich Annan höchstens indirekt zuordnen. Man würde ihn wohl Mitte-Links eingruppieren. In irgendeiner Richtung tatsächlich festgelegt hat sich Annan jedoch nie, sei es, weil er der nationalen Bühne schon zu lange entronnen ist, sei es, weil er sich als Generalsekretär diesbezüglich zur Neutralität verpflichtet fühlt. Als Wahlkämpfer im herkömmlichen Sinne, als Tingler durch die Provinz gar, kann man sich Annan ohnehin nicht vorstellen; er musste ja auch für keinen seiner Posten offen als Bewerber ins Rennen gehen. Deshalb ist Annan noch lange kein unpolitischer Mensch. Im Gegenteil. Aber er betreibt Politik auf einer anderen Ebene, nicht so direkt wie ein Kanzler oder Premierminister. Er braucht die Unterstützung der Massen nicht an der Wahlurne, sondern in Form von Respekt und Rückhalt, um mit ihrer Hilfe auf die Entscheider der Nationalstaaten einzuwirken. Annan bewegt sich auf der supranationalen Ebene, dort gelten andere Spielregeln. Als er bei den UN anfing, konnten Bedienstete internationaler Organisationen nicht damit rechnen, großartige Karrieren zu machen. Inzwischen gibt es viel mehr multilaterale Einrichtungen, dazu gute Posten bei der EU, der Weltbank, dem Währungsfonds, der Nato und sogar bei den UN. Mit der Zahl internationaler Zusammenschlüsse wächst die Bedeutung ihrer Akteure. Lebensläufe wie der von Annan, wenn auch meist weniger auffällig, nehmen zu. Die Globalisierung hat dem Berufsbild »UN-Mitarbeiter« einen neuen Schub verliehen, weil immer mehr Konventionen, Sekretariate und grenzüberschreitende Verabredungen hinzukommen, die jeweils wieder Personal benötigen. Man kann regelrecht zuschauen, wie hier eine politische Klasse heranwächst, die sich für hohe internationale Posten ausweist und bereithält. Ihre Vertreter verbinden eigene Ambitionen und persönliche Abenteuerlust mit den Idealen der Völkerverständigung, verfolgen dabei durchaus politische Ziele, indem sie die Welt demokratisch, marktwirtschaftlich und sozial ausrichten wollen, dafür aber keine konkrete Politik in Form von Gesetzen und Verordnungen betreiben, sondern für Ideen, Vorstellungen und Modelle werben.

Nicht zufällig umgibt sich Annan mit Personen, deren Leben ähnlich wie das seine verlaufen ist: Iqbal Riza etwa, lange sein Kabinettschef, kommt aus Pakistan, wurde also wie Annan vom »Empire« geprägt. Sein Vertrauter Shashi Tharoor ist Inder, wirkt ebenfalls wie ein Gentleman von der Insel und in seinem Auftreten fast britischer als ein Brite. Der getötete Irak-Sonderbeauftragte Sergio Vieira de Mello, zu dem Annan engen Kontakt pflegte, war zwar Brasilianer, doch auch er entstammte einer lokalen Elite,

die ihn mit perfekten Umgangsformen, mit Sprachkennt-
nissen und sozialer Kompetenz ausgestattet hatte.
Lakhdar Brahimi, der erfolgreiche Unterhändler für Afghanistan, ist gebürtiger Algerier, mithin stark von Frankreich geprägt, hat aber auch lange in London gelebt. Ge-
mein ist ihnen allen, dass sie wenigstens zeitweise in
westlichen Bildungseinrichtungen erzogen wurden, dabei
ihren Lebensstil bereichert, verändert oder angepasst haben, wie immer man es sehen möchte. Daraus hervor-
gegangen ist ein grundsätzlich weltoffener Menschentyp
mit einem ausgeprägten Verantwortungsgefühl für die
Schwachen, schon der eigenen Wurzeln wegen, gleichzeitig
aber mit einer gewissen Affinität zur anglo-amerikani-
schen (vielleicht noch französischen) Kultur, deren libera-
les Menschenbild und Konsumgewohnheiten eingeschlossen. Diplomaten vom Schlage Annan, Riza, Tharoor
verstehen es, sich wie Briten oder Amerikaner zu geben,
ohne es tatsächlich zu sein. Und genau diese Mischung
macht den »Typus Annan« so interessant für die höchsten
Posten bei den Vereinten Nationen: Denn letztlich ist die
Organisation eine britisch-amerikanische »Erfindung«. Es
sind Briten, Amerikaner und vielleicht noch Franzosen, die
aufgrund der UN-Struktur mit ihren fünf ständigen Mitgliedern faktisch bestimmen, was gemacht und wer gewählt wird. Gegen sie geht auf jeden Fall wenig. Dadurch
kommen eher Personen zum Zuge, denen man sich – womöglich sogar unbewusst – irgendwie verbunden fühlt, deren Mentalität einem nicht völlig fremd ist und von denen
man meint, sie leicht beherrschen zu können.

Umgekehrt stellen die Vereinten Nationen gerade für
ehrgeizige Vertreter kleinerer, unbedeutenderer Staaten
eine große Karrierechance dar. Nicht einmal als ghanaischer Präsident wäre Annan auch nur halb so bekannt geworden, hätte mit großer Wahrscheinlichkeit niemals den
Friedensnobelpreis erhalten und würde heute nicht in na-

hezu jeder Hauptstadt der Welt wie ein Ehrengast empfangen. Die Vereinten Nationen, das war und ist für Annan und viele andere gebildete Männer und Frauen aus Afrika, Asien und Lateinamerika ein Tor zur Welt. Die Globalisierung tat und tut ihr Übriges. Annan ist bisher zweifellos der herausragendste Repräsentant dieser neuen »Spezies« internationaler Politdiplomaten. Mehr werden kommen, schon weil durch Annans Wahl zum Generalsekretär der Weg nach ganz oben frei ist, sein Beispiel die Fantasie zumindest der Ehrgeizigen beflügelt. Wahrscheinlich werden es die wenigsten so weit bringen wie er, dazu gehört letztlich auch Glück, aber sie werden ähnlich flexibel, gebildet, weltoffen auftreten und sich in mehr als einem Kulturkreis ohne Schwierigkeiten zu bewegen verstehen.

Vorbilder, auf deren Rat und Weitblick er sich bei seiner Arbeit in den UN tatsächlich stützen könnte, gibt es, von Dag Hammarskjöld abgesehen, schon deshalb für Annan nur wenige. Aber selbst der Schwede taugt als Modell nur bedingt, denn er hatte einen völlig anderen persönlichen Hintergrund und andere politische Rahmenbedingungen. Viele vergleichen Annan und Hammarskjöld wohl hauptsächlich ihrer Bedeutung für die UN, nicht ihrer charakterlichen oder biographischen Ähnlichkeiten wegen. Leitfiguren gibt es also wenige, fasziniert ist der Pazifist Annan jedoch immer von Menschen, die Gewaltlosigkeit mit Charisma und Führungsqualitäten verbinden: Persönlichkeiten wie Mahatma Gandhi oder Martin Luther King. Ihnen gilt sein Respekt, wirkliche Verehrung empfindet er jedoch für Nelson Mandela. Die Glückwünsche zu dessen 85. Geburtstag im Juli 2003 hätten überschwänglicher nicht ausfallen können. Er bezeichnet ihn als die »am meisten bewunderte und respektierte internationale Figur in der Welt«. Mandela habe Millionen von Menschen über verschiedene Generationen hinweg inspiriert; sein Einsatz für Versöhnung, Frieden und Entwicklung sei beispielhaft.

»Wenn wir nur einen Teil dieser Standards nachleben würden, dann wären Afrika und die Welt sehr, sehr viel besser dran.« Als Afrikaner sieht Annan in ihm wohl ein wirkliches »Role Model«, jemanden, der gewaltlos für bessere Verhältnisse kämpft und dabei zum Hoffnungsträger für andere wird. Als Mandela nach 27 Jahren Gefängnis freikommt, schwört er nicht etwa Rache, sondern tritt stattdessen für nationale Aussöhnung ein. Das gefällt Annan, damit kann er sich identifizieren: »Er ist in meiner Kultur aufgewachsen. Wir glauben, dass man bei bestimmten Gelegenheiten Kampf und Streit vergisst«, sagt er über Mandela.

Tatsächlich spielen Vorbildcharakter und Führungskraft eine wichtige Rolle in Annans Weltsicht. »Leadership« gehört zu seinen Lieblingsvokabeln.

Er möchte am liebsten eine Führungspersönlichkeit sein und als solche wahrgenommen werden. Jemand, der andere mitzieht, mitreißt, ohne sie zu »ver«-führen, aber die Richtung und das Ziel vorgibt. Annan glaubt zwar, dass alle Menschen gleich viel wert sind, aber um Entwicklungen in Gang zu bringen, braucht es herausragende Persönlichkeiten, zu denen er sich selbstverständlich zählt. »Führung ist wichtig«, sagt er, »denn ohne sie kann man nichts bewegen. Die Menschen, mit denen du arbeitest und denen du dienst, erwarten Führung im Sinne von Richtung und Weitblick. Wenn du selbst nicht weißt, wohin es gehen soll, kann dir auch sonst niemand helfen. Führung ist wichtig, aber sie bedeutet nicht, anderen etwas zu oktroyieren, sondern ihnen eine Vision zu vermitteln, mit deren Hilfe man voranschreiten, etwas umsetzen und erledigen kann.«

Wie viele Idealisten hat Annan neben der rationalen auch eine spirituelle Seite. In sich versinken, meditieren, beten – daraus kann er Kraft schöpfen. Den Glauben rechnet er zu den fünf wichtigsten Tugenden. Dazu müssen Würde, Vertrauen, Mut und Mitgefühl treten. Wer diese fünf in sich vereint hat, so sagt ein Fanti-Sprichwort, wird zum Mann. Annan ist ein gläubiger Mensch, dennoch trägt er seine Religiosität nicht offen zur Schau. Gelegentlich können seine Reden missionarische Züge annehmen – nie aber in Glaubensfragen. Das Thema Religion spart Annan aus, schon weil er als Generalsekretär der Vereinten Nationen alle Glaubensrichtungen zu vertreten hat. Die UN sind auch auf diesem Gebiet zu Neutralität verpflichtet und haben im Laufe der Jahre zahlreiche Feiertage aus sämtlichen Religionen eingeführt. »Er bemüht sich um Äquidistanz zu den Weltreligionen und ist dem Papst wie dem Dalai Lama mit großem Respekt begegnet.« Dennoch ist er eindeutig christlich geprägt. Religion, speziell das Gebot der Nächstenliebe, bildet einen Teil seines Werterahmens, der sich mit seiner Achtung für die Menschenrechte zu einer festen Gesamtüberzeugung ergänzt. Wie er seinen Glauben praktiziert, darüber redet er nicht. Ob Annan noch heute regelmäßig zur Kirche geht, weiß zum Beispiel nicht einmal sein Redenschreiber mit letzter Sicherheit zu beantworten. Über solche persönlichen Dinge schweigt er. »Ich bin gläubig«, sagt Annan, »aber alles andere ist eine Sache zwischen mir und meinem Gott.«

Dass er an die Kraft des Betens glaubt, belegt folgende Geschichte. Als Annan 1998 nach Bagdad reist, um Saddam Hussein zum Einlenken zu bewegen und einen Krieg in letzter Minute abzuwenden, sprechen seine Mitarbeiter in New York ein Gebet zu seiner Unterstützung: »Wir waren dazu aufgestanden und haben still gebetet.« Nach seiner Wiederkehr dankt Annan seinen Mitarbeitern für die Rückendeckung mit den Worten: »Ich weiß, dass viele von Ihnen für den Erfolg meiner Mission gebetet haben. Und lassen Sie uns zuerst Gott danken, dass das Ganze erfolgreich gewesen ist. Die Nachricht, dass Sie für mich gebetet haben, hat mich in der Luft erreicht und mir unglaubliche Kraft gegeben.« Natürlich spricht aus diesen Sätzen auch wieder der »Motivator« Annan, der seine Mitarbeiter in den Erfolg von Bagdad einzubeziehen versucht. Doch scheinen die Worte mehr wiederzugeben als reine Freundlichkeit, dafür hätte ein herzlicher Dank genügt. Stattdessen erwähnt er ausdrücklich die Gebete seiner Untergebenen, wie er auch an anderer Stelle trotz seiner Zurückhaltung in Fragen der eigenen Religiosität immer wieder Hinweise darauf gibt: »Ich bete still«, häufig morgens, wenn er früh aufwacht und noch im Bett liegt. Er versteht das Böse nicht, wie er sagt, und sucht dafür Antworten im Glauben.

Es sind Aussagen wie diese, die Annan einerseits den Ruf eines »Naivlings« und unverbesserlichen Idealisten eintragen, ihn aber andererseits mit einem »Hauch von Heiligkeit« umgeben, wie der frühere US-Senator Timothy Wirth meint. Überhaupt ist Annan in seinen ersten Amtsjahren mit Lob geradezu überhäuft worden. Immer wieder charakterisierte man ihn ob seiner moralischen Standards als »weltlichen Papst« oder als »Rockstar der internationalen Beziehungen«. »Bei Kofi geht es nie um ihn selbst, sein Ego ist nicht beteiligt«, meint gar Harvard-Professor John Ruggie. Selbst Bundeskanzler a. D. Helmut Kohl, den es in all den Jahren seiner Regierungszeit nur wenige Male zu den Vereinten Nationen zog, zeigte sich beeindruckt von Kofi Annan: »Wenn er sich einem nähert, ist es nicht möglich, irgendwelche Barrieren aufrechtzuerhalten.« Sein Nachfolger Gerhard Schröder sagte zu Annan einst in Berlin vor großem Publikum: »Herr Generalsekretär, wir verehren Sie!« Bei so viel Anerkennung fragt man sich unweigerlich: Wo liegen seine Schwächen? Wann wird der Mann unsympathisch, lässt er sich gehen, vergreift sich im Ton oder Stil?

Lange Zeit erhält man auf solche Fragen von UN-Mitarbeitern, speziell aus seinem unmittelbaren Umfeld, nur ein paar nichts sagende, zögerliche Antworten. Bei direkten Untergebenen muss solche Zurückhaltung nicht weiter verwundern, alles andere wäre aus ihrer Sicht unklug. Doch spürt man dabei erstaunlich wenig Zweideutigkeit, kaum negative Zwischentöne. Die meisten UN-Leute sagten, jedenfalls bis zum Irakkrieg, sie würden »für ihn durchs Feuer gehen« oder die Arbeit mit ihm »als Privileg« empfinden. Selbst Botschafter, zum Teil schon penioniert oder längst an anderer Stelle tätig, halten bis weit ins Jahr 2003 große Stücke auf Annan. Dabei genössen sie – im Vergleich zu den Sekretatiats-Angehörigen – genug Unabhängigkeit für ein eigenes, womöglich auch kritisches Urteil, hätten nichts zu befürchten, könnten das rosige Bild ohne weiteres Verdunkeln. Aber das geschieht nicht, vielmehr hat Annan bis zu den ersten Vorwürfen im Zusammenhang mit dem Programm »Öl für Lebensmittel« Anfang 2004 einen tadellosen Leumund, er gilt als glaubwürdig und völlig integer. Deutschlands Botschafter Gunter Pleuger zum Beispiel sagt im November 2003: »Ich habe mich mein Leben lang mit den UN beschäftigt. Dies ist mein fünfter Generalsekretär. Kofi Annan ist der beste. Er ist ein afrikanischer Grande. Es gibt zwei Leute, die diese unnachahmliche Mischung aus Weisheit, Charme und politischem Durchsetzungsvermögen haben. Das sind Kofi Annan und Nelson Mandela. Das sind beides Leute, die Sie sofort gewinnen mit ihrem Charme. Mandela hat eine unglaublich sympathische Ausstrahlung – und die hat auch Annan.« Aus Sätzen wie diesen spricht großer Respekt, wie man ihn in den ersten Amtsjahren oft zu hören kriegt, wenn es um Annan geht, Aussagen über seine allzu menschlichen Seiten hingegen bleiben in dieser Phase erstaunlich rar.

Es sind nicht die kleinen Schwächen, die man schon damals bei Annan suchen wollte, denn die lassen sich leicht ausmachen und sind banal: Er trinkt regelmäßig ein Gläschen Wein, tut das zuweilen schon mittags zum Lunch. Er mag neben Wein auch Scotch und Brandy, das allerdings erst abends. Annan isst gerne, auch Süßes, wie er generell allem Sinnlichen gegenüber aufgeschlossen scheint. Weniger bekannt ist, dass er raucht; nicht übermäßig viel und nie Zigaretten. Annan bevorzugt Zigarillos und Zigarren. Früher hat er von Zeit zu Zeit auch im Büro geraucht. »Seit im UN-Gebäude striktes Rauchverbot herrscht, das er selbst unterzeichnet hat, versagt er sich das«, betont sein Sprecher. Nichts davon betreibt er nach Angaben seines Umfeldes exzessiv. Ohnehin wirkt Annan ungeheuer beherrscht und geradezu überdiszipliniert, jedenfalls nie haltlos oder laut. In ihm mag es brodeln, nach außen lässt er davon wenig bis nichts dringen. Annan bevorzugt das Moderate, offenbar nicht nur politisch. »Sein ganzes Wesen ist angelegt auf Ausgleich, auf Zusammenführung und Konsens«, urteilt Ekkehard Griep, ein früherer Mitarbeiter Annans.

Hand in Hand mit dem gelassenen und ruhigen Element in seinem Charakter, das so viele Menschen für ihn einnimmt, geht seine ständige Suche nach Harmonie, die ihn manchmal glatt wirken lässt und tendenziell konfliktscheu macht. Ein kritischer Kollege aus früheren UN-Zeiten findet gar, Annan sei wie ein »Blättchen im Wind«, er habe feine Sensoren für die Stimmungen seiner jeweiligen Umgebung und richte sich permanent danach aus. Streit sei ihm zuwider, bestätigt auch seine Frau Nane. »Den regelrechten Konflikt suchen, wenn es dabei zu heftigen Auseinandersetzungen käme und man sich gegenseitig Schäden, Schmerzen und Ansehensverluste zufügen würde – dafür ist er der Mann nicht«, sagt Ekkehard Griep. Andere halten ihn für einen Menschen, der immer die Mitte sucht, es allen recht machen will, statt gelegentlich auch mal ein schnelles Machtwort zu sprechen. In Konferenzen werde zu lange diskutiert, um der unterlegenen Seite die Möglichkeit zu geben, ihr Gesicht zu wahren.

Die Kunst, allen Menschen zuzuhören, ihr Vertrauen zu gewinnen, bringt ihn dabei mitunter sogar in arge Bedrängnis, weil er sie fast unterschiedslos anwendet. Zum Beispiel nach einem Treffen mit Saddam Hussein im Jahr

1998, als er wissen lässt: »Das ist ein Mann, mit dem ich ins Geschäft kommen kann.« Die Distanzlosigkeit gegenüber einem Diktator wird ihm als schwerer Fehler angelastet. Vor allem aber dient er jenen, die ihn als zu weich und gutgläubig empfinden, noch Jahre später als Beweis für ihre Abneigung gegen Annan. Ähnliche, nicht ganz so verunglückte Aussagen Annans lassen sich auch über den Serben-Führer Milošević finden: »Wenn man diese Männer sieht, kann man sie nur schwer verstehen. Milošević redet über seine Zeit als Banker in New York. Er spricht Englisch, wirkt wie eine rationale, vernünftige Person, und doch ist er aller möglicher Taten fähig. Wie machen solche Leute das nur?«

Annans größtes Talent ist, wie diese Beispiele zeigen, deshalb wohl auch seine größte Schwäche: Er ist nicht gerne hart, jedenfalls nicht zu anderen. Annan selbst behauptet zwar von sich, man solle ihn wegen seiner zurückhaltenden Art nicht unterschätzen. »Ich glaube, ich war immer recht stark und entschlossen. Die Leute übersehen das, weil ich sanft rede.« Aber wenn er jemanden direkt angehen, wenn er sich auf eine Seite schlagen oder schnell entscheiden soll, zögert Annan. Ziemlich deutlich zeigt sich sein ausgeprägtes Harmoniebedürfnis in der Irakkrise, bei der er früher und klarer hätte Position beziehen müssen. »Hier war er für meinen Teil gelegentlich zu zögerlich, wenn es darum ging, für richtig erkannte Ideen öffentlich einzutreten. Jüngstes Beispiel war die Debatte um den Irakkrieg und den Alleingang der Amerikaner, als er fast für Monate abtauchte«, sagt etwa der damalige stellvertretende deutsche Botschafter Schumacher dazu.

Selbst Bekannte, die im privaten Zusammenhang von seiner Anhänglichkeit und Aufrichtigkeit schwärmen, finden ihn politisch manchmal »ein bisschen zu nett – too nice«, wie etwa sein alter Freund Walter Esposito meint. Annan hat ein Grundvertrauen in Menschen, das sich noch steigert, wenn er sie lange kennt. Wer auf seiner »Liste« steht, den streicht er so schnell nich wieder heraus. Das gilt für Familienangehörige genauso wie für UN-Kollegen. Misstrauensbezeugungen in Form von kleinkarierten Kontrollen müssen Mitglieder seines Teams bei der Arbeit nicht fürchten. Annan lässt sie, hat er sich erst einmal für jemanden entschieden, gewähren und auch nicht so leicht wieder fallen. »Mit ihm zu arbeiten ist die reine Freude, weil er seinem Stab traut. Hat er jemanden ausgewählt und kennt dessen Qualitäten, dann gibt er ihm Autorität und Autonomie bei der Arbeit. Er kennt kein Mikro-Management, sondern delegiert wirklich.« Sein Führungsstil, der auf Verlässlichkeit und Vertrauen basiert, funktioniert allerdings nur so lange, wie keiner seiner Untergebenen den Freiraum für überzogenen eigenen Ehrgeiz, persönliche Vorlieben oder gar kriminelle Zwecke nutzt. Diesen Mangel übersieht der Generalsekretär entweder oder er nimmt ihn billigend in Kauf.

Kofi Annans persönliche und politische Bezugsgröße im Leben sind Menschen, an sie glaubt er, ihren Schaffenswillen und ihr Verlangen nach Freiheit möchte er stärken helfen. Fast könnte man ihn als »Menschensammler«, auf jeden Fall aber als Menschenfreund bezeichnen. Das spürt jeder, der Annan trifft, vom Fabrikarbeiter bis zum Präsidenten. Nur so ist seine ungeheure Beliebtheit, gerade auch bei »einfachen« Leuten, rund um den Globus zu erklären. Und nur so schafft er es immer wieder, Leute um sich herum zu motivieren, ihnen Mut zuzusprechen und selbst in aussichtsloser Lage seine Zuversicht nicht zu verlieren. Darin gründet ein ganz großer Teil seines anfänglichen Erfolges, weil er mit seinem positiven Menschenbild und seiner Offenheit auf vielen Ebenen für politische Entspannung sorgt. Doch dieser Stil ist per se auch anfällig für Missbrauch, der nicht auftreten muss, solange sich alle Beteiligten an die Spielregeln des Annan'schen Systems halten.

Eine Liebesgeschichte: Annan und die Frauen

An den Handgelenken tragen Nane und Kofi Annan zwei identische Silberarmbänder: Sie erinnern entfernt an einen in sich verschlungenen hohlen Löffel. Es sind Kunstobjekte von eigentümlicher Schönheit, die das Paar vor Jahren als Symbol inniger Verbundenheit austauschte. Annan spricht von diesem Armband – und damit von seiner Frau – als »Schlüssel zum Leben«. Denn Nane Annan ist für ihn eine unverzichtbare Stütze. Ohne ihre Hilfe im Hintergrund würde er den permanenten politischen Druck und die Mühen des globalen Lebens kaum aushalten. Nicht ohne Grund nennt er sie häufig und gern »meine Frau und Partnerin«. Umgekehrt richtet Frau Annan ihr Leben vollkommen auf seines und damit auf die Vereinten Nationen aus. Bereits zwei Monate nach seinem Amtsantritt gibt sie – schweren Herzens – sogar ihr Atelier auf. Es habe keinen Sinn mehr gehabt, sich mit Bodyguards und Fahrer auf ein altes Fabrikgelände in Brooklyn zu begeben, sagt sie. Also kehrt Nane Annan zum zweiten Mal ihrem Beruf den Rücken; eigene Karrierewünsche stellt die Juristin und spätere Künstlerin nun endgültig zurück. Fortan steht sie »nur« noch an der Seite ihres Mannes, eine Funktion, in die sich eine emanzipierte Schwedin nicht eben leicht einfindet. Zumal sie keine fest definierte Aufgabe bei den Vereinten Nationen hat, sondern ihren Platz dort erst noch schaffen muss: »Ich denke, es ist sehr, sehr klar, dass ich keine Position in den Vereinten Nationen habe. Ich bin nicht diejenige, die man gewählt hat.« Was sie vorfindet, ist vielmehr eine »Situation«. Aber getreu dem Motto ihres Mannes: »Warum eigentlich nicht?«, versucht sie nach einigen Anfangsschwierigkeiten schließlich das Beste aus der neuen Lage zu machen.

Den letzten Anstoß dafür gibt ihr eine Reise zusammen mit ihrem Mann nach Südafrika im Frühjahr 1997, kurz nach seinem Amtsantritt. Die Begegnung mit Frauen in einem Township außerhalb von Kapstadt, die nicht gerade vom Leben verwöhnt und doch »energiegeladen und enthusiastisch« sind, inspiriert sie und stärkt ihren Mut. Sie machen ihr deutlich, wie klein doch ihre eigenen Sorgen dagegen wirken. »Also konnte ich mein Leben vergessen. Ich brauchte mich nicht mehr darum zu sorgen, was ich künftig machen würde.« Von da an akzeptiert Nane Annan die neue Rolle, die sie als Frau des UN-Generalsekretärs mit allen Repräsentationspflichten auszufüllen hat. Sie tut es sogar mit Hingabe, obwohl ihr öffentliche Auftritte nicht leicht fallen. Frau Annan ist eine attraktive und freundliche, dabei etwas schüchterne und sehr zurückhaltende Frau. Sie steht nicht gerne im Rampenlicht, spricht ungern vor großem Publikum. Deshalb schreibt sie selbst nach Jahren ihre Reden immer noch selbst, so fällt ihr die Präsentation leichter.

Inzwischen verfolgt Frau Annan längst ihr eigenes Programm – in New York und anderswo –, hat dafür eine persönliche Referentin und eine Sekretärin: Auf Reisen in Entwicklungsländern besucht sie meist Projekte zur Aidsbekämpfung und Frauenförderung, die weit über den normalen »Damentermin« hinausgehen. In den Industriestaaten zeigt sie sich vor Unternehmergattinnen, bei Stiftungen und Nichtregierungsorganisationen – immer, um für die Ziele der Vereinten Nationen zu werben. Hin und wieder vertritt sie ihren Mann sogar, etwa wenn er einen seiner vielen Preise nicht persönlich entgegennehmen kann. Dann erscheint schon mal Frau Annan und hält an seiner statt eine kurze Rede. Auch ihre künstlerische Seite kann sie noch gelegentlich für die Vereinten Nationen einbringen: Sie hat zwei Kinderbücher über die Vereinten Nationen geschrieben und illustriert. Und wenn sie doch einmal die Sehnsucht nach ihrem alten Leben, nach dem Geruch von Farben packt, dann verschwindet sie für ein paar Stunden in eine Kunstakademie. Oder sie versucht, ihren Mann zu porträtieren, »aber er kann kaum still sitzen«.

Nane Annan ist aktiv als Gattin des Generalsekretärs, sehr sogar, doch die politischen Angelegenheiten ihres Mannes beeinflusst sie höchstens indirekt, indem sie in ihrer »eigenen leisen Art« Dinge sagt, die sonst keiner auszusprechen wagt. Sie sieht sich nicht als Typ Hillary Clinton, mit eigenen Ambitionen und Zielen: »So bin ich nicht.« Eher schon, bei allen Unterschieden, wie Laura Bush, stets dabei, immer im Hintergrund, Partnerin und Trösterin – aber ohne politischen Ehrgeiz für sich selbst. Ihre Rolle ist vordergründig klassisch, und doch empfindet man Nane Annan, Jahrgang 1944, als eine moderne und jung gebliebene Frau. Vielleicht weil sie, allein durch ihre Vergangenheit, den Eindruck vermittelt, jederzeit wieder ins Berufsleben einsteigen zu können. Auch sind ihr die Nöte »normaler« Frauen keineswegs fremd: Wie man Kinder und Job vereinbart, wie man die Mobilität der heutigen Zeit mit dem Bedürfnis nach Stabilität einer Familie verbindet – das alles hat sie durchlebt und tut es weiterhin. Deshalb scheint Frau Annan immer noch ein bisschen wie die Akademikerin von nebenan, obwohl sie schon lange ein völlig anderes Leben führt.

Nane und Kofi Annans Beziehung haben die diversen Neuanfänge und äußeren Veränderungen offenbar nicht geschadet: Sie sind sich nach allem, was man sieht und hört, sehr zugetan, scheinen nach zwanzig Jahren Ehe sogar immer noch verliebt. Sie spricht voller Zuneigung und Respekt von ihm. Manches davon passt nicht in unsere nüchterne Welt, denn ihre Wortwahl ist außergewöhnlich romantisch. »Man kann es fühlen, wenn er einen Raum betritt, weil es irgendwie ist, als wäre soeben das Leben selbst eingetreten«, sagt sie zum Beispiel. Oder: »Unter seinem Berg aus Weisheit, Mitgefühl und Sorge um die Menschen verläuft dieser nicht zu bändigende Fluss des Lebens, der manchmal vorwärts treibt, spritzend und sprühend ... und dann wieder ruhig und sanft voranfließt.« So formuliert nur jemand mit tiefen Gefühlen, alles andere wäre schlechte PR. Umgekehrt lässt der Generalsekretär keine Gelegenheit aus, seine Frau als treue Gefährtin zu beschreiben. Auch bei öffentlichen Auftritten gehen die beiden »liebevoll« miteinander um. »Es ist ein sehr, sehr inniges Verhältnis; das Ganze spielt sich, jedenfalls wenn Außenstehende dabei sind, in der höflichsten, ruhigsten und freundlichsten Art ab.« Der frühere amerikanische UN-Botschafter Richard Holbrooke, ein Freund der Familie, erinnert sich an eine Gala, bei der die Annans lange, nachdem die meisten Gäste schon aufgebrochen waren, noch auf der Tanzfläche schwebten – völlig abwesend und versunken.

Als »seelenverwandt« wurden sie schon beschrieben – trotz ihrer optischen Ungleichheit und ihrer unterschiedlichen kulturellen Herkunft. Denn es verbindet sie nicht nur die Liebe zur Natur, zur Kunst, zur Musik, sondern die beiden sind sich im Laufe der Jahre nach eigenen Angaben wirklich näher gekommen. »Wir kennen uns so gut, dass wir blind kommunizieren können« und »...wir haben eine Menge stiller Kommunikation...«, sagt sie.

Die Wochenenden versucht sich das Paar nach Möglichkeit freizuhalten. In den Jahren, als Kofi Annan noch unbekannt war, gingen sie leidenschaftlich gerne wandern in der Umgebung von New York. Das ist heute wegen der

148

konstanten Überwachung kaum noch möglich, und wenn, dann sehr viel mühsamer als früher. Deshalb bevorzugen die Annans jetzt kurze Spaziergänge – im Central Park – oder bleiben gleich in ihrem Garten. Den teilen sie mit anderen Anliegern, doch da die betuchten New Yorker meist Wochenendhäuser besitzen und im Sommer der städtischen Hitze entfliehen, können sich die Annans häufig völlig ungestört direkt hinter ihrem Haus entspannen. Dort steht ein wunderschöner alter Baum mit einer runden Holzbank. Manchmal essen sie im Garten, blicken dabei auf den East River mit seinen vorbeiziehenden Schiffen. Die Residenz ist für das Paar eine kleine Oase, eine Rückzugsmöglichkeit, die es weidlich nutzt. Bei schlechterem Wetter kann man die Annans manchmal noch in einem der vielen New Yorker Museen treffen, obwohl für die Freizeit, wie Frau Annan beklagt, immer weniger Gelegenheit bleibt. Oft genug brüten sie selbst am Wochenende über Manuskripten, Berichten und Artikeln. Aber das sei schließlich auch eine Art, miteinander Zeit zu verbringen, sagt sie durchaus ernsthaft. »Sogar arbeiten, jeder an einer anderen Akte, ist eine Art des Miteinanders.« Was auch immer die beiden zusammen unternehmen – sie tun es gern und scheinen Kraft daraus zu schöpfen.

In regelmäßigen Abständen kursieren bei den Vereinten Nationen jedoch Gerüchte über die Anfangsprobleme der beiden. Sie hätten sich schwer getan, heißt es dann, ihren Familien zu Hause die neue Beziehung zu »vermitteln«. Besonders die ghanaische Seite habe sich verständnislos gezeigt ob Annans neuer europäischer Freundin. Frau Annan dementiert solche Aussagen von vornherein: »Ich möchte betonen, dass ich von seinen Schwestern sehr herzlich aufgenommen worden bin.« Und Annans Vater sei später sogar nach New York gereist, um den beiden »seinen Segen« zu geben. Sie mag Ghana, fühlt sich nach eigenem Bekunden dort wohl und immer willkommen. Umgekehrt ist Annan »sehr glücklich« in Schweden, das ihn »komplett adoptiert hat«. Er kommt gut mit ihren Eltern zurecht, die dort inzwischen hoch betagt sind. So unterschiedlich die Kulturkreise scheinen, aus denen jeder von ihnen stammt, so ähnlich mutet doch die Ausrichtung der Familien an: Prominent, wohlhabend, bildungshungrig, aufgeschlossen und sozial. Das internationale Leben der beiden tut ein Übriges. Wer derart viel von der Welt gesehen hat wie Nane und Kofi Annan, sie durch den Beruf ihres Vaters, er durch eigenen Antrieb, der findet schon allein darin eine große gemeinsame Basis.

Zu kulturell bedingten Missverständnissen kommt es im Hause Annan deshalb nur an einigen Punkten, die vor allem das Zeit- und Familiengefühl berühren. Jedenfalls berichtet er von einem entsprechenden Vorfall aus den ersten Jahren ihrer Ehe: »Am Anfang war es etwas schwierig. Wir hatten einmal ein Abendessen geplant. Nane als Schwedin war an Pünktlichkeit gewöhnt. Schweden ist ein Land, in dem die Leute, wenn du zu acht Uhr eingeladen hast, fünf oder zehn Minuten vor der Zeit kommen, um den Block fahren und Punkt acht Uhr läuten. Die afrikanischen Gäste kamen fünfzig Minuten bis zu einer Stunde zu spät, und Nane wurde total wütend. Ich habe ihr gesagt, sie soll einfach keine Soufflés mehr machen.« Auch dauert es eine Weile, bis Nane Annan sich an den ausufernden Familienbegriff ihres Mannes gewöhnt, der weit über die in Schweden übliche Vorstellung von der Kleinfamilie hinausreicht. Vielmehr gehört dazu ein ganzer Tross an Onkeln, Tanten, Cousins und Cousinen bis hin zu angeheirateten Verwandten und Freunden, mit denen man fortwährend Kontakt hält und sich gegenseitig – auch im Ausland – besucht. Dagegen lebt man in Schweden zurückgezogener, man igelt sich ein, schon um die Kälte fern zu halten, wie Nane Annan sagt. Die Familie konzentriert sich auf einen engen Kreis. Deshalb stört das ständige Kommen und Gehen, das permanente Zusammensein mit anderen Menschen ihr Bedürfnis nach Privatsphäre zunächst doch empfindlich: »Durch sein Interesse an Menschen hat man manchmal das Gefühl, die ganze Welt gehörte zu seiner Großfamilie, während ich als seine Frau gerne eine private Ecke freihalten würde.« Ganz hat sie sich an die Entourage ihres Mannes bis heute nicht gewöhnt, aber sie empfindet die ersten Jahre ihrer Ehe inzwischen als Vorbereitung für die noch unruhigere Zeit als Gattin des UN-Generalsekretärs. »Heute ist unser ganzes Leben eine einzige Großfamilie, also war es damals wohl ein gutes Training dafür.«

Ob es anfangs Schwierigkeiten mit den Kindern gab, darüber reden die Annans nicht. Immerhin musste sich plötzlich eine Familie zusammenfügen, deren Einzelteile doch recht unterschiedlich waren. Haben sich Ama, Nina und Kojo gut verstanden, haben sie die neue Verbindung sofort gebilligt? Fragen danach umschiffen die Annans. Stattdessen heißt es ausweichend: Die Kinder sind »alle aktiv und unabhängig und haben sich entschieden, auf ihre Herkunftskontinente zurückzukehren, Afrika und Europa. Sie kommen und gehen nach New York oder wir treffen uns anderswo, wir verstehen uns alle gut, und erst kürzlich trafen wir uns alle, um die (Weihnachts-)Feiertage gemeinsam zu verbringen.« Sohn Kojo ergänzt vorsichtig, am Anfang sei es schon manchmal schwierig gewesen, nicht wegen Nane Annans Persönlichkeit, sondern einfach, »weil da jemand anderes war als meine Mutter«. Als Familie zusammen gewohnt haben die fünf allerdings nie, sondern nur »Ferien miteinander verlebt«, weil alle drei Kinder einen Teil ihrer Schulzeit in Internaten verbrachten.

Seltsamerweise benehmen sich die Annans so, als hätten sie nie andere Partner gehabt. Viele Leute, selbst in den UN, wissen gar nicht, dass sich die beiden erst spät – sie unter, er über vierzig – kennen gelernt haben und zu diesem Zeitpunkt bereits geschieden waren. Gemeinsame Kinder gibt es nicht. In Annans offiziellem Lebenslauf steht dazu nur ein kurzer Satz: »Herr und Frau Annan haben drei Kinder.« Kein Wort davon, dass diese aus früheren Ehen stammen. Nicht einmal engste Mitarbeiter von Annan kennen die Eckdaten seiner ersten Ehe, wann und wo er Titi Alakija kennen gelernt hat, wie lange sie verheiratet waren, geschweige denn, warum sie geschieden wurden. »Er ist ein sehr privater Mensch«, heißt es dann ausweichend, darüber spreche man nicht mit ihm. Die Zurückhaltung der Kollegen wäre sogar noch nachvollziehbar: Welcher Untergebene fragt seinen Boss schon nach der persönlichen Vergangenheit? Aber warum verschweigt er selbst seine erste Ehe? Offensichtlich empfindet Annan die Scheidung als echten Makel in seinem Leben, sonst würde er, getreu seiner sonstigen Art, offener mit dem Thema umgehen. Stattdessen versucht er den Eindruck zu erwecken, die langjährige Ehe mit Nane sei seine erste.

In der Tat geben die Annans – Vergangenheit hin oder her – ein strahlendes Paar ab, womöglich auch, weil sie so ungleich sind. Das verleiht ihnen eine besondere Note und passt zum Weltbürger-Image eines Generalsekretärs. Vor nicht allzu langer Zeit waren die beiden sogar über eine ganze Doppelseite hinweg in der amerikanischen Frauenzeitschrift »Vogue« abgebildet: Als glückliche Eheleute, die sich lächelnd in die Augen schauen. Auch Glanz und Glamour sind dem ansonsten so auf seine Privatsphäre bedachten Paar nicht fremd, zumindest nutzen sie diese Bühne gezielt und sehr bewusst, gerade in den USA. Die Veröffentlichung in der »Vogue« kam nicht zufällig gerade zu einer Zeit, als Amerika sich für einen Krieg gegen den Irak rüstete, den die UN nicht billigten. Jedenfalls sind die Annans gern gesehene Gäste in der amerikanischen Society, als »sozialer Star« verkehrt der UN-Chef mit seiner Frau in den höchsten Kreisen New Yorks. Bürgermeister Michael Bloomberg ist nur einer seiner vielen amerikanischen Freunde und Bekannten. Auch in Hollywood sind die beiden regelmäßig geladen, Kontakte zu Königshäusern in aller Welt pflegen sie ebenso. Ob Nane und Kofi Annan deswegen selbst schon »königliche Elemente« in sich tragen, wie ihr Vertrauter und UN-Kabinettschef Mark Malloch Brown findet, sei dahingestellt. Unbestreitbar besitzt jeder von ihnen eine natürliche Eleganz, die sich im Duo noch potenziert. Wenn die Annans, wie im Januar 2004 in Baden-Baden, der Menge zuwinken, dann wirken sie schlicht und edel. Nichts an ihnen ist grell, billig oder aufdringlich. Das mögen manche als aristokratisch empfinden, andere als aufgesetzt und wieder andere als sympathisch. In jedem Fall aber hat das Paar eine Ausstrahlung wie nur wenige in der Welt von Politik und Diplomatie.

Besonders geschätzt wird Annan jedoch nicht nur von seiner eigenen Frau, sondern von Frauen generell. Häufig sehen sie in ihm mehr als den Generalsekretär der Vereinten Nationen. Er verkörpert den »idealen Schwiegersohn, die ideale Vater-Figur und den idealen Bruder« gleich in einem, wie sein Freund Shashi Tharoor etwas übertrieben meint. Nach außen jedenfalls wirkt er solide und verlässlich, ohne typische Männerallüren. Man kann sich kaum vorstellen, dass Annan lauthals die Meisterschaft seines Lieblingsvereins feiern würde. Dabei interessiert er sich sehr für Sport, auch für Fußball, schließlich ist Ghana eine fußballverrückte Nation. Trotzdem wirkt Annan in allem, was er tut, erstaunlich beherrscht und seriös, dabei aber trotzdem mitfühlend und menschlich. Dieses Image des Super- und Saubermannes, das er lange vor jedem Kratzer bewahrt hat – und weiterhin gründlich pflegt –, rührt nicht nur von seiner gewinnenden Persönlichkeit her, es hängt auch mit dem Amt zusammen, das die meisten Menschen (jedenfalls außerhalb Amerikas) positiv besetzen. Der Generalsekretär der Vereinten Nationen hat wenig Geld, wenig Einfluss, höchstens die Moral und das Recht auf seiner Seite – mit dieser Beschreibung können sich viele Frauen rund um den Globus identifizieren. Vielleicht ist er deshalb bei ihnen besonders geschätzt. Maßzahlen dafür gibt es keine, auch keine Umfragewerte, aber Erfahrungen von Beobachtern und Mitarbeitern.

Für seine Popularität bei Frauen hat Nane Annan noch eine weitere Erklärung: Er nimmt sie ernst und unterstützt ihr Streben nach Gleichberechtigung. Es stimmt. Annan hat, wie wenige männliche Politiker, Frauen ge- und befördert. Von Anfang an. Nie zuvor gab es in den Vereinten Nationen derart viele weibliche Führungskräfte. Darunter waren und sind so bekannte Persönlichkeiten wie die frühere irische Präsidentin Mary Robinson, die Chefanklägerin des Jugoslawientribunals Carla del Ponte, die ehemalige norwegische Ministerpräsidentin Gro Harlem Brundtland (wenngleich nicht von Annan selbst berufen), die stellvertretende Generalsekretärin Louise Fréchette, die Kanadierin Louise Arbour und viele andere. So oft wie möglich sucht er weibliche Kandidaten für einen Posten, weil sich die »Qualität der Diskussionen ändert«, sagt er, sobald eine bestimmte Anzahl von Frauen in einer Runde sitzt. Dafür reichen nicht ein oder zwei weibliche Vertreter, sagt er, »sondern man muss in jeder Gruppe eine kritische Masse« haben. »Sie verleihen einer Diskussion dann eine Qualität, die es ohne ihre Anwesenheit nicht gibt.«

In den neunziger Jahre fand in den UN diesbezüglich ein regelrechter Paradigmenwechsel statt. Bis 1987 hatte kaum je eine Frau einen Posten, von Sekretärinnen abgesehen, im direkten Umfeld des Generalsekretärs erklommen. Inzwischen stellen sie ein Dutzend der 71 Spitzenpositionen, das entspricht einem Anteil von etwa 17 Prozent. Die Zahlen wechseln von Zeit zu Zeit ein wenig, doch der Anteil von Frauen steigt kontinuierlich, die »Feminisierung« der Vereinten Nationen ist offenbar nicht mehr aufzuhalten. Schon Boutros-Ghali holte Frauen ins Team, Annan setzt den Trend fort. Das Ziel jedoch, insgesamt Parität zwischen den Geschlechtern herzustellen, wie ursprünglich bis zum Jahr 2000 geplant, hat er immer noch nicht erreicht. Zwar ist inzwischen tatsächlich fast jeder zweite UN-Mitarbeiter eine Mitarbeiterin, aber dieses statistische Gleichgewicht entsteht nur durch einen sehr hohen Frauenanteil im unteren Segment, der dort über 60 Prozent beträgt. Putzfrauen, Sekretärinnen und Zuarbeiterinnen aller Art – diese Posten sind fest in ihrer Hand. Je höher aber die Karrierestufe angesiedelt ist, desto weniger Frauen finden sich dort. Zudem bewegen sie sich auch in den Vereinten Nationen meist auf klassischem Terrain: Gesundheit, Flüchtlinge, Menschenrechte, Kinder. In die »harten« Männerdomänen dringen sie erst ganz allmählich vor. In der Abteilung für Friedensoperationen zum Beispiel machen Frauen nur einen Anteil von rund 27 Prozent aus. Kurz gesagt, Annan bemüht sich um gleiche Aufstiegschancen für Frauen, bleibt die Erfüllung eines Teils der Versprechen aber noch schuldig. Das »Old-Boys-Network« ist weiterhin in Takt, wie die frühere UN-Frauenbeauftragte Angela King konstatiert. Auch bei den Vereinten Nationen verhelfen sich Männer gegenseitig zu Macht und Einfluss, doch funktioniert das System nicht mehr so »extrem« wie noch vor einigen Jahren.

Annans Rhetorik zum Thema Gleichberechtigung ist – von den realen Verhältnissen in der Weltorganisation einmal abgesehen – allerdings bemerkenswert. Welcher Staatschef würde sich schon mit Worten zitieren lassen, die jeder Feministin alle Ehre machen könnten? »Ich glaube wirklich, dass Gesellschaften und Regierungen sich der Talente der Hälfte ihrer Bevölkerung beraubt haben. Die meisten Staaten wären besser dran, wenn sie die Begabungen ihrer Frauen nutzten, vor allem in den Entwicklungsländern.« Annan meint das wirklich. Solche Aussagen sind nicht aufgesetzt, sondern sie passen in sein freiheitliches Weltbild. Frauen zu unterdrücken, ihnen ihre Wahlfreiheit und Kreativität im Leben zu nehmen widerstrebt ihm. So wie er einst die Selbstbestimmung für Afrika forderte, so unterstützt er heute den Fortschritt der Frauen, den Schutz von Minderheiten, die Rechte von Kindern und die Rassengleichheit. Das alles gehört für ihn zusammen – und ist Teil seines umfassenden Verständnisses von Humanität.

Dass er die Gleichberechtigung anstrebt, hat indessen noch einen anderen Grund, der ebenfalls in seiner Vergangenheit liegt: In Ghana haben Frauen traditionell eine starke Position. Sie spielen eine wichtige Rolle im Handel, zu Hause sowieso, und sogar bei der Auswahl der »Chiefs«. Wenn Zweifel an der Nachfolge bestehen oder verschiedene Bewerber konkurrieren, dann entscheidet traditionell die »Königin Mutter« des bisherigen Oberhaupts. Sogar beim Erbrecht ist die weibliche Linie bedeutsamer als in vielen anderen Staaten der Welt. Die ghanaischen Frauen sind keine »Heimchen am Herd«, sondern bereits in Annans Kindheit ein aktiver und sichtbarer Teil des – öffentlichen – Lebens. Er beschreibt sie jedenfalls als »sehr stark«. »Ich komme aus einer Kultur, in der Frauen eine große Rolle spielen.« Das hat Spuren hinterlassen.

Heute versucht Annan den Frauen in aller Welt Mut zu machen, ihr Schicksal in die Hand zu nehmen, sich nicht mit ungerechten Strukturen abzufinden. Schon weil er darin den Schlüssel zur Modernisierung der meisten Länder sieht, gerade auch in Afrika. Ohne Frauen mehr Rechte, mehr Mitsprache, mehr Einkommen und mehr Bildung zu gewähren, davon ist Annan überzeugt, werden die Länder des Südens niemals aus ihrem Kreislauf der Armut herausfinden. »Ich bin fest der Meinung, dass Frauen Dinge vor-

antreiben und einen Beitrag leisten können, zu dem Männer nicht imstande sind«, sagt er. Wenn Annan also von
Bildungschancen und Einkommensgleichheit redet, was er
oft und gerne tut, übrigens nicht nur im Zusammenhang
mit Frauen, sondern mit Minderheiten und Unterprivile-
gierten im Allgemeinen, dann bezieht er sich gelegentlich
auf die Frau des berühmten amerikanischen Präsidenten
Franklin Delano Roosevelt. Sie hatte einst gesagt, niemand
könne einem Minderwertigkeitsgefühle beibringen, es sei
denn, man lasse es zu – ein Zitat, das mindestens so viel
über Eleanor Roosevelt aussagt wie über Kofi Annan.

Schonungslose Abrechnung: Annan und Afrika

Obwohl Annan mittlerweile in der Welt zu Hause ist, hat
er eine besondere Beziehung zu seinem Heimatkontinent
aufrechterhalten: Er fühlt sich durch und durch afrikanisch. Deswegen bedrückt es ihn besonders, dass Afrika
fast nur negative Schlagzeilen macht: Krieg, Hunger, Aids.
Dazu Schuldenberge, Umwelt- und Flüchtlingsprobleme
sowie ein riesiger Entwicklungsbedarf. Die Hälfte der Afrikaner lebt unterhalb der Armutsgrenze. Fast scheint es, als
ob alle Tragödien unserer Zeit dort kulminierten, was Annan immer wieder bedauernd zur Kenntnis nimmt. »Es
gibt Zeiten, in denen ich frustriert und entnervt bin. Nehmen wir das Beispiel Ghana, es wurde etwa zur gleichen
Zeit unabhängig wie Malaysia ... Aber der Unterschied
ist enorm – wo Malaysia heute steht und wo wir stehen.«
Um keinen Kontinent kümmert sich Annan als Generalsekretär deshalb mehr, alle seine Initiativen im sozialen und
wirtschaftlichen Sektor zielen vorwiegend auf Afrika ab.
Und es vergeht kein Jahr, in dem er nicht irgendeinen Staat
dort besucht, meist sind es gleich ein halbes Dutzend oder
mehr.

In seinem Heimatland Ghana ist Annan jederzeit herzlich willkommen. Wenn er dort durchs Land fährt, säu-
men immer wieder Menschenmengen die Straßen. Sie reißen die Arme in die Luft und rufen: »Vater, Vater.« Die
Ghanaer verehren den internationalen Sohn ihres Landes
wie einen Volkshelden. Schon Jahre vor dem Ende seiner
Amtszeit wird ein Ausbildungszentrum für Blauhelm-Sol-

daten in Accra nach ihm benannt. Und er erhält zahlreiche Ehrungen. Im Jahr 2000 dekoriert der damalige Präsident Rawlings ihn mit dem höchsten Orden des Landes wegen seines Einsatzes für »soziale Gerechtigkeit« in aller Welt. Der Stamm der Ashanti in Kumasi verleiht ihm 2002 gar den Titel »Busumuru«, eine Auszeichnung, die nur selten vergeben wird und so viel bedeutet wie: »Eine äußerst bewunderte und respektierte Person, die zuverlässig ist und ihre Weisheit sowie ihr Wissen den Notleidenden zur Verfügung stellt.« Umgekehrt liebt Annan das milde Klima seiner Heimat. Immer wieder hat er im Laufe seiner langen Zeit im Exil versucht, nach Ghana zurückzukehren. Vergeblich. Doch die Sehnsucht bleibt. Alle ein, zwei Jahre kann er sie ein wenig stillen. So oft reist Annan, meist von seiner Frau begleitet, auch als Generalsekretär noch nach Ghana. Meist verbindet er die offizielle Visite mit einem privaten Aufenthalt, um Verwandte und Freunde zu treffen.

Doch wird er nicht überall in Afrika so freudig empfangen wie in seinem Heimatland. In Ruanda zum Beispiel, wohin er im zweiten Jahr seiner Amtszeit, im Frühjahr 1998, reist (vielleicht hätte er angesichts des Völkermordes früher dorthin fahren sollen), trägt ihm seine afrikanische Herkunft keinerlei Sympathien ein. Man behandelt ihn kühl und abweisend. Das Versagen der internationalen Gemeinschaft, die 1994 nicht rechtzeitig genügend Truppen ins Land geschickt hat, um den Völkermord zu verhindern, ist nicht vergessen. Auch nicht, dass Annan damals die Zuständigkeit über die Friedenstruppen hatte. Im ruandischen Parlament, wo er eine Rede halten soll, herrscht eisiges Schweigen, als der UN-Generalsekretär den Saal betritt. Statt mit Applaus wird er mit Vorwürfen empfangen und mit unangenehmen Fragen konfrontiert. Er gibt Fehler zu, vermeidet zu diesem Zeitpunkt aber noch eine offizielle Entschuldigung. Später wird Annan sagen, er »bereue« die Versäumnisse der Vereinten Nationen »zutiefst«. Doch dieses Mal dreht er den Spieß um und fragt ebenso kritisch: »Was ist es in einer Gesellschaft, das Menschen dazu führt, sich gegenseitig umzubringen?« Diese und andere Aussagen nimmt man ihm in Ruanda derart übel, dass offizielle Regierungsvertreter zu einem geplanten Empfang mit Annan wenig später nicht erscheinen. Sie lassen ihn stehen mit den Worten des Regierungssprechers, man habe seine Ansprache im Parlament als »arrogant, unsensibel und verletzend« empfunden. Annan ist irritiert, überlegt, ob er die Reise vorzeitig abbrechen soll, lässt den Gedanken am Ende wieder fallen. Stattdessen legt er, wie geplant, einen Kranz an einer Gedenkstätte für die Opfer des Völkermordes nieder – und muss sich dabei noch mehr Vorwürfe anhören. Annan habe, sagt ein Ruander, bei dieser Gelegenheit verletzt und absichtlich verletzend, »dem Bösen noch Böses hinzugefügt«.

Es ist eine schwierige Reise für den Generalsekretär, weil sie ihm seine Mitverantwortung noch einmal drastisch vor Augen führt und er dennoch nicht sicher sein kann, dass sich Ereignisse dieser Tragweite nie wiederholen werden. »Ganz ehrlich, ich weiß es nicht«, sagt er später mehrfach auf die Frage, ob die internationale Gemeinschaft bei künftigen Fällen entschlossener handeln könnte. Zum zehnjährigen Gedenken an die Opfer – im Jahr 2004 – stellt Annan schließlich einen Fünf-Punkte-Plan zur Verhinderung von Genoziden vor, der die Ernennung eines Sonderberaters zur Prävention von Völkermorden einschließt. Er soll die Vereinten Nationen und die Weltgemeinschaft frühzeitig warnen, wenn sich wieder solche menschlichen Abgründe auftun. Seine Gedanken seien seit 1994 »beherrscht« von der Frage, was man noch hätte tun können, um das Blutvergießen abzuwenden, sagt Annan. Damals habe er den Eindruck gehabt, sein Bestes zu geben, aber heute wisse er, dass er lauter und nachdrücklicher um Hilfe und Unter-

stützung hätte bitten müssen. Annans Worte klingen reue-
voll, verlieren aber an Gewicht, da er sie nur zum Teil
selbst sagt. Denn zu den Gedenkfeiern nach Kigali schickt
er einen Vertreter, er selbst bleibt in Genf, um dort an einer
anderen Veranstaltung zum Gedenken an die Opfer teilzunehmen – womöglich ein weiterer Fehler im Umgang
mit Ruanda. Wie überhaupt die gesamte Staatengemeinschaft, mit Ausnahme Belgiens, nur »die zweite Garde« zu
den Trauerfeierlichkeiten entsendet. Die Schweigeminute,
die Annan anderswo für die Opfer einlegt, wirkt wie eine
hilflose Geste.

Ruanda ist und bleibt das dunkelste Kapitel in seiner
Laufbahn, ohne das man gleichwohl viele seiner Aktionen
als Generalsekretär kaum begreifen kann. »Diese schmerzliche Erinnerung, zusammen mit jener in Bosnien-Herzegowina, hat mein Denken und viele meiner Handlungen
als Generalsekretär stark beeinflusst«, sagt er selbst. Auch
ist das Versagen in Ruanda neben seiner Herkunft wohl
einer der Hauptgründe, weswegen er sich ausgerechnet für
diese Weltregion so engagiert. Fast scheint es, als wolle
Annan damit ein Stück persönliche Wiedergutmachung
leisten, denn die Tragödie von damals beschädigt außer seinem Ruf, und das vielleicht noch wichtiger, das Verhältnis vieler Afrikaner zu den Vereinten Nationen. Sie trauen
der Weltorganisation nicht mehr, fühlen sich im Stich gelassen. Annan selbst konstatiert in einem Bericht, den er
im Jahr 1998, wenige Wochen vor jener niederschmettern-
den Ruanda-Reise, veröffentlicht: »Diese Unterlassung
hatte in Afrika besonders tief greifende Nachwirkungen.
Auf dem ganzen Kontinent hat der Eindruck nahezu vollständiger Gleichgültigkeit seitens der internationalen Gemeinschaft ein giftiges Erbe hinterlassen, das das Vertrauen in die Vereinten Nationen noch heute untergräbt.«

Über Jahre hinweg versucht er anschließend, diesen Eindruck zu korrigieren. Bei jeder Krise, ob in Sierra Leone, in

der Elfenbeinküste oder im Kongo, fordert Annan den Sicherheitsrat zum Handeln auf, empfiehlt die Entsendung von Blauhelm-Truppen, UN-Beobachtern, Polizisten – was immer nötig ist, um größeres Unheil zu verhindern. Ob er laut und rechtzeitig genug zum Eingreifen aufruft, darüber lässt sich in jedem Einzelfall durchaus streiten. In dem seit einiger Zeit schwelenden Konfliktherd Darfur (Sudan) jedenfalls werden Annans Bemühungen erst sichtbar, als auch die Vereinigten Staaten »einsteigen«. Dann allerdings erreicht er im Sommer 2004 eine Übereinkunft mit der Regierung in Khartum, von der aber zunächst nicht klar ist, wie nachhaltig sie sein wird. Sie sieht vor, die marodierenden Djandjawid-Milizen zu entwaffnen und die mehr als eine Million Vertriebenen besser zu schützen. Annan genießt dabei sowohl die Unterstützung Amerikas als auch der Europäischen Union, die beide im Sudan eine humanitäre Katastrophe heraufziehen sehen. Dagegen sind die fortdauernden Spannungen im Kongo, in der Elfenbeinküste sowie zwischen Eritrea und Äthiopien, um nur einige Beispiele zu nennen, immer noch nicht ins Bewusstsein der Weltöffentlichkeit eingedrungen. Auch mit Somalia beschäftigt sich, trotz der groß angelegten Intervention Anfang der neunziger Jahre, kaum jemand außer Spezialisten. Hat Annan zu wenig unternommen oder interessiert sich der reiche Norden schlichtweg nicht für Afrika? Letzteres trifft in jedem Fall zu. Andererseits findet inzwischen knapp die Hälfte aller UN-Einsätze in Afrika statt. Obwohl auch diese Tatsache in westlichen Ländern kaum wahrgenommen wird, gibt sie einen Hinweis auf das gestiegene Problembewusstsein innerhalb der Vereinten Nationen. Dort scheint man gegenüber »afrikanischen Kleinkonflikten« seit Ruanda ein Stück achtsamer geworden zu sein. Daran hat Annan sicherlich seinen Anteil, auch wenn die Hauptverantwortung für die Entsendung von Blauhelm-Truppen beim Sicherheitsrat liegt.

Wenn es um die Zukunft Afrikas, um die Beilegung und Prävention dortiger Konflikte geht, wendet Annan häufig die gleiche Strategie an: Er arbeitet in verschiedene Richtungen, verschont die dortigen politischen Führer keineswegs, hält ihnen im Gegenteil immer wieder einen Spiegel vors Gesicht. Selbstmitleid lässt er ihnen nicht durchgehen, ihre Rufe nach internationaler Hilfe beantwortet Annan regelmäßig mit der Forderung nach Eigeninitiative und Reformbereitschaft. Ein offenherziger Bericht über die Konfliktursachen in Afrika erregt Ende der neunziger Jahre einiges Aufsehen, weil darin niemand ungeschoren davonkommt: nicht die Vereinten Nationen, nicht die Geberländer und schon gar nicht die afrikanischen Führer. Letztere konfrontiert er vielmehr mit einigen harten und unbequemen Wahrheiten. Dreißig Jahre nach der Unabhängigkeit sei es endlich an der Zeit, die koloniale Vergangenheit beiseite zu schieben, meint Annan. Sie allein erkläre die Ursachen der afrikanischen Krise nur unzureichend.»...Korruption, Nepotismus, Selbstgefälligkeit und Machtmissbrauch« täten ein Übriges. Das auszusprechen ist mutig, galt doch lange Zeit die frühere Kolonialherrschaft als eine beliebte Ausrede für eigene Untätigkeit. Damit räumt Annan endgültig auf, verordnet den Politikern Afrikas stattdessen eine gute Staatsführung (»Good Governance«), die Förderung von Demokratie und Menschenrechten sowie die Öffnung der Märkte, um an der Globalisierung teilzunehmen. Solche Botschaften stoßen nicht überall auf offene Ohren. Andererseits darf nur jemand wie Annan so hart mit der dortigen Elite ins Gericht gehen, ohne sich alle Sympathien dauerhaft zu verscherzen, schon weil er von den reichen Ländern des Nordens ebenfalls mehr Engagement zugunsten Afrikas erwartet.

Frustriert mag der Afrikaner im Herzen, der er sein Leben lang geblieben ist, gelegentlich sein über die Zustände in seiner Heimatregion, aber er würde sie deshalb nie resigniert zu einem hoffnungslosen Fall erklären. Den Jahrtausendwechsel nutzt Annan vielmehr, um eine neue Ära für Afrika – und die gesamte Dritte Welt – einzuläuten. Zur so genannten Millenniumsversammlung im Herbst 2000 reisen mehr Staats- und Regierungschefs nach New York als jemals zuvor, darunter auch US-Präsident Bill Clinton und Bundeskanzler Gerhard Schröder. Schon Monate vorher legt Annan den Grundstein für das Mammuttreffen durch einen Bericht, den er durchaus als Agenda für das neue Jahrtausend, als Kompendium unerledigter internationaler Aufgaben verstanden wissen möchte. Er heißt: »Wir, die Völker«. Absichtlich spielt er auf die ersten Worte der UN-Charta und der amerikanischen Verfassung an, in der es heißt: »Wir, das Volk« (»We the People of the United States«). Annan schlägt diesen Bogen sicherlich bewusst, sucht historische Analogien, denn er will einen großen Wurf landen, die internationale Politik nachhaltig prägen. Es soll ein Programm für die kommenden fünfzehn Jahre werden, der internationalen Gemeinschaft eine konkrete Agenda an die Hand geben. Die Ziele sind ehrgeizig, acht an der Zahl, die fortan nur noch »Millenniums-Entwicklungsziele« heißen. Sie beziehen sich, ohne dass er das eigens hervorheben müsste, zu einem erheblichen Teil auf Afrika, vor allem auf den südlichen Teil, wo die Armut am größten und das Aidsvirus am weitesten verbreitet ist.

Annans Vorgaben lauten unter anderem: Jeweils bis zum Jahr 2015 soll die Zahl der Hungernden und der extrem Armen auf die Hälfte reduziert werden. Schätzungsweise 600 000 bis 800 000 Millionen Menschen könnten, sollte das ambitionierte Programm Wirklichkeit werden, dann in spürbar besseren Verhältnissen leben. Ebenfalls bis zum Jahr 2015 sollen alle Jungen und Mädchen eine Grundbildung erhalten, sollen genauso viele Mädchen über alle Klassen hinweg zur Schule gehen wie Jungen, soll die Kindersterblichkeit um zwei Drittel gesenkt werden

dazu. Trotzdem beharrt er in seiner typisch hoffnungsvollen Weltsicht darauf, dass die MDGs mehr sind als »frommes Wunschdenken«. Ihre Verwirklichung sei immer noch möglich, wenn – aus seiner Sicht ganz wichtig – alle Beteiligten sich anstrengten und an einem Strang zögen. Überhaupt gehört die Millenniumsversammlung samt Entwicklungszielen nach eigener Einschätzung zu seinen größten Errungenschaften als Generalsekretär, weil sie vielleicht »einen richtigen Unterschied im Leben von Millionen Menschen machen können, die heute keine Stimme und keinen Einfluss, aber echte Nöte haben«. Die MDGs sind für ihn deshalb »sehr, sehr wichtig«.

Ähnlich engagiert wie im Kampf gegen die Armut zeigt sich Annan beim Thema Aids. Auch dort nimmt das Afrika südlich der Sahara einen traurigen Spitzenplatz ein: 25 Millionen Menschen tragen das HI-Virus in sich, 60 Prozent aller Aids-Fälle treten hier auf. Etwa 2,3 Millionen Afrikaner dieser Region hat die Krankheit im Jahr 2004 dahingerafft und damit die ohnehin großen Probleme dort noch potenziert. In manchen Ländern fehlt eine ganze Generation, meist die mittlere und produktive, so dass zum Elend der Einzelnen noch ein gesamtgesellschaftliches tritt: Aids ist in weiten Teilen Afrikas zu einem Entwicklungshindernis geworden. Annan fühlt sich daher verpflichtet, gegen seine Ausbreitung massiv zu kämpfen. Er beginnt einen regelrechten Feldzug, den er »Krieg gegen Aids« nennt. Wiederum arbeitet er in mehrere Richtungen. Die reichen Staaten bittet er um mehr Geld für Aidsprojekte, um erleichterten Zugang zu lindernden Medikamenten und um mehr Investitionen in die Erforschung des Virus. Die Pharmaunternehmen erinnert er an ihre Verantwortung bei der Abgabe so genannter antiretroviraler Medikamente. Sein Einsatz mündet schließlich in die Gründung eines Fonds zur Bekämpfung von Aids, Malaria und Tuberkulose im Jahre 2001. Von der Konzeption her eine Partnerschaft zwischen Regierungen, Nichtregierungsorganisationen, der privaten Wirtschaft und den betroffenen Regionen, fungiert der Fonds als reine Finanzquelle. Er unterhält keine eigenen Projekte, gibt jedoch Geld, wenn er die Arbeit einer bestimmten Gemeinde, NGO oder Regierung als besonders lohnend und effektiv erachtet. Seit seiner Gründung kamen knapp fünf Milliarden Dollar (Stand Sommer 2004) für die Aidsbekämpfung zusammen. Das klingt beeindruckend, bleibt allerdings weit hinter Annans Erwartungen zurück. Er hatte ursprünglich als Minimum einen Betrag von sieben bis zehn Milliarden Dollar pro Jahr errechnet, der nötig sei, um die Krankheit allmählich einzudämmen. Diese Summe zu sammeln, ist ihm bisher trotz hohen persönlichen Einsatzes nicht gelungen.

Umgekehrt ruft Annan die ärmeren Staaten in Sachen Aids zu konsequenter Aufklärung über die Krankheit und ihre Ausbreitungsform auf. Die »Wand des Schweigens zu durchbrechen« und endlich Führungskraft zu beweisen, fordert er von den afrikanischen Politikern. Denn allzu lange verschließen manche von ihnen die Augen vor den Folgen der Krankheit. Prominentestes Beispiel ist wohl Südafrika, das zu den am schlimmsten betroffenen Staaten zählt. Trotzdem verharmlosen die Verantwortlichen die Gefahren des HI-Virus. Infizierte, empfiehlt ein Mitglied der südafrikanischen Regierung allen Ernstes, sollten mehr Knoblauch essen. Als der bekannte Politiker Buthelezi im Mai 2004 öffentlich eingesteht, sein Sohn sei an Aids gestorben, kommt das zwanzig Jahre nach Beginn der Pandemie immer noch einem Tabubruch gleich. Zu den größten Bremsern in Südafrika zählt ausgerechnet Präsident Thabo Mbeki, der lange Zeit den Zusammenhang zwischen Sexualpraktiken und Verbreitung des Virus in Frage stellte. Männern wie ihm gelten Annans Ermahnungen, dass zu viele afrikanische Gesellschaften noch immer dem naiven Glauben anhingen, die Sache löse sich von selbst. »Wir müssen umkehren und den Tatsachen ins Auge sehen.« Zur Not sagt er solche Sätze auch in Anwesenheit der »Problemkandidaten« selbst, so geschehen in Paris 2003, als er bei einer gemeinsamen Pressekonferenz mit Mbeki und anderen in aller Ruhe über die besondere Verantwortung der politischen Führer beim Thema Aids spricht.

Schon dieses Beispiel zeigt: Annan ist ein untypischer und unbequemer Sohn Afrikas, zugleich ein prominenter und engagierter Fürsprecher des Kontinents. Die herrschenden Klassen nimmt er hart ins Gericht, härter, als jeder auf »political correctness« bedachte Politiker der westlichen Welt es je wagte. Ob bei der Staatsführung, der Wirtschaftstätigkeit oder beim Kampf gegen Aids. Vieles sagt er in der ihm eigenen freundlichen, aber unmissverständlichen Art. Oft genug erreicht er damit wenig, sondern stößt – wie beim Thema Aids – lange Zeit auf völligen Unwillen und sogar Ignoranz. Aber er sendet permanent eine Botschaft aus, die in etwa heißt: Übernehmt Verantwortung, unternehmt etwas, um eure Gemeinde, euer Land und euren Kontinent voranzubringen! Nicht zuletzt dadurch ist er vor allem bei jüngeren Afrikanern – ungeachtet aller Versäumnisse in Ruanda – zu einem Hoffnungsträger geworden. »Ich bin mir der Tatsache bewusst, dass ich (in Afrika) als Vorbild betrachtet werde und dass meine Arbeit viele junge Menschen dahingehend inspiriert, sich ihre Ambitionen und Träume nicht beschneiden zu lassen«, sagt er dazu. Auch ist Annan vielen der leibhaftige Beweis, wenn es am Ende des 20. Jahrhunderts überhaupt noch eines solchen bedurft hätte, dass Respekt und Können nicht von der Rasse abhängen. Zumal er nicht wie jemand wirkt, der sich wegen seiner Herkunft minderwertig fühlt, sondern mit seiner Hautfarbe äußerst souverän umgeht – zumindest hinterlässt er diesen Eindruck bei Kollegen und Mitarbeitern in den Vereinten Nationen. Abgesehen von einigen unangenehmen Erfahrungen in der Studienzeit scheint ihm seine Rasse zeitlebens wenig Probleme bereitet zu haben.

Diese persönliche Souveränität und Zuversicht projiziert Annan gewissermaßen auf ganz Afrika. Während andere dort vorwiegend Krieg und Elend wahrnehmen, glaubt er an die Kraft seiner Menschen und an ihren Fortschrittswillen. Dazu die enormen Reichtümer des Kontinents – das lässt ihn, wie bei vielen scheinbar aussichtslosen Themen, optimistisch nach vorne blicken. »Heute gibt es in Afrika viele Konflikte und Kämpfe. Aber das gleiche Afrika, das durch Krieg gespalten ist, hat diesen Sinn für Versöhnung, Mitgefühl und Vergebung«, sagt er zum Beispiel. Oder er fordert die Afrikaner auf, endlich eine »grüne Revolution« anzustoßen, um die Nahrungsmittelknappheit zu überwinden. »Lassen Sie niemals wieder zu, dass Hunger, überflüssiger Hunger, das Leben und die Zukunft unseres Kontinents verwüsten«, verlangt er im Sommer 2004 bei einem Treffen der Afrikanischen Union. Gemessen an der Realität in Afrika, klingen solche Aussagen schönfärberisch bis illusorisch, doch passen sie in sein Bild vom willensstarken und veränderungsfähigen Menschen. Ob er mit seinen neuen Akzenten und vielen Initiativen am Ende tatsächlich einen Beitrag zu Afrikas Stabilisierung geleistet hat, lässt sich zweifelsfrei erst im Rückblick abschätzen. Spätestens im Jahr 2015, wenn die Millenniumsziele messbar erreicht oder spürbar verfehlt wurden.

Neue Partnerschaften: Annan und die Wirtschaft

Die Entwicklung Afrikas, wie der Dritten Welt insgesamt, zählt zu Annans obersten Prioritäten. Dafür mobilisiert er möglichst viele Kräfte innerhalb und außerhalb der Vereinten Nationen, private Unternehmen eingeschlossen. Den Wirtschaftsbossen versucht er vor Augen zu führen, dass sie über das Produzieren und Verkaufen hinaus eine wichtige soziale Aufgabe haben: Weil multinationale Unternehmen die ersten sind, die von der Globalisierung profitieren, müssen sie auch einen Teil der Verantwortung bei deren Bewältigung übernehmen, findet er. Deswegen hofft Annan, diese zunehmend an die Vereinten Nationen und deren Ziele von Frieden und Gerechtigkeit zu binden. Schon das allein ist vor dem Hintergrund der UN-Geschichte ein ungeheuerlicher Vorgang, denn die Weltorganisation hatte viele Jahre ein äußerst distanziertes und zwiespältiges Verhältnis zur freien Wirtschaft. Der Kalte Krieg mit seinem Systemwettbewerb brachte eine weit verbreitete Skepsis gegenüber Unternehmern, Gewinnen, Märkten und Aktien hervor. Umgekehrt trauten auch die Konzerne den Vereinten Nationen nicht über den Weg, weil sie die Weltorganisation immer im Verdacht hatten, sie einschränken zu wollen.

Das gegenseitige Misstrauen hing unter anderem zusammen mit den langjährigen Debatten über eine neue Weltwirtschaftsordnung, die in den UN auf vielen Ebenen noch bis in die achtziger Jahre hinein geführt wurden. Der Ostblock und zahlreiche Länder der Dritten Welt forder-

171

ten strikte internationale Regeln als Schutz vor einem ausufernden Kapitalismus; der Westen sah darin einen Angriff auf das Prinzip der Marktwirtschaft. Zu konkreten Beschlüssen über ein internationales Kontrollsystem kam es zwar mangels Einigkeit nie, aber die Auseinandersetzungen hinterließen tiefe Spuren. Bis heute besteht bei einem Teil der UN-Mitarbeiter, Diplomaten und einschlägigen Nichtregierungsorganisationen erhebliches Misstrauen gegenüber privaten Unternehmen, die ihrerseits erst allmählich feststellen, dass die Vereinten Nationen mehr sind als ein sozialistisch angehauchter Debattierclub, nämlich ein lukrativer Auftraggeber.

Als studierter Manager hat Kofi Annan wenig Berührungsängste mit dem Privatsektor. Ökonomie ist für ihn kein Selbstzweck, der Mensch darf darin nicht untergehen oder in seinen Freiheiten mehr als notwendig beschnitten werden, aber per se betrachtet Annan Handel und Produktion als etwas Positives, zumal beides seiner Ansicht nach die entscheidende Grundlage für Entwicklung und bessere Lebensverhältnisse bildet. Der Planwirtschaft ist er nie verfallen, zumindest nicht nachweisbar. In jüngeren Jahren hat er sich mit den Ideen des Sozialismus beschäftigt. Ein waschechter Sozialist, der für seine Ideale auf die Straße gezogen wäre, ist er dabei nicht geworden. Dafür eigneten sich schon die Studienorte nicht: Vor allem in der Schweiz hatte er konservative Professoren und bei ihnen lernte er mehr über die freie Marktwirtschaft, über Börsen und Unternehmensabläufe als über den Vorzug kommunistischen Wirtschaftens. Einem ungezügelten Kapitalismus hat er jedoch auch nie das Wort geredet. Am ehesten traut Annan der sozialen Marktwirtschaft zu, die Bedürfnisse der Menschen zu befriedigen. Wie immer wählt er den moderaten Mittelweg; Ökonomie ja, aber nicht schrankenlos.

Sein alles in allem unbelastetes Verhältnis zur Wirtschaft macht sich nach der Wahl zum Generalsekretär schnell bemerkbar: Annan pflegt intensive Kontakte zu Unternehmern, indem er zum Beispiel regelmäßig zum Weltwirtschaftsforum nach Davos reist. Damit demonstriert er eine Nähe zu den Bossen, die nicht überall wohl gelitten ist. Nichtregierungsorganisationen finden jedenfalls, er habe ein zu enges Verhältnis zum privaten Sektor, begebe sich damit gar in schlechte Gesellschaft. Dass er ausgerechnet beim Weltwirtschaftsforum, dem Hassobjekt vieler Globalisierungskritiker, im Jahr 1999 eine neuartige Verbindung zwischen den Vereinten Nationen und dem Privatsektor vorschlägt, nehmen ihm viele NGOs regelrecht übel. Die neue Partnerschaft mit dem Ziel eines verantwortungsvolleren Wirtschaftens nennt er den »Global Compact«. Dahinter steckt die Überzeugung, dass die Globalisierung ohnehin nicht mehr wegzudenken oder einzudämmen ist, sie findet sowieso statt. »Globalisierung ist eine Tatsache des Lebens«, konstatiert er nüchtern. Anstatt nun vergangenen Zeiten hinterherzuweinen, in denen Handel hauptsächlich in einem Staat, einer Region oder doch mindestens in überschaubaren Dimensionen getrieben wurde, solle man lieber, findet Annan, die neue globale Landschaft gestalten und formen. Am besten so, dass möglichst viele Menschen daran teilhaben und davon profitieren können. Denn im Wirtschaften über Ländergrenzen und Kontinente hinweg sieht er mindestens so viele Chancen wie Risiken, gerade für die Entwicklungsländer. Als Fernziel schwebt ihm daher eine globalisierte Welt mit einem »menschlichen Gesicht« vor, also eine Art weltweite soziale Marktwirtschaft. Das passt erstens zu einer Sicht, die immer den Menschen ins Zentrum stellt – und könnte den Vereinten Nationen, so mag er kalkuliert haben, zweitens gleich noch ein neues Aufgabenfeld erschließen. Denn wer wäre besser dafür geeignet, das weltweite Wirtschaften erträglicher und annehmbarer zu machen als eine Organisation, die schon jetzt global agiert? Wer könnte Standards setzen und Richtlinien formulieren, wenn nicht die Vereinten Nationen?

Da die Öffentlichkeit auf ordnungspolitische Vorstöße der Weltorganisation häufig gespalten reagiert – ein Teil wünscht mehr Regeln, der andere möchte am liebsten keine –, wählt Annan das freiwillige Angebot. Keine Pflicht, kein Muss, kein Gesetz, das er ohnehin nicht erlassen kann, sondern eine schlichte Offerte. Ein UN-Generalsekretär darf nie, egal bei welchem Thema, den Eindruck hinterlassen, als wolle er eine Art Weltregierung anführen, sonst zieht er sich sofort das Misstrauen der Mitgliedstaaten zu. Als der damalige afghanische Übergangspräsident Hamid Karzai den UN-Generalsekretär bei einem Besuch in Afghanistan im Januar 2002 mit den Worten begrüßt: »Dies ist der Präsident der Welt«, winkt Annan aufgeregt ab. Geschmeichelt fühlt er sich schon bei öffentlichen Huldigungen dieser Art, doch darf er nicht den Verdacht erwecken, er strebe nach mehr Macht und Einfluss, als ihm die Charta vorgibt. Andernfalls – das weiß Annan, das wussten seine Vorgänger – läuft er sofort Gefahr, den wenigen Spielraum, der ihm zur Verfügung steht, auch noch zu verlieren.

Deshalb also unterbreitet Annan den Wirtschaftsführern lediglich ein Angebot. Zu mehr reicht seine Kompetenz nicht aus, dadurch lässt er die Vertreter der Privatwirtschaft andererseits jedoch mit geringem, vielleicht zu geringem Einsatz davonkommen: Der Pakt fordert von der Grundidee her die Einhaltung bestimmter Prinzipien, ohne dabei die Wirtschaft gleich zu erdrosseln, den Einzelstaaten in die Parade zu fahren oder NGOs vor den Kopf zu stoßen. Vielmehr sollen die Unternehmen sich bestimmte Leitlinien zum Schutz der Menschenrechte, zu Sozial- und Umweltstandards zu Eigen machen und freiwillig in ihre Unternehmenspolitik integrieren. Die neun, später zehn Grundregeln – die abgeleitet sind aus der Allgemeinen Er-

174

klärung der Menschenrechte, den Grundsätzen der Internationalen Arbeitsorganisation (ILO) und verschiedenen Weltkonferenzen der neunziger Jahre – enthalten zum Beispiel das Versprechen, die Menschenrechte im eigenen Einflussbereich zu schützen und nirgends zu Komplizen von deren Verletzungen zu werden. Der Katalog enthält ferner das Gelöbnis, alle Formen von Zwangs- oder Pflichtarbeit zu beseitigen, Initiativen zur Förderung eines verantwortlichen Umgangs mit der Umwelt zu ergreifen und einiges mehr. Als Gegenleistung dürfen die Firmen mit dem Logo der Vereinten Nationen werben. Der Pakt ist weder ein ordnungspolitisches Instrument noch ein Verhaltenskodex, sondern er verschreibt sich bestimmten – eigentlich schon akzeptierten – Werten, um ihnen zur Durchsetzung zu verhelfen.

Konkret funktioniert er folgendermaßen: Für die Mitgliedschaft bestehen zwei Voraussetzungen: Erstens ein formelles Schreiben an den Generalsekretär, in dem sich das interessierte Unternehmen den zehn Prinzipien unterwirft. Zweitens müssen die Firmen jährlich darüber berichten, dass sie die Compact-Regeln einhalten und wie sie eines oder mehrere der Ziele in konkrete Unternehmenspolitik umgesetzt haben. Wenn beide Bedingungen erfüllt sind, wird der Name der Firmen auf der Website des »Global Compact« veröffentlicht. Ob das Unternehmen sich an den Vertrag hält oder nicht, kontrollieren nach UN-Vorstellung örtliche Akteure, am besten NGOs, die jede Abweichung durch einen Eintrag im Internet an die Öffentlichkeit bringen sollen. Im besten Fall korrigiert der Konzern dann seine Produktionspraxis.

Die Resonanz auf Annans Angebot ist überaus positiv, jedenfalls in der Wirtschaft. Anders reagieren ein Teil der Mitgliedstaaten und viele NGOs, die den »Global Compact« zwar für einen gut gemeinten, aber reichlich naiven oder sogar schädlichen Vorschlag des UN-Chefs erachten.

Nichtsdestotrotz fällt im Juli 2000 der Startschuss für die operative Phase. An der Auftaktveranstaltung im Hauptquartier der UN unter Vorsitz von Kofi Annan beteiligen sich bereits Führungskräfte von etwa 50 multinationalen Unternehmen. Sie alle geloben mit ihrem Beitritt zum »Global Compact« einerseits, seine neun (zehn) Grundsätze zu achten, doch knüpfen sie andererseits bestimmte Erwartungen an die UN. Den »strategischen Handel« gibt es nicht umsonst, er funktioniert nach dem Prinzip des aufgeklärten Eigennutzes. Mit anderen Worten, die beteiligten Firmen versprechen sich vom Beitritt einen Mehrwert. Zu den Hauptmotiven zählt: eine gute PR. Der Pakt »ist attraktiv« wegen der Schirmherrschaft Annans, heißt es bei beteiligten deutschen Unternehmen direkt und ehrlich. Er verschafft den Konzernen neben dem sauberen Image gleich noch »einen besseren Zugang zu UN-Leuten durch den Compact«. Auch erhofft man sich eine generell größere »Akzeptanz für Globalisierung und freien Welthandel«. Und das UN-Logo, mit dem die Firmen – unter festgelegten Bedingungen – werben dürfen, spielt als Anreiz ebenfalls eine Rolle. Es gilt als eine Art Markenzeichen mit hohem Anspruch und sozialer Verantwortung. Bis dahin war das UN-Logo ausschließlich internen Zwecken vorbehalten. Sein neuer Gebrauch findet in der Wirtschaft ebenso großen Anklang, wie er bei »UN-Puristen« auf Empörung stößt. Nicht zuletzt verbinden die Unternehmen mit dem »Global Compact« ein direktes Geschäftsinteresse, da die UN längst zu einem lukrativen Auftraggeber geworden sind. Mit Friedenstruppen und Hilfsaktionen rund um den Globus, für die man gepanzerte Autos, Kleidung, Unterkünfte und vieles mehr braucht, beläuft sich das jährliche Auftragsvolumen inzwischen auf etwa drei Milliarden Dollar. Bei der Vergabe von Kontrakten, mag man in mancher Konzernzentrale kalkulieren, kann ein direkter Draht ins UN-Hauptquartier nicht schaden.

ofi Annan (oberste Reihe, Zweiter von links) im Internat »Mfantsipim« in Cape Coast, Ghana, Mitte der Fünfziger Jahre (UN Photo)

nnan bricht den Sprintrekord im 60 Yard-Lauf, 1960 (UN Photo)

Aus dem Jahrbuch des Malcalester
College, um 1960 (UN Photo)

Während der Studienzeit am M
ca. 1971 (UN Phot

Am Hochzeitstag,
New York 1984 (Privatbesitz
Kofi und Nane Annan)

Am Strand von Mozambique
(Privatbesitz Kofi und Nane
Annan)

Südengland (Privatbesitz Kofi und Nane Annan)

Ferien in Finnland (Privatbesitz Kofi und Nane Annan)

In Montana, USA (Privatbesitz Kofi und Nane Annan)

Gletscherwanderung in Norwegen (Privatbesitz Kofi und Nane Annan)

In Timbuktu, Mali (UN Photo)

Nane und Kofi Annan in Timor Leste (UN Photo)

Im Sudan (© Eskinder Debebe)

Mit seinem Vorbild Nelson Mandela (UN Photo)

Der Generalsekretär und seine Frau
(UN Photo)

Verleihung des Friedensnobelpreises, 2001 (UN Photo)

Mit George W. Bush, 2004 (UN Photo)

Der Generalsekretär der Vereinte
Nationen (© P. W. Bal

Der Pakt kommt an. Fünf Jahre nach dem offiziellen Start haben sich bereits 1800 Unternehmen aus mehr als 70 Ländern und praktisch allen Sektoren der Wirtschaft angeschlossen. Aus Deutschland kommen etwas mehr als 30, darunter sind Namen wie Altana AG, Deutsche Bank, BASF, SAP, DaimlerChrysler. In manchen Ländern ist daraus eine regelrechte Bewegung entstanden, etwa in Frankreich, wo inzwischen ein nationales Global-Compact-Netzwerk geschaffen wurde. Auch in Deutschland gibt es ein solches »Network«, finden Treffen und Konferenzen der Mitglieder statt, dennoch hält sich der Zulauf hierzulande noch in Grenzen. Dagegen sind die Beitrittszahlen in Staaten wie Indien, Schwellenländern mit internationalem Ehrgeiz, in kurzer Zeit regelrecht explodiert. Für Annan ist der »Global Compact« ein großer Erfolg, jedenfalls quantitativ. Er hat die bekanntesten Namen der internationalen Wirtschaftswelt gewonnen – und jeden Monat kommen neue hinzu.

In Zirkeln jenseits der großen Bosse bleibt die tiefe Skepsis gegenüber diesem »Pakt mit dem Teufel«, wie ihn manche bezeichnen, allerdings bestehen. Am meisten stört die Kritiker, hauptsächlich aus dem Bereich der NGOs, dass eine Missachtung der Prinzipien nicht geahndet wird, überhaupt keine institutionellen Prüfungen und auch keine Sanktionen vorgesehen sind. Vielmehr handelt es sich um eine reine Selbstverpflichtung der Konzerne. Das Argument des Global-Compact-Sekretariats – und damit Kofi Annans –, der Prozess sei völlig transparent und erhalte seine Legitimität durch die kritische Öffentlichkeit, lassen viele NGOs nicht gelten. Auch den »elektronischen Pranger«, an den Zuwiderhandelnde im Internet gestellt würden, zweifeln Analysten wie James Paul vom New Yorker »Global Policy Forum« als veritable Kontrollmethode an. Sie fordern stattdessen ein festes Regelwerk, inklusive eines Sanktionsmechanismus, um bestimmte Sozialstandards nirgends auf der Welt zu unterschreiten: An eine Konvention wird dabei gedacht, der die Einzelstaaten beitreten und über deren Einhaltung die Vereinten Nationen wachen sollten. Annans »Global Compact« bringe die Vereinten Nationen nicht nur in ungehörige Nähe zur Wirtschaft, sondern er behindere zugleich das weiter reichende Vorhaben fester Normen. Warum sollten sich die Unternehmen auf klare und einheitliche Regeln einlassen, wenn die angenehmere Form der vagen Selbstverpflichtung fürs Erste genüge? Überhaupt gefällt den Kritikern die ganze Richtung nicht. Als »Schmusekurs« mit der Wirtschaft bezeichnet der berühmte amerikanische Verbraucheranwalt Ralph Nader, der mehrmals als Präsidentschaftskandidat antrat, Annans Globalen Pakt. »Generalsekretär Kofi Annan führt die internationale Organisation in eine gefährliche Nähe zu multinationalen Unternehmen.« Nader misstraut den Absichten der Firmen, unterstellt ihnen, dass sie nichts weiter wollten, als ihr Image mit Hilfe der Vereinten Nationen »blau zu waschen«. Eine Gruppe von NGOs unter Führung des »Transnational Resource and Action Center« in San Francisco formuliert ihr Entsetzen im Jahr 2000 in einem direkten Brief an Annan. Er gebe den guten Namen der UN für zweifelhafte Produktionspraktiken in aller Welt her, heißt es dort sinngemäß. Seit der offiziellen Gründung des Global Compact im Jahr 2000 sind einige Jahre vergangen, die Zahl der Anhänger steigt – die Kritik auch. Im Frühjahr 2004 fordern vier amerikanische Gewerkschaften von Kofi Annan, die Mitgliedschaft des Sportartikelherstellers Nike zu überdenken. Ihrer Ansicht nach verletzt der Konzern das Prinzip Nummer drei des »Global Compact«: »Wir glauben, dass Nike systematisch das Recht auf Vereinigungsfreiheit bricht.« Doch bisher steht die Firma weiterhin auf der Mitgliederliste im Internet.

Die NGO-Szene ist in der Frage des »Global Compact« allerdings in sich gespalten: Nicht alle halten Annans neue

Offenheit gegenüber der Wirtschaft für so missraten wie Ralph Nader oder James Paul. Bei amnesty international etwa heißt es, man fühle sich mit der Rolle als Kontrolleur von multinationalen Unternehmen zwar überfordert, aber der Ansatz sei »trotz seiner Mängel unterstützenswert«. Auch die Menschenrechtsorganisation hat Kritik anzubringen, findet die Schwelle zum Beitritt zu niedrig, die Kontrollen über die Öffentlichkeit nicht ausreichend. Doch betrachtet amnesty den »Global Compact« nicht als Endstadium, sondern als ersten Schritt hin zu mehr sozialer Verantwortung des privaten Sektors. Ähnlich weist man bei den UN darauf hin, dass der »Global Compact« natürlich kein Ersatz für faire und globale Regeln darstellen könne, sondern als Anfang auf dem Weg zu einem »corporate citizenship«, eines verantwortungsbewussten Unternehmertums begriffen werden solle.

Uneins über Gefahren und Nutzen der neuen Partnerschaft ist auch die Generalversammlung der Vereinten Nationen. Etwas verärgert zeigt man sich dort über Annans eigenmächtiges Vorgehen; er hat es in diesem Fall vorgezogen, die Staatenwelt vor Verkündung seiner neuen Initiative nicht eigens zu unterrichten. Das geschah jedoch mit voller Absicht; der Generalsekretär ahnte wohl, dass die Mitgliedstaaten seine Initiative blockiert hätten. Da Annan jedoch die Regierungen aufrütteln, in Schwung bringen, ihnen klarmachen will, dass Globalisierung nicht von vornherein schlecht, die private Wirtschaft nützlich ist und man den Schulterschluss mit neuen Partnern suchen muss, konsultiert er die Vollversammlung dieses Mal nicht. Stattdessen schwärmt er in Interviews vom »ungeheuren Potenzial« und der »neuen Dynamik«, die sich aus der ungewöhnlichen Kooperation für die Vereinten Nationen entwickeln werde.

Am meisten Widerspruch erntet er dafür bei den Entwicklungsländern. Der ersten Resolution zu dem Thema, die im Dezember 2000 verabschiedet wird, gehen zahllose Debatten voran, in denen die G 77 – wie der Zusammenschluss der Entwicklungsländer genannt wird, obwohl ihm heute weit mehr als 100 Staaten angehören – immer wieder die Befürchtung äußern, dem staatlichen Charakter der Vereinten Nationen drohe eine »Aufweichung«. Viele Mitgliedstaaten demonstrieren dabei tiefes Misstrauen gegen eine Öffnung der Vereinten Nationen, von der ihrer Ansicht nach die reichen Industrieländer mit ihren mächtigen Firmen am meisten profitieren. Dennoch gelingt es den Ländern der Europäischen Union als eifrigsten Befürwortern der Annan'schen Initiative, mehrere Resolutionen in der Vollversammlung zu verabschieden, die eine neue Kooperation der Weltorganisation mit dem Privatsektor zulassen, doch zugleich, auf Wunsch der Entwicklungsländer, die »zentrale Rolle von Regierungen« in der internationalen Politik unterstreichen. Wie zahlreiche NGOs beobachten jene die wachsende Beziehung zwischen der Weltorganisation und der privaten Wirtschaft sehr genau und mit großer Skepsis.

Vor dem Hintergrund der UN-Geschichte begeht Annan mit seiner Öffnung der Vereinten Nationen für neue Akteure fast schon einen Tabubruch, obwohl er kaum mehr vorschlägt, als viele nationale Regierungen längst praktizieren. »Public Private Partnerships« sind Alltag. In mehr als 60 Ländern arbeiten mittlerweile entwicklungspolitische Organisationen und private Unternehmen in so genannten PPP-Projekten zusammen. Doch solche Bündnisse sind auf nationaler Ebene ebenso umstritten wie auf internationaler, besonders bei NGOs, die generell, je länger Annan im Amt ist, ein distanziertes Verhältnis zu ihm entwickeln. Zwar verweist er als Generalsekretär fortwährend auf ihre große Bedeutung für das internationale Gefüge, auf ihr notwendiges Gegengewicht zu Wirtschaft und Politik, auf ihre bewundernswerten Leistungen an vorderster Front, bei den Flüchtlingen, Armen und Obdachlosen, im Krieg und bei Umweltkatastrophen. Aber den kritischeren Vertretern unter ihnen ist Annan bald zu entrückt.

Dazu muss man wissen, dass die NGOs in den neunziger Jahren einen ungeheuren Aufschwung erlebt haben; ihre Vertreter entwickelten sich von belächelten Spinnern zu ernsthaften und gefragten Partnern. Sie bevölkerten Weltkonferenzen, wurden Mitglieder nationaler Delegationen, organisierten immer mehr humanitäre Hilfe und betrieben professionelle Lobbyarbeit über ihre ausgeklügelten Netzwerke. Ohne NGOs beispielsweise wäre der Internationale Strafgerichtshof in Den Haag nie gegründet worden. Ohne ihre Expertise und ihren Durchsetzungswillen, mit denen sie die bröckelnde Befürworterfront immer wieder zusammenschweißten, wäre das Projekt wahrscheinlich längst gestorben. Solche und andere Leistungen, die bei den NGOs neue Hoffnungen auf mehr politischen Einfluss geweckt haben, sieht Annan durchaus, wie dieses Zitat beweist: »Vom Schuldenerlass zum Bann von Landminen bis hin zum Internationalen Strafgerichtshof haben sie kreative Koalitionen gebildet, die dem Satz ›Wir die Völker‹ eine neue Bedeutung verliehen haben.« In Reden lobt er die NGOs oft und gern, setzt sich sogar für eine institutionalisierte Form ihrer Vertretung bei den UN ein. Schon seit einigen Jahren existiert zum Beispiel die Forderung, ein NGO-Treffen parallel zur jährlichen Vollversammlung zu organisieren. Über einen derartigen Zugang der Zivilgesellschaft zu den UN haben jedoch allein die Mitgliedstaaten zu befinden. Solange eine Entscheidung ausbleibt, können die NGOs sich lediglich über einen so genannten Konsultativstatus an die UN binden, der ihnen allerdings höchstens mittelbaren politischen Einfluss sichert. Annan spricht sich seit Jahren immer wieder für eine klarere und einflussreichere Stellung von NGOs im internationalen System aus. Das hören deren Vertreter natürlich gern, halten ihn aber im Zweifel für zu vage und unentschlossen. Tatsächlich verhalte sich Annan fast ein bisschen »herablassend« gegenüber NGOs, findet etwa James Paul vom »Global Policy Forum«, sei ihnen in Reden mehr zugetan als bei der konkreten Arbeit. Lieber suche er die Nähe zur Wirtschaft.

Annan selbst sieht die Sache anders. In seiner gewohnten Art, verschiedene Akteure zu versammeln und deren unterschiedliche Positionen zu versöhnen, versucht er vom ersten Tag an als Generalsekretär, die Vereinten Nationen in alle Richtungen zu öffnen: zu den Mitgliedstaaten genauso wie zur Wirtschaft und zur Zivilgesellschaft. »Ich glaube, globale Netzwerke, die Regierungen, Vertreter der Zivilgesellschaft und den Privatsektor zusammenbringen können, sind die viel versprechendsten Partnerschaften unserer globalisierten Zeit«, sagt er dazu. Den »Global Compact« betrachtet er deshalb lediglich als Mittel, solche Netzwerke zu bauen, genauso wie er Nichtregierungsorganisationen in diesem System internationaler Bündnisse für unersetzbar hält, ihren politischen Status aber aus eigener Kraft nicht aufwerten kann. Annans Verdienst ist es zweifellos, die Vereinten Nationen von der reinen Regierungsorganisation weggeführt und sie den Realitäten der heutigen Welt angepasst zu haben, in der auch andere Akteure eine immer wichtigere Rolle spielen. Doch im Überschwang des Miteinander, in den Annan dabei gelegentlich geraten kann, scheint er die Eigeninteressen seiner neuen Freunde mindestens am Anfang etwas unterschätzt zu haben. Nach einer gewissen Anfangseuphorie im UN-Sekretariat hat man auch dort bemerkt, dass der »Global Compact« in seiner Ursprungsform das gewünschte Ziel – mehr soziale Gerechtigkeit – wahrscheinlich noch nicht erreichen kann. »Es ist in der Tat entscheidend, dass der Ruf der Vereinten Nationen nicht durch mangelnde Qualitätssicherung gefährdet oder geschädigt wird«, gesteht schließlich selbst Kofi Annan. Seit einiger Zeit versucht deshalb ein gesonderter Mitarbeiterstab, den Pakt in alle möglichen Richtungen weiterzuentwickeln, ihn mit verbindlicheren Bedingungen auszustatten, ohne ihm den freiwilligen Charakter zu nehmen. Erst wenn das glaubhaft gelungen ist, wird sich die Nähe zur Wirtschaft für die Vereinten Nationen wirklich auszahlen.

Entspannt-gespannt: Annans Verhältnis zu Amerika

Annans Vorgänger Boutros-Ghali ist am Veto der Amerikaner gescheitert. Er hat ihre Macht und den Willen, sie einzusetzen, eindeutig unterschätzt. Die Erkenntnis, dass er sich nicht »ungestraft« gegen die Vereinigten Staaten auflehnen kann, kam dem Ägypter nicht rechtzeitig. Später schreibt Boutros-Ghali in seinen Memoiren selbstkritisch: »Am Ende war mir klar geworden, dass ein Generalsekretär bei allen Spannungen immer danach trachten musste, gute Beziehungen zu den Vereinigten Staaten zu unterhalten.« Annan verhält sich, schon weil er diese Geschichte kennt, von Beginn an anders; er sieht recht schnell, dass nur Erfolg hat, wer die Vereinigten Staaten auf seiner Seite weiß. Aber das ist erstens leichter gedacht als getan und zweitens gibt es noch 190 andere Mitgliedsländer, deren Interessen ebenfalls gewahrt bleiben sollen.

Eine beliebte und häufige Aussage unter UN-Kennern lautet daher: »Mit den USA geht es nicht, und ohne sie schon gar nicht.« Sätze wie dieser offenbaren vor allem eines: Weltorganisation und Weltmacht verbindet eine »Special Relationship«, an der kein Generalsekretär vorbeikann. Die Gründe dafür sind vielfältig. Sie hängen mit der Anfangsgeschichte der UN, letztlich sogar des Völkerbundes, zusammen. Beide Organisationen gehen auf den Führungswillen der USA zurück, ihr Aufbau wurde von Amerika betrieben. Es war Präsident Woodrow Wilson mit seinen vierzehn Punkten, der den Anstoß für den Völkerbund gab, und es war Präsident Franklin Delano Roosevelt

– zusammen mit Großbritanniens Premierminister Winston Churchill –, der mit seiner Atlantik-Charta den Grundstein für die Vereinten Nationen legte. Die UN sind im Wesentlichen ein Produkt amerikanischer Vorstellungen, orientieren sich an ihren Werten, ihrem Menschenbild und ihrem Freiheitsbegriff. Auch finanziell sind sie abhängig von Washington, denn Amerika ist nicht nur der mächtigste und reichste Staat der Welt, sondern deshalb auch der wichtigste und größte Beitragszahler der Vereinten Nationen. Dazu kommen der besondere Gastlandstatus, die geographische Nähe zwischen dem UN-Hauptquartier und dem amerikanischen Machtzentrum Washington sowie die Affinität zur heimlichen Hauptstadt der Welt, wie New York gerne genannt wird. Das alles generiert eine Sonderbeziehung, wie sie kein anderer Staat zu den Vereinten Nationen unterhält.

In den ersten Jahrzehnten bestimmten die USA auch die politischen Inhalte der Weltorganisation ganz wesentlich. Entscheidungen in der Generalversammlung fielen in der Regel nach ihren Vorstellungen aus. Im Sicherheitsrat verfügen die fünf ständigen Mitglieder, zu denen die USA neben China, Frankreich, Großbritannien und Russland gehören, über ein Vetorecht, mit dem sie ohnehin jede Entscheidung blockieren können. In der Generalversammlung jedoch gilt das Prinzip »ein Land eine Stimme«, man muss für die eigene Position werben. Die aus amerikanischer Sicht bequemen Mehrheitsverhältnisse dort änderten sich mit den großen Unabhängigkeitsbewegungen in den sechziger und siebziger Jahren. Damals stießen viele neue Staaten zu den UN, verschoben plötzlich die Gewichte in der Generalversammlung – und schwächten die bis dahin dominierende Rolle der USA. In schöner Regelmäßigkeit unterlagen, beziehungsweise unterliegen, die Vereinigten Staaten seither selbst bei Abstimmungen, die ihnen viel bedeuten: Etwa beim Embargo gegen Kuba oder bei Nahostfragen. Das ärgert einen Teil der politischen Klasse in Washington bis in die Gegenwart hinein maßlos. Spätestens seit der Reagan-Regierung in den achtziger Jahren, die sich mit der unterlegenen Position der USA nicht abfinden mochte, ist das Verhältnis zwischen UN und USA als wechselhaft bis schwierig zu bezeichnen. Eine berühmt gewordene Aussage von Charles Liechtenstein, dem damaligen »zweiten Mann« der amerikanischen UN-Vertretung, mag offenbaren, wie verhasst die Vereinten Nationen bei Teilen der amerikanischen Öffentlichkeit seinerzeit waren: Wenn die Vereinten Nationen aus New York wegzögen, werde sie niemand aufhalten, sagte der Diplomat damals ziemlich undiplomatisch: »Überglücklich werden wir Ihnen am Ufer Lebewohl winken, wenn Sie mit gesetzten Segeln in den Sonnenuntergang fahren.« Der Affront, der als Antwort auf einen Vorschlag der Sowjetunion galt, die Weltorganisation aus New York abzuziehen, rief seinerzeit große Aufregung und Empörung bei der übrigen Staatengemeinschaft hervor. Liechtensteins Aufforderung wurde kaum je wiederholt, aber als Washingtons Buhmann mussten die UN immer wieder herhalten. Alles Mögliche unterstellte man ihnen, mindestens von offizieller Seite Unfähigkeit und Geldgier, vor allem aber, dass sie in Wahrheit den amerikanischen Staat aushebeln wollten.

Das Ende des Ost-West-Konflikts bringt dann eine kurze Entspannungsphase im Verhältnis zwischen den Vereinigten Staaten und den Vereinten Nationen. Sie wird aber nicht von langer Dauer sein; spätestens seit den Krisen in Somalia, Bosnien und Ruanda zweifeln viele in Washington wieder am Nutzen und Können der Weltorganisation, obwohl das Versagen nicht ihre Schuld allein ist. Es folgt eine Periode der Wiederannäherung Ende der neunziger Jahre, an der Kofi Annan einen wichtigen Anteil hat. Erst im Jahr 2002 schlägt das Pendel wieder in große Skepsis um, die sich schließlich auch gegen den Generalsekretär selbst richtet. Die UN treffen also in schöner Regelmäßigkeit – wie eine Art Wellenbewegung – auf tiefes Misstrauen bei vielen amerikanischen Politikern vor allem aus dem konservativen Lager, aber längst nicht nur von dort. Bis weit hinein in die Demokratische Partei achtet man die Vereinten Nationen bestenfalls gering, manche halten sie auch für gefährlich. Ein Teil dieser Abneigung lässt sich mit der generellen Ignoranz gegenüber internationalen Belangen erklären. Die hohe Zahl amerikanischer Abgeordneter, die nicht einmal einen Reisepass besitzen, ist legendär. Die Ammenmärchen, die über die Vereinten Nationen erzählt werden, sind es ebenso. Bis hin zu Geschichten, dass der Generalsekretär der Vereinten Nationen eigentlich nur danach trachte, die Regierungsgewalt in Washington zu übernehmen. Trotz aller Realitätsferne halten sich solche Gerüchte hartnäckig.

Hinzu kommt ein unerschütterlicher Glaube an die eigenen Errungenschaften. »Die der Verfassung erwiesene Ehrerbietung ist eine Art von weltlicher Religion«, die es kaum erlaubt, einen Teil der eigenen Souveränität an eine fremde Institution abzugeben, wie sehr sich die Welt seit Verabschiedung der amerikanischen »Constitution« auch geändert haben mag. »Kein Vertrag oder Gesetz kann je an die Stelle des einen Dokuments treten, das alle Amerikaner für heilig halten: die Verfassung der Vereinigten Staaten«, befindet zum Beispiel der einflussreiche Senator Jesse Helms Ende der neunziger Jahre und spricht damit vielen Amerikanern aus der Seele. Während europäische Nationen, vorneweg Deutschland, internationale Zusammenschlüsse nach dem Fiasko der beiden Weltkriege als etwas Positives, ja sogar Friedenstiftendes erfahren, herrscht in den USA ein beharrliches Widerstreben, sich multilateralen Einrichtungen »unterzuordnen«. Diese grundsätzlich andere Sichtweise erklärt manche transatlantische Auseinandersetzung über Rolle und Bedeutung der Vereinten Nationen der jüngeren Vergangenheit und auch manchen Konflikt zwischen Washington und New York.

Damit aber noch nicht genug. Der selbst empfundene »Exzeptionalismus bedeutet, dass viele Amerikaner der Meinung sind, dass andere Länder das Völkerrecht und internationale Übereinkommen automatisch einhalten sollten, dies für die USA jedoch Ermessenssache sei«. Beispiele dafür finden sich genügend. Ob es Klagen vor dem Internationalen Gerichtshof sind, die mit einer Aufkündigung der Jurisdiktion beantwortet werden, wenn Verfahren und Urteil missfallen. So geschehen in den achtziger Jahren, als in Den Haag entschieden wurde, die USA hätten durch die Anwendung von unrechtmäßiger Gewalt in Nicaragua internationales Recht verletzt. Die Vereinigten Staaten weigerten sich danach einfach, das Urteil anzuerkennen. Oder ob sie internationalen Verträgen fernbleiben, wie bei der Kinderkonvention, die nur Somalia, ein Staat immer noch ohne stabile Strukturen, und die Vereinigten Staaten nicht ratifiziert haben. Oder ob es schließlich die Art und Weise ist, wie die Vereinigten Staaten seit 1998 versuchen, den Internationalen Strafgerichtshof zu schwächen beziehungsweise amerikanische Staatsbürger von seiner Zuständigkeit ausnehmen zu lassen – oft genug betrachtet Washington Entscheidungen in den Vereinten Nationen nicht als rechtlich bindende Vorgabe, sondern lediglich als eine Option unter vielen. Das gilt sogar für die Pflichtbeiträge, die man immer wieder zurückhält und die sich im Laufe der Jahre zu einem enormen Schuldenberg auftürmen – selbst das erachten viele Mitglieder im Washingtoner Kongress keineswegs als völkerrechtswidrig, denn sonst hätten sie ja bezahlt.

Kofi Annan übernimmt die Führung der Vereinten Nationen im Jahr 1997 mitten in einer solchen Phase des Misstrauens. Die Traumata von Ruanda und Bosnien sind sowohl in Washington als auch in New York noch in lebhafter Erinnerung; der aus amerikanischer Sicht »störrische« Boutros-Ghali ist es ebenso. Im Weißen Haus sitzt zwar der relativ UN-freundliche Clinton, aber auch er setzt amerikanische Interessen zur Not gegen den Rest der Welt durch. Zumal Clinton inzwischen einem oppositionellen Kongress gegenübersteht, der ihm das Leben schwer macht und soeben die »republikanische Revolution« ausgerufen hat, die neben einer neuen amerikanischen »Sauberkeit« auch einen kritischen Blick auf die UN empfiehlt. Zum prononciertesten UN-Skeptiker jener Jahre zählt der Vorsitzende des Auswärtigen Senats-Ausschusses, Jesse Helms, der das »Castro-Regime« und die Vereinten Nationen am liebsten zusammen in einen »See springen lassen würde«. Von den UN verlangt er unbedingten Respekt vor der Souveränität des amerikanischen Volkes und betrachtet sie im Idealfall als »effektives Werkzeug« amerikanischer Diplomatie. Kurz: Man traut den UN-Friedenstruppen seit Somalia nicht, man mag bestimmte Programme der UN nicht – und man mag schon gar nicht zahlen.

Als Annan im Jahr 1997 Generalsekretär wird, betragen die amerikanischen Außenstände – je nach Zählweise – zwischen einer Milliarde und 1,3 Milliarden Dollar. Niemand schuldet der Weltorganisation annähernd so viel Geld wie das Land, das zugleich wirtschaftlich am meisten von den Vereinten Nationen profitiert. Denn allein in New York sichern die Vereinten Nationen jährlich um die 30 000 Arbeitsplätze. Von allen Beschaffungsaufträgen, die von den UN vergeben werden, erhalten die USA mit großem Abstand die meisten: Mehr als ein Fünftel des gesamten Volumens, während deutsche Firmen zum Beispiel nur etwas mehr als ein Prozent davon ergattern. Wenn man dann noch bedenkt, wie klein die Schuldensumme für die reichen Vereinigten Staaten ist, wird die Angelegenheit für

die UN doppelt ärgerlich. Zum Vergleich: In Annans Antrittsjahr 1997 betragen allein die Militärausgaben der
USA etwa 280 Milliarden Dollar; die UN-Schulden von gut
einer Milliarde Dollar hätte man also sogar aus irgend-
einem Reptilienfonds begleichen können.

Aber man hält das Geld aus politischen Gründen zurück. In den achtziger Jahren, dem Beginn der Schuldenkrise, weil man die UN bezichtigte, die Rechte der Palästinen-
ser zu stärken und die Unabhängigkeit Namibias zu
betreiben, letztlich also gegen die Interessen der USA zu
handeln. Dann wieder zeigte sich Washington unzufrieden
mit dem Haushaltssystem der Vereinten Nationen und forderte dessen Reform. Obwohl die gewünschten Veränderungen schließlich eingeleitet werden, bleibt ein Teil der
Schulden bis in die neunziger Jahre hinein bestehen und
steigt Mitte dieses Jahrzehnts wieder auf neue Höhen,
unter anderem, weil der Kongress beschließt, den amerikanischen Anteil an UN-Friedenstruppen einseitig von
31 auf 25 Prozent zu kürzen. Da die Beitragshöhen nach
bestimmten Regeln von den Mitgliedstaaten mehrheitlich
festgesetzt werden, widerspricht diese eigenwillige Maßnahme nach Meinung vieler Völkerrechtler allen Gepflogenheiten der internationalen Zusammenarbeit, nach der
Beiträge sofort, in Gänze und bedingungslos zu entrichten
sind. Eine Sicht, die in Washington nicht viel gilt. Denn in
den Folgejahren knüpfen entweder das Repräsentanten-
haus oder der Senat eine Bedingung nach der anderen, auf
dem Höhepunkt der Auseinandersetzung sind es 38, an die
Begleichung der Schulden, etwa die Auflösung von bestimmten UN-Bevölkerungsprogrammen, weil sie angeblich Abtreibungen zulassen und fördern. Präsident Clinton, nach außen den Vereinten Nationen wohl gesinnt,
legt gegen Verknüpfungen dieser Art, und damit letztlich
gegen die Schuldentilgung, regelmäßig sein Veto ein. Dadurch bleiben die offenen Rechnungen Jahr um Jahr weiter

bestehen, bis die Vereinigten Staaten schließlich Gefahr laufen, ihr Stimmrecht in der Generalversammlung zu verlieren. Die UN-Charta sieht vor, dass, wer seine Mitgliedsbeiträge über ein gewisses Niveau hinaus zurückhält, nicht mehr mitbestimmen darf. Der frühere britische Außenminister Malcolm Rifkind – selbst der treue Verbündete Großbritannien distanziert sich in dieser Frage von den USA – spricht in Umkehrung des berühmten amerikanischen Schlachtrufes aus der Revolutionszeit gar von »No representation without taxation«. So weit kommt es zwar nie, denn immer im Herbst erreicht die UN ein Scheck in jeweils der Höhe, die genügt, um das Stimmrecht zu wahren. Aber die Blamage für das bedeutendste und reichste Mitgliedsland ist beispiellos, die Not der Vereinten Nationen groß und die Wut der übrigen Staaten enorm.

Erst im Jahr 2000 erringt der amerikanische UN-Botschafter Richard Holbrooke einen tragfähigen Kompromiss zwischen den Vereinten Nationen und Washington, der die Rückzahlung der Schulden mit einem insgesamt niedrigeren amerikanischen UN-Beitrag verbindet. Der Handel kommt auch deshalb zustande, weil der Kongress Kofi Annan schätzen gelernt hat. Jesse Helms nennt ihn nach Jahren des Hin und Her zwischen Washington und New York schließlich sogar einen »distinguierten« Generalsekretär. Viele andere Länder empfinden die Washingtoner Position jedoch als glatte Erpressung, denn die Höhe der Überweisungen orientiert sich nach UN-Usancen an der Wirtschaftskraft eines Landes. Demnach hätten die USA 31 Prozent für Friedensoperationen und 25 Prozent für den regulären UN-Haushalt zu entrichten. Weil der Kongress den amerikanischen Anteil aber für zu hoch erachtet und über Jahre einfach nicht bezahlt, lässt sich die restliche Staatengemeinschaft schließlich auf eine Verminderung ein, die beide Beträge auf 25 beziehungsweise 22 Prozent reduziert, obwohl die USA schon vor der

Änderung – beim regulären Haushalt – »bereits um etwa acht Prozentpunkte niedriger veranschlagt wurden, als es ihrem Sozialprodukt entsprach«. Außerdem zahlen die USA damit deutlich weniger als die EU-Länder zusammen (die Zahlen beziehen sich auf die Zeit vor der Erweiterung im Mai 2004), die mit etwa 36 Prozent die größte Stütze der Vereinten Nationen bilden.

Für Annan ist der jahrelange Konflikt mit Amerika um seine Schulden eine große Bürde, denn die UN stehen dadurch immer wieder kurz vor dem Bankrott. Sie können sich, weil sie keine Kredite aufnehmen dürfen, aus ihrer finanziellen Malaise nur retten, indem sie Truppen stellende Staaten nicht für ihren Einsatz bezahlen, sondern mit diesen Geldern aus dem Etat für Friedensoperationen den täglichen Bedarf der Organisation decken. In Wahrheit tragen also Länder, die durch ihre Soldaten ohnehin besonderes Engagement für die Weltgemeinschaft beweisen, die Last der amerikanischen Verweigerungshaltung. Annan als früherer Controller der Organisation kennt die Gefahren der Finanznot vermutlich besser als jeder andere. Als erste Hauptstadt sucht er deshalb im Februar 1997 Washington auf, wo er nur wenige Wochen nach seiner Ernennung politische Gespräche führt. Er will die Eiszeit zwischen Washington und New York, die durch die Abwahl Boutros-Ghalis einen Tiefpunkt erlebt hat, möglichst bald beenden, was ihm zwischenzeitlich sogar glückt, wie der Kompromiss über die Beitragssätze zeigt, der zwar spät kommt, ganze vier Jahre nach seinem Amtsantritt, aber am Ende gelingt. Die Zweifler, die ihn von Anfang an für zu amerikahörig halten, sehen sich nun gleich wieder in ihrer Meinung bestätigt, dass er kaum mehr als der Büttel Washingtons sei. Annan entgegnet solcher Kritik mit den Worten: »Ich würde in jedes Land fahren, das den UN eine Milliarde Dollar schuldet.«

Stimmt – und stimmt auch nicht. Denn natürlich weiß

Annan, wie jeder andere in den UN, dass die Vereinigten Staaten eine Sonderstellung einnehmen, die über das rein Finanzielle hinausgeht. Ohne Amerika bewegt sich auch inhaltlich wenig, Beispiele wie der Internationale Strafgerichtshof oder das Kioto-Protokoll beweisen es. Beides versucht die restliche Staatenwelt letztlich ohne die Unterstützung aus Washington durchzusetzen: Das Statut zur Gründung des Strafgerichtshofs, mit dem zum ersten Mal schwere Menschenrechtsverletzungen wie Völkermord systematisch geahndet werden sollen, kommt am Ende in einer Kampfabstimmung gegen den Willen der Vereinigten Staaten zustande. Sieben Wochen lang versuchen die amerikanischen Unterhändler bei den Verhandlungen in Rom 1998, einen eigenständigen Gerichtshof zu verhindern – und schaffen es nicht. Das ist für Europa, das sich offen gegen die USA stellt, zwar ein großer Erfolg. Auch Kofi Annan empfindet das so, denn er bricht nach dem entscheidenden Votum sogar eine Lateinamerika-Reise ab und eilt nach Rom, aber lang währt die Freude über diesen Triumph nicht. In den Folgejahren lassen die Vereinigten Staaten nichts unversucht, das Projekt auf andere Weise zu stoppen, weil sie ihre im Ausland stationierten Soldaten vor einem ungerechten und »antiamerikanischen« Gericht schützen wollen. Das misslingt zwar; der Strafgerichtshof wird schließlich im Jahr 2002 gegründet, aber richtig wirksam arbeiten kann er wohl erst, wenn auch die Vereinigten Staaten seine Kompetenzen anerkennen. Davon ist unter Präsident Clinton keine Rede und unter Präsident Bush schon gar nicht.

Ähnliches gilt für das Kioto-Protokoll, das ebenfalls aufgrund des massiven Drucks der Europäer verabschiedet wird. Es soll dazu beitragen, den Ausstoß von Kohlendioxyd zu mindern, um die als wahrscheinlich angenommene Erwärmung der Erdatmosphäre zu bremsen. Sonst, so befürchtet wenigstens eine überzeugende Mehrheit der kompetenten Wissenschaftswelt, wird das Klima dauerhaft beeinträchtigt – mit unübersehbaren Folgen für den Menschen. Amerika steht dem Protokoll skeptisch gegenüber, auch unter Präsident Clinton. Es wird 1997 im japanischen Kioto zwar mit Zustimmung der Vereinigten Staaten verabschiedet, aber nur als allgemeine Vertragshülle. Die genauen Minderungspflichten sollen erst später festgelegt werden. Dagegen opponieren die USA dann – schon unter Präsident Bush – so heftig, dass das Kioto-Protokoll erst Jahre später nach dem Beitritt Russlands 2005 in Kraft treten kann. Ohne den größten »Sünder« in Sachen Kohlendioxydausstoß bleibt der Vertrag jedoch schwach. Dass beide Projekte dennoch vorangetrieben werden, hat mit dem Eigenwillen der restlichen Staatengemeinschaft zu tun, die glaubt, grenzüberschreitende Probleme nur gemeinsam lösen zu können, und sich dabei nicht dauerhaft von den Vereinigten Staaten behindern lässt. Ein bisschen hofft man zumindest in Europa auch darauf, dass in Washington irgendwann wieder ein Sinneswandel eintritt und der unilaterale zugunsten eines multilateralen Kurses verlassen wird.

Die politische Großwetterlage, auf die Annan in seinen ersten Jahren trifft, ist also nicht besonders günstig, wird aber nach einem kurzen Zwischenhoch später unter Präsident Bush noch erheblich schlechter – das kann er damals natürlich noch nicht wissen. Entsprechend steckt Annan von Anfang an in einer Zwickmühle. Einerseits muss er die USA vom Nutzen einer starken Weltorganisation überzeugen, schon aus pragmatischen, sprich finanziellen Gründen. Dafür gilt es, Lobbyarbeit in Washington zu betreiben, sich ein bisschen lieb Kind zu machen und ein paar amerikanische Bedingungen zu erfüllen. Andererseits erregt er damit automatisch das Misstrauen eines Teils der übrigen Mitgliedstaaten, die Annan von Anfang an als Produkt amerikanischer Politik erachten. Ein schwieriger Drahtseilakt, der ihm mal besser, mal schlechter gelingt. Er versucht, wie so oft im Leben, widerstreitende Tendenzen miteinander zu versöhnen – und tut von beidem ein bisschen. Er umgarnt Amerika und kritisiert es zugleich: Annan fährt häufig nach Washington, spricht mit Vertretern des Kongresses und macht dabei selbst vor Jesse Helms nicht Halt, dessen Respekt er schließlich sogar gewinnen kann, auch wenn Helms' Weltsicht eine grundsätzlich andere bleibt. Sichtbares Zeichen für diese Annäherung ist ein Besuch Helms' im Sicherheitsrat im Jahr 2000; kein amerikanischer Senator vor ihm machte sich je die Mühe, im höchsten UN-Gremium aufzutreten. Das Verhältnis zwischen New York und Washington entspannt sich also im Laufe der ersten vier, fünf Jahre von Annans Amtszeit spürbar. Später, als längst Präsident Bush die Führung in Amerika übernommen und wieder einen deutlich unilateralen Gang einlegt, bleiben die Umgangsformen auf offizieller Ebene gleichwohl gewahrt. Der Zorn, der sich dann über Kofi Annan entlädt, hat seinen Ursprung bei einigen konservativen Abgeordneten. Die Regierung beteiligt sich daran nicht, jedenfalls nicht von vornherein, unternimmt aber auch nichts, ungerechte Vorwürfe gegen den Generalsekretär zu unterbinden. Wie gut oder schlecht Annan mit Bush zurechtkommt, bleibt letztlich unklar. Die einen sagen, er »könne« trotz aller politischen Meinungsverschiedenheiten auf einer persönlichen Ebene ganz gut mit ihm, die anderen sehen die beiden »meilenweit« voneinander entfernt. Er selbst umschifft Fragen danach. Sicher ist, dass er mit Colin Powell ein freundschaftlich-herzliches Verhältnis pflegt und zu Condoleeza Rice keinen Draht findet.

Gleichzeitig missbilligt Annan einiges an der amerikanischen Politik: dass Washington das Völkerrecht nur beachtet, wenn es mag und glaubt, daraus einen Vorteil ziehen zu können. Dass die USA viele internationale Vorhaben –

vom Strafgerichtshof bis zum Atomteststoppabkommen – blockieren oder meiden. Dass Amerika trotz mancher erfüllten Bedingung immer noch Jahre braucht, ehe es seine Schulden bei den UN wenigstens teilweise abbaut. Dass Washington auch bei Krisenherden rund um den Globus nur wahlweise auf die UN zurückgreift. All das sieht Annan und heißt es nicht gut, kann es nicht gut heißen. Unverhohlen kritisieren darf er den amerikanischen »Multilateralismus à la carte« dennoch nicht, wenigstens nicht sofort, sonst hätte ihn womöglich schon in den ersten Jahren ein ähnliches Schicksal ereilt wie seinen Vorgänger Boutros-Ghali: Er wäre auf irgendeine Weise kaltgestellt worden. Anstatt zum Beispiel die Vereinigten Staaten für ihre Sonderposition beim Strafgerichtshof zu verurteilen, lobt er diese Rechtsinstanz, wo er nur kann, als »fehlendes Glied des internationalen Strafrechts«. Später wird er sogar noch drastischer sagen, das Gericht sei ein probates Mittel, um die Weltsicht von Zynikern wie Josef Stalin zu brechen, der einst Menschen verachtend von sich gegeben habe: »Ein einziger Tod ist tragisch, eine Million Todesfälle dagegen sind reine Statistik.« Damit stellt sich Annan klar auf die Seite der Befürworter; er positioniert sich jedoch fast immer, ohne die USA dabei vorzuführen. Dieses Muster der indirekten Kritik verfolgt er über Jahre bei vielen Themen. Die jeweiligen Präsidenten im Weißen Haus können dadurch ihr Gesicht wahren; wer die Materie kennt, weiß jedoch, worauf Annan abzielt.

Der Spagat, Amerika zufrieden zu stellen, ohne sein verlängerter Arm zu werden, gelingt dem Generalsekretär zunächst recht gut, obwohl Beobachter aus anderen Weltregionen ihm immer wieder eine zu große Willfährigkeit gegenüber Washington unterstellen. Im Rückblick geurteilt, hat er mit seiner Art der sanften Kritik einiges Geschick bewiesen, und wenn es nur dazu diente, die USA über Jahre hinweg milde gegenüber der Weltorganisation zu stimmen. Auch die Beilegung der Schuldenkrise spricht letztlich für Annans Strategie der leisen Töne. Ohnehin muss die direkte Konfrontation mit dem mächtigsten Mitgliedsland für jeden Generalsekretär das äußerste Mittel bleiben. Boutros-Ghali machte davon zu großzügig Gebrauch, Annan setzt es zunächst insgesamt wohl dosiert ein, später, im Irakkonflikt, ist er zutiefst verunsichert und büßt darüber seinen guten Instinkt im Umgang mit der Supermacht ein. Erst handelt er nicht entschlossen genug, dann wird er umso deutlicher, verliert dadurch schließlich das über Jahre mühsam erworbene Vertrauen der USA – und zahlt dafür einen hohen menschlichen und politischen Preis.

Dabei hängt Annans anfänglicher Erfolg auch mit seinen jahrelangen USA-Aufenthalten zusammen: Mit der amerikanischen Mentalität ist er besser vertraut als die meisten seiner Vorgänger. Studium und Beruf zusammengenommen, hat er schon bei seinem Amtsantritt etwa genauso viel Zeit in den USA wie in seinem Heimatland Ghana verbracht. Und er schätzt das amerikanische Volk, da es »großzügig« ist und seine Bürger mehr ehrenamtliche Arbeit leisten als die Menschen irgendeines anderen Landes, wie er sagt. Vor allem respektiert er die amerikanischen Grundwerte, weil sie die seinen sind: Freiheit, Menschenrechte, Demokratie. Und natürlich genießt er das Leben in New York, findet es anregend und aufregend, wie die meisten Diplomaten bei den Vereinten Nationen.

Als Person aber ist Annan höchstens partiell »Wahlamerikaner«. Tatsächlich wirkt er, wenn schon nicht afrikanisch, dann eher britisch, was mit seiner Herkunft und Erziehung leicht zu begründen ist. Sein ganzer Stil ist europäisch: von seiner Kleidung bis zur Wohnungseinrichtung (Mahagoni) und seinem Akzent im Englischen (britisch angehaucht, auf jeden Fall nicht amerikanisch). In dieses Bild passt auch die Tatsache, dass die Annans nach dem Ende seiner UN-Tätigkeit aus den USA wegziehen wollen. Das Amerika, das Annan gefällt, ist die Kreativkultur im Westen und das aufgeklärte Ostküstenmilieu. Insofern kann sich Annan von seiner gesamten Persönlichkeit her wohl nur in einen Teil des Landes hineinversetzen. Das andere Amerika, das später eher von Donald Rumsfeld und Dick Cheney repräsentiert wird, ist ihm fremd. Er teilt nicht deren Sicht aufs Leben, billigt nicht deren Weltanschauung und schon gar nicht deren Mittel, Politik zu betreiben.

Die politischen Realitäten in den Vereinten Nationen, verknüpft mit der eigenen Biographie, machen Annans Verhältnis zu Amerika und Großbritannien zu einem ganz besonderen und im Falle der USA aufgrund ihres Supermachtstatus zu einem ganz besonders schwierigen. Zuneigung und Respekt halten sich die Waage mit Widerwillen und Enttäuschung.

Er selbst formuliert das gespaltene Verhältnis zum Gastgeberland mit folgenden Worten: »Ich habe freundschaftliche Gefühle für die USA.« Nicht Verbundenheit und Liebe, nicht Bewunderung und Hingabe. Nein Freundschaft. Das klingt recht distanziert für jemanden, der so viel Zeit, auch glückliche und produktive, in Amerika verbracht hat. Aber die bitteren Phasen existieren ebenfalls – und je länger Annan im Amt ist, desto mehr. Da seien natürlich auch »Momente der Frustration und der Enttäuschung«, sagt er gewohnt vorsichtig. Denn die amerikanische Regierung tendiere dazu, zu glauben, »dass, was gut ist für Amerika, auch gut für den Rest der Welt ist«. Dadurch entstünden manchmal Probleme, »vor allem wenn man eine Organisation leitet mit souveränen Mitgliedstaaten, die alle eine Stimme haben sollten«. Annan weiß zugleich, ohne die USA geht es auch nicht. Deshalb verwendet der Generalsekretär eine Menge Zeit und Mühe auf das Verhältnis zu den USA, wie er zugibt. »Ja, es beansprucht einiges meiner Zeit.«

Immer wieder auch sucht er die Unterstützung für die Vereinten Nationen bei Künstlern, in der »normalen« Gesellschaft und bei Wirtschaftsbossen, denn Umfragen beweisen regelmäßig, dass die amerikanische Bevölkerung weitaus mehr von den Vereinten Nationen hält als viele Politiker in Washington. Die Initiative »Botschafter des Friedens« etwa dient speziell dem Ziel, den Leumund der Weltorganisation zu verbessern, vor allem natürlich in den Vereinigten Staaten: Neun bekannte Persönlichkeiten beruft Annan und lässt sie regelmäßig auf ihre kreative Weise für die UN werben. Dazu zählen der Schauspieler Michael Douglas, der Boxer Muhammad Ali, der Jazz-Musiker Wynton Marsalis sowie der Autor, Kritiker, Kämpfer und Intellektuelle Elie Wiesel. Sie alle tragen, wie Kofi Annan, eine kleine Friedenstaube am Revers und widersprechen zur Not auch öffentlich der herrschenden Meinung im Weißen Haus. Doch hübsche Allianzen wie diese können kaum über die grundsätzlichen Probleme zwischen New York und Washington hinwegtäuschen, die bald weniger, bald mehr zutage treten.

Das Verhältnis zwischen USA und UN gleicht einer Achterbahn, manche meinen auch einer schwierigen Ehe. »Die USA brauchen die UN, und die UN brauchen die USA«, ist eine von Annans Lieblingsformeln, die er fast beschwörend ins amerikanische Land hinausschickt. Bei all seinen Bemühungen, Weltmacht und Weltorganisation miteinander zu versöhnen, gelingt es dem Generalsekretär zunächst recht gut, die atmosphärischen Störungen abzubauen, aber die nächste Entfremdung kommt bestimmt, wie auch Kofi Annan bald schmerzlich erfahren muss. Denn spätestens nach Präsident Bushs Wiederwahl wird er zum neuen Lieblingsfeind amerikanischer Konservativer.

Teil III: Die Amtszeit

*»Es stellte sich heraus, dass der Irakkonflikt
in meine Zuständigkeit fallen würde.«*

Ringen um Frieden: Konflikte ohne Ende

Die Welt friedlich zu gestalten, Krisen zu entschärfen und
Konflikte zu lösen gehört zu den Hauptzielen der Vereinten Nationen. Das sieht der von seinem Werdegang her
durch und durch UN-geprägte Kofi Annan natürlich nicht
anders, zumal er als Leiter der Abteilung für Friedensoperationen mehr Erfahrung in dieser Richtung hat sammeln
können – und müssen – als jeder seiner Vorgänger. »Weltweit Frieden und Sicherheit zu erhalten und wieder herzustellen, ist eine grundlegende Aufgabe der Vereinten Nationen«, schreibt er in Berichten deshalb immer wieder.
Neben seinen Aktivitäten zur Linderung von Not, Armut
und Krankheit, die er zugleich als Konfliktprävention verstanden wissen will, gilt ein Großteil von Annans Aufmerksamkeit der internationalen Sicherheit. Den Blick auf den
Erhalt oder die Herstellung von Frieden zu lenken, gebietet
übrigens schon die politische Klugheit, weil die Öffentlichkeit einen Generalsekretär vor allem daran misst, ob er
Kriege beendet oder Aufsehen erregende Verträge vermittelt hat. Obwohl mittlerweile die Hauptarbeit der Vereinten Nationen, zumindest quantitativ, bei den »weichen«
Themen wie Entwicklung, Aids und Umweltschutz liegt,
nimmt man die Weltorganisation im Norden und Westen,
also dort, wo die Hauptfinanciers der UN sitzen, fast nur
über die Debatten im Sicherheitsrat wahr. Und die drehen
sich hauptsächlich um Krisen und Konflikte. Dieser Realität muss sich ein Generalsekretär stellen, alles andere wäre
töricht. Annan sucht auch hier den Kompromiss. Sehr am

Herzen liegen ihm die Entwicklungsthemen, weshalb er selten vergisst, sie zu erwähnen, aber einen gehörigen Teil seiner Energie verwendet Annan auf die nie enden wollenden Krisen in aller Welt.

Die Konflikte, die nach dem Ende des Kalten Krieges überwiegend in der Dritten Welt, aber längst nicht nur dort, ausgebrochen sind, nehmen ihn mithin mehr in Anspruch, als Annan vielleicht möchte. In seinem ersten Amtsjahr, 1997, kann er sich sogar noch verhältnismäßig stark auf andere Aspekte seiner Arbeit konzentrieren, etwa auf die Reform der Organisation, aber das wird sich schnell ändern. Zunächst jedoch notiert er recht zuversichtlich: »Die Welt blieb in den vergangenen zwölf Monaten gnädigerweise verschont von groß angelegten regionalen Konflikten.« Der Nahe Osten macht ihm natürlich Sorgen, wie allen Außenpolitikern der letzten sechzig Jahre. Die Situation in Afghanistan, wo die Taliban mit eiserner Hand herrschen und jeden Öffnungsversuch durch die internationale Gemeinschaft blockieren, kann ihm nicht gefallen. Dazu der andauernde Bürgerkrieg im Sudan, die Instabilität im Kongo und der Region der Großen Seen, der Konflikt in Angola, die ungeklärte Lage der Westsahara, der langjährige Problemfall Zypern, der unklare Status von Osttimor, die endlose Gewalt in Kolumbien – das sind, um nur einige zu nennen, alles Langzeitkonflikte, die Annan zum Teil noch von seinen Tagen als Untergeneralsekretär her kennt, die aber, abgesehen vom Nahen Osten, mit einiger Wahrscheinlichkeit keinen Flächenbrand auslösen, sondern regional begrenzt bleiben. Die Krise zwischen Israel und seinen Nachbarn hingegen ist so alt wie die Vereinten Nationen selbst und von einem UN-Generalsekretär kaum lösbar. Daran haben sich schon andere Unterhändler mit viel mehr Macht- und Druckpotenzial vergeblich versucht. Was sollte ein Generalsekretär der Vereinten Nationen da schon ausrichten können? In den ersten zwölf Monaten erhält Annan in Bezug auf die Krisen dieser Welt mithin eine kurze Schonfrist. Aber schon das Jahr 1998 führt ihn mitten hinein in das »Vermittlungsgeschäft«, mit allen Höhen und Tiefen.

Ausgerechnet der Irak wird zu Annans erster großer Prüfung als Generalsekretär – weitere sollen folgen. Denn die Auseinandersetzung mit Bagdad ist ihm aus der Vergangenheit nur allzu gut bekannt. Schließlich gehörte die Befreiung gestrandeter Ausländer und UN-Mitarbeiter vor Ausbruch des Golfkrieges im Jahr 1990 zu seinen ersten wirklich politischen Aufgaben. Seit damals auch drückt ihn die Sorge um den Irak, wie er später erzählt. Als sein Vorgänger Boutros-Ghali im Jahr 1992 Generalsekretär wird und die beiden zum ersten Mal miteinander sprechen, teilt er jenem sofort seine diesbezüglichen Befürchtungen mit. Das Irakproblem solle er möglichst bald friedlich lösen, rät er dem Ägypter, »sonst endet das alles böse«. Wie Recht er behalten wird, kann er damals freilich nicht wissen, dass er es ist, der sich am Ende damit auseinander zu setzen hat, erst recht nicht. »Es stellte sich heraus, dass der Irakkonflikt in meine Zuständigkeit fallen würde.« Er hatte damals, ohne es zu ahnen, eine Voraussage in eigener Sache getroffen.

Im Jahr 1998, Annans zweites Jahr als Generalsekretär ist gerade angebrochen, geht es nun also wieder um den Irak, genauer gesagt um den eigenwilligen und undurchschaubaren Diktator Saddam Hussein, der den Sicherheitsrat ein ums andere Mal irreführt. Der Zwist zwischen New York und Bagdad zieht sich hin, seit eine internationale Koalition im Jahr 1991 Kuweit befreit und den Irak unter internationale Kuratel gestellt hat. Dem Machthaber in Bagdad wurden seinerzeit detaillierte Auflagen zur Abrüstung gemacht, um sicherzustellen, dass er nicht länger eine Bedrohung für seine Nachbarn darstellen würde: Nur wenige Wochen nach dem Ende der

Kämpfe im Jahr 1991 legte der Sicherheitsrat in der Resolution 687 fest, dass der Irak seine nuklearen, biologischen und chemischen Waffenprogramme aufgeben müsse und ein weitreichendes Wirtschaftsembargo erst aufgehoben würde, wenn die geforderte Abrüstung nachweisbar erfolgt sei. Die Internationale Atomenergieorganisation (IAEA) und ein UN-Inspektionsteam – genannt UNSCOM – wurden beauftragt, die Fortschritte zu dokumentieren und dem Irak möglichst bald ein Unbedenklichkeitszeugnis auszustellen. Dann würden, so die damaligen Pläne, die Sanktionen alsbald aufgehoben, ein bezähmter Irak in die Staatengemeinschaft zurückkehren und friedlich seinen (Öl-)Geschäften nachgehen. »Die Inspektion und die darauf folgende Entwaffnung, so vermutete man, würden in wenigen Monaten abgeschlossen sein«, erinnert sich Madeleine Albright. Doch es kam anders.

Zunächst schien das Konzept noch aufzugehen. Die Inspekteure arbeiteten leidlich gut mit den irakischen Stellen zusammen, obwohl man das gesamte UN-Kontrollregime dort bald als zudringlich und ungerecht empfand. In der Tat hatte der Sicherheitsrat UNSCOM und die IAEA mit einem weitreichenden Mandat ausgestattet, das es in dieser Form noch nie vorher gegeben hatte, jedenfalls nicht für eine UN-Abteilung. Zunächst warfen die Iraker den Inspekteuren ein paar Köder hin, 50 Raketen hier, eine Chemiefabrik dort, denn auch sie dachten, so ließe sich die Sache am einfachsten und schnellsten erledigen. Mit einer derart akribisch arbeitenden Truppe hatten sie wohl nicht gerechnet: Der Schwede Rolf Ekeus, der erste UNSCOM-Leiter, entpuppte sich für die irakische Seite als hartnäckiger Chefkontrolleur. Es vergingen nicht nur Monate, sondern Jahre, aber die Unbedenklichkeitserklärung der Inspekteure blieb – zum Leidwesen, später zur Wut der Iraker – weiterhin aus. Man habe noch nicht alle verdächtigen Orte besichtigen und alle Unterlagen einsehen dürfen, lautete das Urteil von UNSCOM ein ums andere Mal. Zwar zerstörten die Inspekteure eine beachtliche Zahl an Waffen, als Beispiel seien mehr als 130 Scud-Raketen genannt, aber das Mandat schrieb als Bedingung für die Aufhebung der Sanktionen vor, der Irak müsse waffenfrei sein.

So vergingen die Jahre, Saddam Hussein wurde immer ungeduldiger, das Embargo immer drückender. Deshalb modifizierte der Sicherheitsrat das internationale Kontrollsystem mehrmals, unter anderem durch das Programm »Öl für Lebensmittel« im Jahr 1995, mit dem der Irak eine bestimmte Menge Öl fördern und für den Erlös Nahrungsmittel und Medikamente einführen durfte. Alles unter strikter internationaler Aufsicht, um eine Wiederaufrüstung wirklich zu verhindern. Weil ihm die Sache bald lästig fiel, drohte Saddam Hussein bis Anfang 1998 wiederholt, die Zusammenarbeit mit den Inspekteuren komplett einzustellen. Angeblich fühlte sich der Irak durch zudringliche Kontrollen in seiner Souveränität, später hieß es sogar Würde, verletzt. Immer wieder auch verweigerte man den UN-Leuten den Zutritt zu bestimmten Gebäuden oder Einrichtungen. Dokumente, die über weitere vermutete Waffenprogramme hätten Aufschluss geben können, hielt Bagdad zurück. So wurde aus den vorgesehenen sechs Monaten ein jahrelanges Sanktionsregime, unter dem vor allem die Zivilbevölkerung leiden musste. Das freilich hätte sich ändern lassen, aber der Diktator wollte es offenbar so, um seinem Volk und der Welt vorzuführen, wie ungerecht man das Land behandelte.

Im Herbst 1997 geht der Irak endgültig auf Konfrontationskurs. Er erklärt acht Präsidentenpaläste als unzugänglich für UNSCOM, weil sie angeblich nichts weiter beherbergen als fürstliche Zimmer und Gemächer für Saddam und seinesgleichen. UNSCOM jedoch vermutet dahinter ein ideales Versteck für verbotene Labore und Waffen, zumal der Begriff Paläste irreführend ist, denn manchmal bestehen diese Komplexe aus Hunderten von Gebäuden. Damit nicht genug. Wenig später befindet der Irak, amerikanische Inspekteure – zur damaligen Zeit sechs – müssten aus dem Team entfernt werden, da sie Spionage betrieben. Man setzt ihnen eine Frist von einer Woche, um das Land zu verlassen. Auch Flugzeuge aus den USA dürften nicht länger zum Einsatz kommen. Daraufhin beginnt ein unschönes Hin und Her zwischen New York und Bagdad. Der Sicherheitsrat verurteilt die Entscheidung des Iraks, trotzdem verlassen die Amerikaner letztendlich das Land, kommen einige Wochen später wieder. Der Irak droht mit Aufkündigung der Kooperation, mit Ausweisung aller UN-Kontrolleure und verweigert noch einmal kategorisch den Zugang zu den acht Präsidentenpalästen. Die Krise spitzt sich zu, bis der Irak im Januar 1998 seine Drohung wahr macht und die Zusammenarbeit mit UNSCOM gänzlich einstellt.

Die gesamte Nachkriegsordnung, welche die internationale Gemeinschaft über alle Interessengegensätze im Sicherheitsrat hinweg geschaffen und jahrelang aufrechterhalten hatte, droht plötzlich zu zerbrechen. Denn Großbritannien und die Vereinigten Staaten als Verfechter einer strikten Sanktionspolitik sowie Frankreich, Russland und China als Befürworter größerer wirtschaftlicher Freiheit stehen sich im Rat uneins gegenüber. »In New York hatte ich den Auftrag, alles zu tun, um die UN-Sanktionen aufrechtzuerhalten und damit auf Bagdad Druck auszuüben, das volle Ausmaß seines Waffenprogramms offen zu legen«, erinnert sich Außenministerin Albright an die amerikanische Strategie. Die so entstandene Kluft, die den Kampfgeist Saddam Husseins erst noch beflügelt, zieht sich durch den gesamten Irakkonflikt und wird später bei der großen Krise für Kofi Annan im Jahr 2003 noch einmal eine bedeutende Rolle spielen. Zunächst aber kann das Schlimmste abgewendet werden, und zwar vom Generalsekretär selbst – Annans erste große Vermittlungsmission.

Während der Irak immer weniger geneigt ist, den Bedingungen des Sicherheitsrats nachzukommen, ziehen die Vereinigten Staaten Truppen im Golf zusammen. Es droht ein Militärschlag mit ungewissen Folgen und vielen Risiken, die weit über die Region hinausreichen könnten. Annan möchte eine weitere Eskalation verhindern, deshalb denkt er über Eindämmungsstrategien nach, erwägt eine kurze Reise in den Irak. So eine Mission ist riskant, sie könnte scheitern, wie seinerzeit bei Pérez de Cuéllar, der vor dem ersten Golfkrieg mit leeren Händen aus dem Irak zurückkam und die weiteren Entwicklungen anschließend nur noch macht- und hilflos mit ansehen konnte. Dieses abschreckende Beispiel im Kopf, berät Annan sich mit Führern der ganzen Welt, mit dem Papst, mit Boris Jelzin, der als Kompromiss vorschlägt, eine Sondereinheit für die Präsidentenpaläste ins Leben zu rufen, an deren Spitze eine international bekannte und vertrauenswürdige Persönlichkeit stehen könnte. Natürlich konferiert Annan auch mit der amerikanischen Regierung und mit den anderen ständigen Mitgliedern des Sicherheitsrates, denn in seiner Position kann er eine derart delikate Aufgabe kaum lösen, ohne sich erstens der Unterstützung des Rates zu versichern und ohne zweitens eine grobe Marschroute für die Verhandlungen zu erarbeiten. Die Meinungen der maßgeblichen Länder klaffen weit auseinander: Russland und Frankreich sähen Annan am liebsten schon in Bagdad, während die USA noch zögern. Sie wollen sich nicht abermals von Saddam – noch dazu mit Annans Hilfe – hinters Licht führen lassen, wie deren Vertreter mehrfach wiederholen. In diplomatischen Kreisen erklärt man sich die amerikanische Zurückhaltung jedoch auch damit, dass ein Militärschlag in Washington bereits geplante Sache sei.

Doch der weltweite Druck für eine diplomatische Lösung wächst; dem können sich selbst die USA, anders als später im Jahr 2003, damals nur schwer entziehen. Zumal Annan inzwischen entschlossen ist, alles zu versuchen, um einen neuen Krieg im Golf zu verhindern. Er trifft die Vertreter der ständigen Mitglieder in Einzelgesprächen, immer wieder, lotet dabei so lange deren Meinungen aus, bis er meint, ein vernünftiges Konzept im Gepäck zu haben. Eine Vereinbarung mit Saddam, so viel wird ihm klar, muss den ungehinderten und wiederholbaren Zugang zu den Präsidentenpalästen durch die UNSCOM enthalten. Alles andere würde der Sicherheitsrat nicht gutheißen und keinesfalls im Konsens akzeptieren können. Der Druck auf Annan ist enorm, denn bei aller Kriegsangst muss er zugleich noch Schlachten auf ganz anderen Feldern im Auge behalten: Gelänge ihm der Durchbruch in Bagdad, würde Amerika vielleicht endlich seine Schulden bezahlen. Missfällt das Ergebnis in Washington, wäre die Hoffnung auf finanzielle Entspannung womöglich für längere Zeit verloren. Große Chancen, große Risiken. Für Annan steht eine Menge mehr auf dem Spiel als »nur« sein Ruf als geschickter Unterhändler. Beobachter geben ihm damals »eine Erfolgschance von zwanzig Prozent«, nicht sehr viel, bedenkt man die möglichen negativen Folgen. Selbst seine engsten Berater wägen lange ab, sind sich uneins, ein Teil schließlich rät ab, die Mehrheit zu. Annan will fahren.

Er fliegt – Ende Februar – nach Bagdad, über Paris, mit einer französischen Maschine. Zwei Tage sind für die Visite angesetzt. Er nennt seine Mission eine »heilige Pflicht« und versichert der Welt noch einmal, »er habe alles Nötige dabei, um Verhandlungen zu führen«. Für die irakische Seite hat er ein Memorandum vorbereitet, das er gerne unterzeichnet wieder mit nach New York nähme. Doch die ersten beiden Tage vergehen ohne Ergebnis und vor allem ohne ein Treffen mit Saddam. Stattdessen muss er mit Tarik Aziz verhandeln, dem stellvertretenden Ministerpräsidenten. Dieser besteht darauf, das Wort »Inspektionen« aus dem Text zu tilgen und durch »Besuche« zu ersetzen. Das lehnt Annan als zu harmlos ab, man besuche jemanden zum Tee, aber nicht um Kontrollen durchzuführen. Ein Kompromiss ist nicht in Sicht. Am nächsten Tag dann treffen sich Annan und Saddam – alleine, mehrere Stunden lang. Sie rauchen Zigarren und trinken Orangensaft. Annan versucht seinem Gesprächspartner zu schmeicheln; er macht ihm Komplimente über den Wiederaufbau des Landes. Zugleich appelliert er an Saddams Verantwortungsbewusstsein für das irakische Volk, ihm den bevorstehenden Militärschlag zu ersparen. Er verfolgt eine alternierende Gesprächstaktik; mal redet er freundlich-respektvoll, dann wieder drohend-offen. Die beiden beseitigen schließlich die letzten Streitpunkte mit komplizierten diplomatischen Formulierungen. Sie einigen sich auf einen Text, einen Vertrag, der die Inspektionen auch in den acht umstrittenen Anlagen zulässt, ihnen aber von beiden Seiten akzeptierte Diplomaten zur Seite stellt. Annan hat offenbar Saddams Vertrauen gewinnen können und ihm den Respekt für einen »mutigen Mann« abgenötigt. Der Generalsekretär reist zufrieden nach Hause, in dem sicheren Glauben, die Welt vor einer neuen Katastrophe bewahrt und für die Vereinten Nationen einen Triumph errungen zu haben.

In New York wird der Friedensstifter denn auch empfangen wie ein Kriegsheld. Dort feiert man den Vertrag mit Saddam als Sieg der Vernunft und der Diplomatie. Zwei Stunden lang warten 700 UN-Mitarbeiter in der zuletzt völlig überfüllten Eingangshalle auf ihren Chef. Als er endlich eintrifft, übermüdet, aber gerührt, begrüßen sie ihn mit lang andauerndem Beifall. Grund zum Feiern hatten die UN in den Jahren davor eher selten; häufiger gab es

Schelte als Lob. In der spontanen Geste der Unterstützung für Annan schwingen neben der Erleichterung über einen vorerst abgewendeten Krieg daher auch Freude und Dankbarkeit über den gestiegenen Wert ihrer Organisation mit. Annan wäre nicht er selbst, wenn er den Spieß jedoch nicht sofort umdrehen würde. Statt das Hochgefühl des eigenen Erfolges zu genießen, verkündet er: »Ich habe es nicht allein getan.« Das stärkt das Selbstbewusstsein der gesamten Belegschaft, soll es natürlich auch.

Weniger zufrieden ist man in den Vereinigten Staaten über Annans Verhandlungsergebnis. »In Washington murrten viele über diese Vereinbarung«, urteilt Außenministerin Albright im Rückblick. »Ich hatte dem Generalsekretär zu seinem Job verholfen, jetzt wurde mir die Verantwortung an seiner Vorgehensweise zugeschoben.« Besondere Empörung ruft dort eine in der Tat überaus ungeschickte Formulierung Annans hervor. In seiner ersten Pressekonferenz nach dem Treffen mit Saddam sagt er über ihn: »Das ist ein Mann, mit dem ich ins Geschäft kommen kann.« Streng genommen gibt Annan die Geschehnisse korrekt wieder, er hatte gerade mit Saddam ver- und gehandelt, aber die Formulierung bestätigt in Washington nur all jene, die Annan ohnehin für unfähig oder zu gutgläubig halten: Der republikanische Mehrheitsführer Trent Lott bezichtigt den Generalsekretär, der völlig naiv einem »Massenmörder« vertraut habe, sogleich eines »politischen Appeasement« à la Neville Chamberlain. Wieder einmal hätten die Vereinigten Staaten ihre Außenpolitik zum eigenen Nachteil an die Vereinten Nationen delegiert, heißt es in Washington. Präsident Clinton und Außenministerin Albright verteidigen Annan nur halbherzig. Letztere spricht von einer »nützlichen« Vereinbarung, deren Details noch »klärungsbedürftig« seien. Schlussendlich billigt der Sicherheitsrat Annans Verhandlungsergebnis, will aber mit der Angelegenheit befasst bleiben.

Tatsächlich hält die Vereinbarung, der »Handel« funktioniert, wenigstens einige Monate lang. Die Inspekteure gehen wieder ungehindert ihrer Arbeit nach. Annans Risiko hat sich ausgezahlt und ihm einen ersten großen Erfolg eingetragen, der zwar nicht die erhofften Überweisungen aus Washington bringt, weil innen- und parteipolitisches Gezänk dies verhindern, wohl aber Respekt rund um den Globus. Vor allem die Franzosen, ursprünglich gegen den Kandidaten Annan für das Amt des Generalsekretärs, wenden sich um hundertachtzig Grad und erkennen in Annan plötzlich ihren neuen Freund und Liebling. Später gehört die französische Regierung zu den ersten, die seine Wiederwahl ins Gespräch bringen – nicht zuletzt wegen des Einsatzes in Bagdad. Doch das Hochgefühl im UN-Sekretariat ist nicht von langer Dauer.

Schon im August desselben Jahres beginnt der Ärger von neuem. Saddam ist erbost, weil er immer noch kein »Abschlusszeugnis« und keine Aussicht auf das Ende der Sanktionen erhalten hat. Im Herbst stellt er die Zusammenarbeit mit den UN daher abrupt und vollständig ein. Die amerikanische Regierung beschließt, ohne der Öffentlichkeit oder dem Sicherheitsrat etwas mitzuteilen, »am 14. November (1998) mit einem umfassenden Bombardement zu beginnen«. Während die amerikanischen Flugzeuge schon in der Luft sind und Kurs auf ihr Ziel am Golf nehmen, erreicht Annan abermals ein Zugeständnis der irakischen Seite: Hohe Regierungsbeamte in Bagdad versprechen dem Generalsekretär schriftlich, die Zusammenarbeit mit der UNSCOM und IAEA wieder aufzunehmen. »Zwei Stunden, vierzig Minuten« vor dem Abwurf bricht die Clinton-Administration den geplanten Luftschlag ab. Eine militärische Auseinandersetzung ist noch ein letztes Mal abgewendet, ohne dass die Öffentlichkeit zunächst davon Kenntnis erhält – wiederum durch Annans Einsatz.

Weil man Saddam aber weiterhin nur bedingt traut, fordert der Sicherheitsrat vom UNSCOM-Chef eine detaillierte Zusammenstellung irakischer Versäumnisse. Dort hat inzwischen ein Wechsel stattgefunden. Richard Butler, ein sehr direkter und streitbarer Australier, hat Rolf Ekeus abgelöst. Die neue Liste will man zugleich mit dem Versprechen verbinden, bei Wohlverhalten, sprich Abarbeiten der verbleibenden Aufgaben, dann wirklich die Sanktionen aufzuheben. Zumindest versteht ein Teil des Sicherheitsrats so den Sinn des Butler'schen Berichts, andere betrachten ihn eher als das Gegenteil, nämlich als Beweis für mangelnde Kooperation auf Seiten Bagdads. Mitte Dezember 1998 kommt Butler vor dem Sicherheitsrat zu dem Urteil, der Irak habe versäumt, wichtige Dokumente über sein biologisches und chemisches Waffenprogramm vorzulegen, und die Inspekteure abermals empfindlich an ihrer Arbeit gehindert. Amerika und Großbritannien sehen sich endgültig bestätigt: Alle Vereinbarungen zwischen dem Irak und Kofi Annan waren aus ihrer Sicht nichts weiter als taktische Manöver. »Dieses Mal sollte er nicht ungeschoren davonkommen«, findet Madeleine Albright. Wenige Tage vor Weihnachten und vor Beginn des Ramadan startet Amerika mit britischer Beteiligung die »Operation Wüstenfuchs«. Sie dauert vier Tage und besteht »aus 650 Flugzeug- und Raketenangriffen auf unterschiedliche, militärisch bedeutsame Ziele«. Nach amerikanischer Einschätzung wird dabei »das irakische Programm zur Herstellung von Raketen um zwei Jahre zurückgeworfen«.

Für Kofi Annan ist die Aktion gleich aus mehreren Gründen ein schwerer Schlag. Saddam hat ihn getäuscht, sein Wort gebrochen und ihm dadurch vor aller Welt eine schwere Niederlage beigebracht. Annans ursprünglicher Triumph blieb daher nur ein kurzes Zwischenhoch. Amerika tut ein Übriges: Während der Weltsicherheitsrat noch tagt, beginnen bereits die Luftangriffe. Offensichtlicher hätte man eine Geringachtung der Vereinten Nationen kaum ausdrücken können. Die Mitglieder des Rats wurden nicht nur nicht über den bevorstehenden Militärschlag informiert; sie hätten womöglich sogar vorher gefragt werden müssen. Washington argumentiert zwar stets, vorangegangene Resolutionen böten eine genügend große Legitimationsgrundlage für den Einsatz, aber diese Sicht ist immerhin umstritten. Annan selbst vertritt, Monate bevor die ersten Bomben fallen, schon die Auffassung, der Sicherheitsrat müsste noch einmal konsultiert werden, andernfalls nähmen er und die Vereinten Nationen großen »Schaden«. Ahnt er damals bereits, dass Luftschläge irgendwann bevorstehen? Kritik ist erwartungsgemäß auch von Russland und China gegen das »unilaterale Vorgehen der beiden Westmächte« zu hören, die ihrerseits auf die mangelnde Entschlossenheit im Rat und die Notwendigkeit zum Handeln verweisen. Ein Muster, das sich wiederholen wird. Als unmittelbare Folge der Luftangriffe bricht das Inspektionsregime zusammen. Der Sicherheitsrat ist weiter uneins, kann sich noch nicht einmal darauf einigen, ob Richard Butler wegen seines eigenmächtigen Urteils über den Irak gehen oder bleiben soll. Am Ende lässt man seine Amtszeit einfach auslaufen, weil sie ohnehin wenig später endet. Ehe das höchste UN-Gremium eine neue Inspektionsgruppe (UNMOVIC), dieses Mal unter der Leitung des Schweden Hans Blix, ins Leben ruft, verstreicht ein weiteres Jahr. Und noch viel mehr Zeit vergeht, bis diese UN-Kontrolleure ausgebildet sind und ihre Arbeit im Irak wieder aufnehmen dürfen. Denn erst der Wechsel im Weißen Haus mit George W. Bush als 43. Präsidenten der Vereinigten Staaten bringt eine weitere Wende der internationalen Irakpolitik. Bis dahin rückt der Konflikt aus dem unmittelbaren Blickfeld der Weltöffentlichkeit, doch er schwelt unablässig weiter.

Annan selbst tritt nach Beginn der Luftangriffe sichtlich enttäuscht vor die Weltpresse. Er spricht von einem »traurigen Tag für die Vereinten Nationen und den Rest der Welt«, aber auch »für mich persönlich«. Er bedauere zutiefst, dass sich seine Versuche, die Krise abzuwenden, als »unzureichend herausgestellt« hätten. Trotzdem hätten die Vereinten Nationen so lange weitermachen müssen, wie »die geringste Aussicht auf eine friedliche Lösung« bestand. Diese Meinung behält er bei. »Den Krieg auch nur einen Monat aufgehalten zu haben, war die Sache schon wert«, sagt noch heute Shashi Tharoor über Annans Einsatz damals im Februar 1998. »Wann immer man die Möglichkeit hat, einen Konflikt zu vermeiden, und wenn dadurch auch nur ein einziges Menschenleben gerettet wird, ist es die Mühe wert«, meint ganz ähnlich der Generalsekretär. Es zu versuchen und dann zu scheitern, »erachte ich nicht als eine Diskreditierung«, fügt er hinzu. Tatsächlich aber bleibt Annan von der Bagdad-Erfahrung nicht so unbeeindruckt, wie es spätere Aussagen vermuten lassen. Künftige Versuche, Saddam zum Einlenken zu bewegen, unternimmt er, wenn überhaupt, diskret, ohne Weltpresse und großes Brimborium. Auf dem Höhepunkt der Auseinandersetzung dann im Jahr 2002/2003 verzichtet er sogar völlig auf eine eigene Friedensinitiative, obwohl er von vielen Seiten dazu ermuntert wird. Stattdessen lässt Annan den Dingen ihren Lauf. Seine Passivität erklärt sich auch vor dem Hintergrund der bitteren Enttäuschung des Jahres 1998.

Überhaupt wirft das Jahr Annan in ein Wechselbad aus Erfolgen und Niederlagen. Noch während die Irakkrise sich zuspitzt, kurz vor den Militärschlägen Mitte Dezember, nimmt er eine weitere heikle Mission in Angriff. Wiederum trifft der Generalsekretär – unter ungewöhnlichen Umständen – einen Diktator: den Libyer Muhammad Ghaddafi. Es geht um die Spätfolgen des Lockerbie-Attentats aus dem Jahr 1988, bei dem eine PanAm-Maschine über der schottischen Stadt Lockerbie explodierte und nahezu 300 Menschen in den Tod riss. Die amerikanischen und britischen Ermittlungen machten den Ursprung des Anschlags bald in Libyen aus: Sie erhoben Anklage gegen ein ranghohes Mitglied des dortigen Geheimdienstes und einen Angestellten einer libyschen Fluggesellschaft. Ghaddafi sollte die beiden Männer einem amerikanischen oder schottischen Gericht ausliefern; als Gegenleistung versprach man, die Sanktionen gegen das Land zunächst auszusetzen, sie gänzlich aufzuheben, wenn Libyen die Verantwortung für den Anschlag übernehmen und sich bereit erklären würde, die Opfer zu entschädigen. Ghaddafi weigert sich. Die zwei Verdächtigen würde er vielleicht sogar noch ausliefern, aber nicht nach Großbritannien oder Amerika. Ein Kompromiss wird gesucht. Schließlich bieten sich die Niederlande an, den beiden Verdächtigen auf ihrem Territorium vor schottischen Richtern den Prozess zu machen. Die Zeit drängt, der zehnte Jahrestag steht im Dezember 1998 bevor, bis dahin möchte man den Angehörigen der Opfer endlich Fortschritte bei der Suche nach den Tätern präsentieren. Annan, der die Angelegenheit seit seinem Amtsantritt verfolgt hat, macht sich schließlich auf den Weg nach Nordafrika, nach Tunesien, ohne schon Gewissheit über ein Treffen zu haben. Wieder geht er ein Risiko ein, aber die Sache scheint es ihm wert. Von Madeleine Albright erhält er noch die Anweisung, dieses Mal nicht wieder eigenmächtig einen Handel einzugehen. »Wir wollen kein Paket«, befiehlt sie ihm barsch. Denn das Dilemma, in das der Generalsekretär die Außenministerin mit seiner Bagdad-Reise gestürzt hat, ist ihr noch lebhaft im Gedächtnis.

Schließlich trifft Annan auf Ghaddafi – in der Wüste in einem Zelt. Dort trägt er ihm den Kompromiss noch einmal vor: Auslieferung in die Niederlande, dafür werden die Sanktionen ausgesetzt. Ghaddafi zögert, er fürchte eine Iraksituation mit einem niemals endenden Embargo, teilt er dem Generalsekretär mit. Welche Garantien Annan ihm geben könne, will er wissen. Annan lässt sich auf nichts Konkretes ein, verhält sich vorsichtiger als in Bagdad, appelliert aber auch dieses Mal an die Verantwortung seines Gesprächspartners. Am Ende verspricht der Revolutionsführer vage, die Sache regeln zu wollen, Zusagen macht er nicht. Annan betrachtet seinen ersten Besuch in Libyen als Beginn eines langen Prozesses, als vertrauensbildende Maßnahme gewissermaßen. Das Wagnis einer Begegnung mit dem geächteten Ghaddafi wertet er durchaus als Erfolg, auch wenn noch einige Monate bis zum endgültigen Durchbruch vergehen: Im März 1999 stimmt dieser schließlich der Auslieferung der beiden Männer zu und schwört dem internationalen Terrorismus, einer weiteren Bedingung zur Rückkehr in die Staatengemeinschaft, ab: Die Sanktionen werden ausgesetzt. Knapp zwei Jahre später befindet das schottische Gericht den einen Angeklagten für schuldig. Er erhält eine lebenslange Haftstrafe. Der zweite Mann wird wegen mangelnder Beweise freigelassen. Bis zur endgültigen Aufhebung der Sanktionen im September 2003 vergehen allerdings noch Jahre wegen eines andauernden Streits über die Entschädigung der Opfer. Am Ende zahlt Ghaddafi mehr als 2,7 Milliarden Dollar in einen Hilfsfonds an die Hinterbliebenen. Annan nimmt für sich in Anspruch, den Grundstein für diese Einigung gelegt zu haben, obwohl seine Vermittlung wiederum in den USA zum Teil kritisch aufgenommen wird. Seine Bereitschaft, mit Diktatoren zu verhandeln, zumal so kurz hintereinander, befremdet manchen in Washington. Annan entgegnet solchen Bedenken, manchmal müsse man eben auch die Hand von Aggressoren schütteln, um Frieden zu schließen.

Kurz nach jenem ereignis- und wechselreichen Dezember 1998, in dem Annan Ghaddafi trifft, das 50. Jubiläum der Allgemeinen Menschenrechtserklärung feiert und schließlich Luftangriffe auf den Irak »erdulden« muss, droht weiteres Unheil aus einer ganz anderen Gegend der Welt. Auch sie ist Annan aus früheren Zeiten bestens vertraut und mit vielen bösen Erinnerungen verbunden: der Balkan. Während Bosnien-Herzegowina, mittlerweile von einem dichten Netz internationaler Kontrolle überzogen, einen labilen Frieden erlebt, droht nun die Lage in der serbischen Provinz Kosovo zu explodieren. Durch die dortige Bevölkerung, etwas mehr als zwei Millionen, geht seit langem ein tiefer Riss: Die ethnischen Albaner, die zahlenmäßig die Mehrheit bilden, streben in die Unabhängigkeit, die Serben zieht es zum Mutterland. Beide Positionen sind unversöhnlich. Kommt es zu einem Krieg, droht nicht nur großes menschliches Leid, sondern, so befürchtet vor allem Washington, Instabilität in der gesamten Region. Russland und die Vereinigten Staaten sind sich »einig, dass ein Bürgerkrieg im Kosovo verheerende Folgen haben würde«, doch zu allen anderen Punkten vertreten sie deutlich unterschiedliche Positionen. Amerika wünscht, Milošević möge die Kosovo-Albaner in Ruhe lassen und ihnen gewisse Autonomierechte gewähren. Um dieses Ziel durchzusetzen, möchte die US-Regierung ihren Standpunkt durch die Androhung von Nato-Schlägen untermauern. Dagegen sträubt sich Russland – das man für eine legitimierende Resolution im Sicherheitsrat braucht –, weil es kein slawisches Brudervolk angegriffen sehen möchte.

Unterdessen nehmen die Auseinandersetzungen im Kosovo im Laufe des Jahres 1998 zu. Milošević lässt ganze Dörfer niederbrennen, die bewaffneten UÇK-Kämpfer bleiben ihrerseits auch nicht untätig und starten eine so genannte Sommeroffensive. Milošević antwortet mit einem mächtigen Gegenangriff. »So konnte es einfach nicht weitergehen«, stöhnt die verantwortliche Außenministerin in Washington über die ausweglose Lage. Sie verhandelt mit Moskau so lange, bis der Sicherheitsrat im September 1998 schließlich eine Resolution verabschiedet, in der er zwar auf Kapitel sieben der UN-Charta (militärisches Eingreifen) Bezug nimmt, aber kein explizites Mandat dafür erteilt. Stattdessen richtet der Rat einige Bedingungen an Milošević, bei deren Nichteinhaltung man eine neue, dann Gewalt legitimierende Resolution in Aussicht stellt. Die Forderungen umfassen eine sofortige Waffenruhe im Kosovo, einen Rückzug der Sicherheitskräfte und den Beginn von Verhandlungen mit den Kosovo-Albanern, um eine politische Lösung zu finden. Die Entschließung gilt als »Sprungbrettresolution« für weitere Aktivitäten des Sicherheitsrats, die dann allerdings ausbleiben – zu Kofi Annans großem Leidwesen. Russland droht mit einem Veto, eine zweite Resolution kommt nicht zustande, die Nato handelt letztlich ohne die Legitimation jenes Gremiums, dem wenigstens theoretisch das weltweite Gewaltmonopol zusteht. Wieder werden die Vereinten Nationen übergangen, wie schon bei der viertägigen Bombardierung im Irak.

Wenige Wochen nach der ersten Resolution – und auf dieser rechtlich zweifelhaften Basis – autorisiert das nordatlantische Bündnis im Oktober 1998 also einen Militäreinsatz. Milošević lenkt sofort ein, hält sich aber später nicht an die Zusagen, die er Amerikas Gesandtem Richard Holbrooke gemacht hat. Fürs Erste jedoch scheint die Krise entschärft. Sie spitzt sich im Frühjahr, kurz nach dem Militärschlag auf den Irak, ein weiteres Mal zu. Die Friedensgespräche in Rambouillet bei Paris, die zu einer international abgesicherten Autonomie des Kosovo führen sollen, scheitern Mitte März, schon weil sich Milošević weigert, überhaupt anzureisen. Gleichzeitig bahnt sich eine humanitäre Katastrophe an: Als immer mehr Albaner aus ihren Häusern und Dörfern gewaltsam vertrieben werden, die Rede ist von einigen hunderttausend, genaue Zahlen gibt es aber nicht, scheint der Zeitpunkt des Handelns gekommen: Am 23. März 1999 erteilt Nato-Generalsekretär Javier Solana, ohne neues UN-Mandat, den Befehl, mit Luftschlägen zu beginnen. Sie dauern bis Juni und werden mit viel öffentlicher Kritik vor allem aus Russland und China begleitet, weil man die Angriffe völkerrechtlich für nicht einwandfrei hält. Daran ändern »auch alle politischen und moralischen Rechtfertigungen, vielleicht Notwendigkeiten« nichts, wie deutsche Völkerrechtler schon lange vor dem eigentlichen Kriegsbeginn gemeinsam feststellen. Als dann noch versehentlich die chinesische Botschaft in Belgrad beschossen wird, vergrößert sich die Kluft zwischen Russland und China sowie dem Rest des Sicherheitsrates weiter.

Kofi Annan stürzt die Auseinandersetzung um das Kosovo in ein Dilemma. Nicht nur, dass er als höchster Vertreter der Vereinten Nationen, fast wie seinerzeit bei den Friedensverhandlungen für Bosnien-Herzegowina in Dayton, praktisch nicht beteiligt ist an den hektischen diplomatischen Aktivitäten rund um den Kosovo-Krieg. Er ist innerlich auch noch hin und her gerissen zwischen dem Schutz unbeteiligter Zivilisten (Kosovo-Albaner), denen er sich moralisch verpflichtet fühlt, und den Vorgaben der Charta, denen durch Nato-Angriffe ohne neues UN-Mandat nicht klar genug entsprochen wird. Welches Gut ist höher einzuschätzen – Menschenleben oder die Integrität der Organisation? Die Abwägung fällt ihm schwer, am Ende jedoch liegen ihm die Menschen näher, eine Tatsache, die er freilich nicht öffentlich zugeben darf. Aber die Aussage, er sei »zutiefst erschüttert von der Tragödie im Kosovo«, und die Forderung, »das Leiden unschuldiger Zivilisten nicht zu verlängern«, machen deutlich, dass er nicht noch einmal eine humanitäre Katastrophe, noch dazu auf dem Balkan, mit verantworten möchte. Schließlich spricht Annan sogar von »Anzeichen«, dass im Kosovo ein Völkermord geschehen könnte. Eine feine Unterscheidung: Er geißelt die ethnischen Säuberungen der Serben nicht direkt als Völkermord, weil er der Nato damit eine Rechtfertigung für ihre Angriffe liefern würde, sondern er sieht nur »Anzeichen« eines Genozids. Gleichzeitig distanziert er sich damit von der streng legalistischen Sichtweise – ohne neues Mandat kein Eingreifen –, die womöglich nur dem Diktator Milošević genutzt hätte.

Sein Mitgefühl gilt den Opfern, aber die politische Räson verlangt, den »Sündenfall« im Sicherheitsrat als falsch anzuprangern und die UN möglichst bald wieder ins Spiel zu bringen. Denn wegen der dortigen Blockade sind die Vereinten Nationen – ganz ähnlich wie später im Irakkrieg – nur durch humanitäre Hilfsaktionen im Kosovo beteiligt. Um diesen Zustand zu beenden, unternimmt Annan mitten in den Wochen der Nato-Angriffe verschiedene Reisen, unter anderem nach Brüssel, Berlin und Moskau, ohne dass er allerdings viel ausrichten könnte. Die Skepsis in Russland und China über den unautorisierten Eingriff in einen souveränen Staat bleibt, die Unterstützung in Amerika und Europa für den Einsatz steht, auch ohne UN-Mandat.

So richtig wohl scheint Annan im Kosovokonflikt erst wieder zu sein, als die Kampfhandlungen Anfang Juni vorüber sind, Milošević nach 72 Tagen ein Friedensabkommen mit einer Nato-geführten internationalen Truppe für das Kosovo akzeptiert und der Sicherheitsrat in seiner Resolution 1244 vom 10. Juni eine neue Arbeitsteilung für die Provinz billigt: Die Nato sorgt für Sicherheit in der Region, die Vereinten Nationen beginnen eine Zivilmission, mit der die Provinz faktisch zu einem Protektorat der internationalen Gemeinschaft wird. Völkerrechtler werden die zeitweilige Missachtung des Sicherheitsrats angesichts der humanitären Krise im Kosovo später als »lässliche Sünde« bezeichnen, zumal der »Lapsus« durch die heilende Resolution 1244 im Nachhinein wieder gutgemacht wird. Ähnlich sieht es wohl auch Annan, obwohl er den Völkerrechtsbruch nicht öffentlich sanktionieren darf. Stattdessen wird er im Rückblick sagen, die Aktion tauge nicht »als Modell für ein neues Millennium«. Die Welt könne es sich nicht erlauben, bei »krassen und systematischen Menschenrechtsverletzungen« wegzuschauen, aber genauso müsse klar bleiben, »auch das haben wir gelernt«, dass Interventionen auf »legitimen und universellen Prinzipien« basieren müssen.

Im September des Jahres 1999, hinter ihm liegen die bisher zermürbendsten Monate seiner Amtszeit, überrascht er die Staatengemeinschaft mit einem neuen, kontroversen Vorschlag, der als Synthese der Debakel von Somalia und Ruanda, wo zu wenig oder zu spät gehandelt wurde, und der Erfahrungen vom Irak und dem Kosovo, wo eingegriffen wurde, aber ohne Mandat, betrachtet werden kann. Ein bisschen Krisenmanagement in eigener Sache mag ihn auch zu dem Schritt getrieben haben: Denn Annan machte keine gute Figur im Jahr davor. Der kleine Zwischenstopp in Libyen konnte den zwischenzeitlichen Verlust an Autorität, der ihm im Irak und Kosovo entstanden ist, nicht wettmachen. Aber da der Generalsekretär im Allgemeinen nicht gerne vor der Zeit aufgibt, reagiert er zwar verspätet, dafür aber kraftvoll: Vor der Generalversammlung, die sich alljährlich zu ihrer Herbsttagung trifft und die der UN-Chef traditionell eröffnet, stellt er eines der heiligsten Prinzipien der Weltgemeinschaft in Frage: die Souveränität der Einzelstaaten. Auf ihr wurde immerhin die gesamte Ordnung nach dem Zweiten Weltkrieg aufgebaut.

Aber, so redet Annan seinen Zuhörern ins Gewissen, nationale Souveränität dürfe keinen Schutz gegen Menschenrechtsverletzungen bilden. Er fordert deshalb, das Mittel

»humanitäre Intervention« zu systematisieren, Kriterien zum Eingreifen auch gegen den Willen der herrschenden Staatsgewalt zu erarbeiten. Bewusst dramatisierend fragt er in seiner Rede – und verteidigt damit indirekt sogar die Nato-Intervention im Kosovo: Oder hätte eine Gruppe williger Staaten, so es sie gegeben hätte, seinerzeit in Ruanda nur deswegen tatenlos bleiben sollen, weil sie nicht sofort ein Mandat des Weltsicherheitsrats erhalten habe? Natürlich nicht, findet er, ohne es tatsächlich zu sagen. Geschickt teilt Annan dabei nach beiden Seiten aus: In Richtung Russland und China, nach deren Ansicht die inneren Angelegenheiten eines Staates niemanden sonst etwas angehen. Und in Richtung Amerika und Europa, deren Werte und Ziele Annan zwar teilt, aber nicht ihre Mittel, sie durchzusetzen. Schon gar nicht, weil es selektiv geschieht. Im Kosovo greift man ein, in Afrika verschließt man schon mal die Augen. Die Menschheit sei aber auch in dieser Hinsicht »nicht teilbar«, sondern man benötige eine neue Verpflichtung zur Intervention »unabhängig von Region oder Land«.

Sein denkwürdiges Plädoyer in jenem September kurz vor der Jahrtausendwende für, letztlich, den gerechten Krieg wird bald als »Annan-Doktrin« in die Geschichte eingehen – und mit allergrößter Skepsis quittiert. Dass des Generalsekretärs Ruf zum konsequenten Schutz der Menschenrechte am Ende zu einem »Dauerkrieg« führen würde, ist nur einer der vorgebrachten Kritikpunkte. Bei der Vorstellung allein schüttelt es die Chinesen, die sofort an Tibet denken. Es enerviert die Russen, weil sie »Tschetschenien hören, wenn wir Kosovo sagen«. Es beunruhigt die USA, weil die humanitäre Intervention nach Annans Vorstellung nicht nur zum Eingriff befugt, sondern auch verpflichtet. Auf ein umfassendes Interventionsregime aber mögen sich weder die Vereinigten Staaten noch die stark mit sich selbst beschäftigten Europäer einlassen. Und die

Entwicklungsländer als potenzielle Adressaten schon gar nicht. »Was ich da höre, entspricht nicht meiner Vorstellung von einer neuen internationalen Ordnung«, urteilt der damalige Präsident der Generalversammlung, der Namibier Ben Gurirab, kurz und bündig, denn er hält das Konzept für gefährlich, ja geradezu »alarmierend«. Und so verpufft Annans persönliche wie politische Antwort auf das mangelnde internationale Krisenmanagement der neunziger Jahre – institutionell betrachtet – im Nichts. Objektive und nachprüfbare Kriterien für eine »humanitäre Intervention« gibt es auch Jahre später noch nicht. Nur die Vorstellung, dass die Welt sehr wohl angeht, was hinter den Grenzen eines Landes geschieht, setzt sich allmählich durch, wie der Sudan als jüngeres Beispiel zeigt. Als schnellen und großartigen Erfolg lässt sich die Annan-Doktrin gleichwohl nicht feiern, wie überhaupt die Jahre 1998 und 1999, vom positiven Anfang in Bagdad einmal abgesehen, eher zu den schwierigeren Zeiten seiner Amtszeit zählen. Das ändert sich bald. Bis zum Herbst 2001 erlebt Annan eine ausgesprochene Hochphase.

Auf dem Höhepunkt: Friedensnobelpreis und Wiederwahl

Ungefähr zur gleichen Zeit, als der Generalsekretär die Völkergemeinschaft mit der »Annan-Doktrin« konfrontiert, der Verpflichtung also zu internationalem Einsatz bei massiven Menschenrechtsverletzungen, spitzt sich eine neue Krise zu, die für die Vereinten Nationen dieses Mal zu einem Erfolg werden soll: Die Auseinandersetzung um Osttimor. Es ist ein kleines, weltpolitisch unbedeutendes Stück Erde, um das es geht, doch das dortige Engagement der internationalen Gemeinschaft verdeutlicht besser als manch anderes, was Annan unter »humanitärer Operation« versteht. Dieses Mal kommt die Praxis der Theorie recht nahe, denn die Staatengemeinschaft greift tatsächlich ein, hier aber, im Unterschied zum Kosovo, mit Autorisierung des Sicherheitsrates. Auch die zeitliche Übereinstimmung ist frappierend: Nur etwa zwei Wochen bevor der UN-Chef sein neues Konzept in der Generalversammlung vorstellt, setzt der Sicherheitsrat eine multinationale Truppe zur Stabilisierung der Lage in Osttimor ein. Den Einsatz als direkte Antwort auf das Kosovo zu werten – die Nato-Luftangriffe sind gerade erst beendet – ist deshalb nicht zu weit hergeholt. Alle, auch die Mitglieder des Sicherheitsrats haben die Auseinandersetzung um die serbische Provinz noch in lebhafter und abschreckender Erinnerung, ganz zu schweigen von den Katastrophen Ruanda und Srebrenica, die sich, wie man abermals feststellen kann, in Annans Gedächtnis offenbar sehr tief eingegraben haben und auf »unser Gewissen drücken«, wie er angibt. Viele seiner Aktivitäten als Generalsekretär gehen auf die einschneidenden Erfahrungen von damals zurück, sein Einsatz im Zusammenhang mit Osttimor gehört sicherlich dazu. Dass der Sicherheitsrat im September 1999 recht kurzfristig eine Eingreiftruppe unter australischem Kommando genehmigt, ist deshalb ganz klar ein Produkt der jüngeren UN-Geschichte.

Allerdings hat der Konflikt in Osttimor die Vereinten Nationen latent schon eine Weile davor beschäftigt; seine Ursprünge gehen auf die siebziger Jahre zurück, als Indonesien das machtpolitische Vakuum der abziehenden Kolonialmacht Portugal für eine Erweiterung des eigenen Territoriums nutzte: Im Jahr 1976 wurde Osttimor von Indonesien annektiert und zu seiner 27. Provinz erklärt, ein Akt, den die Vereinten Nationen zu keiner Zeit anerkannten. Zwischen 1982 und 1998 versuchten verschiedene Generalsekretäre immer wieder, Gespräche zwischen Jakarta und Lissabon über den Status von Osttimor zu vermitteln, dessen Bevölkerung die Einverleibung mehrheitlich nie akzeptiert hat. Doch die UN-Chefs scheiterten regelmäßig am Widerstand Indonesiens. Erst als dort ein politischer Wechsel stattfindet und Präsident Jusuf Habbibie das höchste Amt im Staat übernimmt, kommt Bewegung in die Angelegenheit. Schon bald nach seiner Machtübernahme stellt Habbibie im Januar 1999 ein Referendum unter UN-Beteiligung in Aussicht, offenbar in der sicheren Annahme, die Osttimoresen würden für den Verbleib bei Indonesien stimmen. Er täuscht sich; dadurch öffnet sich ein historisches Zeitfenster.

Kofi Annan steht in jenen Monaten in regelmäßigem Kontakt zu Xanana Gusmão, dem prominentesten Führer der dortigen Unabhängigkeitsbewegung, dem ein Referendum gar nicht schnell genug kommen kann. Die UN, unter deren Ägide die Verhandlungen dafür zwischen Portugal und Indonesien stattfinden, sähen die indonesischen Milizen in Osttimor gerne entwaffnet. Auch bringen sie die Idee einer ausländischen Truppe zur Absicherung des Referendums ins Spiel. Beides stößt in Jakarta auf wenig Gegenliebe. Stattdessen beschließt man, vom Sicherheitsrat später gebilligt, die Entsendung einer kleinen Polizei-Einheit, kaum 300 Mann, in Verbindung mit ein paar Dutzend Militäroffizieren, um die Volksbefragung abzusichern. Das erteilte Mandat für UNAMET ist schwach, die Verantwortung für einen friedlichen Verlauf des Referendums belässt man bei Indonesien. Es kommt zu unkontrollierbaren Gewalttätigkeiten. Schon vor dem Votum werden Menschen verfolgt und vertrieben, wie viele genau bleibt unklar. Auf jeden Fall ist die Sicherheitslage gespannt, das Referendum muss mehrmals verschoben werden. Am 29. August 1999 schließlich fordert Generalsekretär Annan alle Parteien zur Vernunft auf; sie sollten ihre Verantwortung »vor der Geschichte« wahrnehmen, verlangt er, und entsprechend den UN-Vorgaben handeln. Am 30. August stimmen die Osttimoresen schließlich über ihr künftiges Schicksal ab. Das Ergebnis entspricht den allgemeinen Erwartungen: Wenig später geben die UN bekannt, dass sich 78,5 Prozent der 430 000 Wahlberechtigten für die Unabhängigkeit ausgesprochen hätten. Habbibie akzeptiert das Votum, obwohl ihm der Ausgang des Referendums zuwiderläuft; er weist das Militär an, Recht und Ordnung walten zu lassen. Aber im Land selbst geht die Verkündung des Ergebnisses einher mit einer Serie von Gewalt, ausgeübt von Indonesien-treuen Milizen, die sich mit Teilen indonesischer Sicherheitskräfte verbündet haben. Tausende Menschen werden aus ihren Häusern getrieben, viele fliehen nach Westtimor oder werden dorthin gebracht. Erste Berichte geben den Eindruck massiver Menschenrechtsverletzungen wieder, die Situation droht außer Kontrolle zu geraten. Annan überredet Australien, eine internationale Eingreiftruppe anzuführen, das dafür allerdings eine Zustimmung Indonesiens zur Bedingung macht. Da die beiden Staaten kein allzu entspanntes Verhältnis zueinander haben, zögert Habbibie, er befürchtet, die Unruhen in Osttimor könnten auf das Mutterland übergreifen. Am 10. September fordert Annan die indonesische Regierung nach vielen Bemühungen hinter den Kulissen schließlich öffentlich auf, das Angebot Australiens und anderer Länder zu akzeptieren, sonst laufe sie Gefahr, sich später für mögliche »Verbrechen gegen die Menschlichkeit« verantworten zu müssen. Das ist ein starker Vorwurf, den die Nichtregierungsorganisation Human Rights Watch noch Jahre danach als »schlichtweg überwältigend« bezeichnet. Und der in Jakarta die beabsichtigte Wirkung nicht verfehlt: Wenig später akzeptiert man dort schließlich den Einsatz einer multinationalen Truppe unter Führung Australiens, ohne Vorbedingungen.

Mitte September verabschiedet der Sicherheitsrat die entsprechende Resolution 1264 dazu. Gleichzeitig beginnen die Vereinten Nationen mit einer groß angelegten Rückführungsaktion vertriebener Osttimoresen. Im Oktober erkennt dann auch das indonesische Parlament die Unabhängigkeit förmlich an, der Rat ruft eine internationale Übergangsverwaltung (UNTAET) mit weitgehenden Befugnissen ins Leben, die das Land in die Unabhängigkeit führen soll. Es handelt sich dabei um eine multidimensionale Friedensoperation mit drei Komponenten: Politik und Verwaltung, Nothilfe und Rückführung, Sicherheit und Ordnung. Vom Anspruch her gehört sie in die dritte oder vierte Generation von Friedensoperationen, die den Status reiner Überwachungseinsätze längst verlassen haben. Am ehesten ist die Mission wohl mit jener im Kosovo vergleichbar, denn auch hier übernehmen die UN direkte Verwaltungsaufgaben und regieren damit faktisch das Land. »Die Operationen der Vereinten Nationen in Osttimor, im Kosovo und in Jugoslawien sind die komplexesten und in mancher Hinsicht forderndsten in der Geschichte der Organisation«, beurteilt denn auch Annan selbst die Einsätze, die so viel von seiner Aufmerksamkeit im Jahr 1999 beanspruchen. »Wir sind mit nichts weniger beauftragt, als die zersplitterten Gesellschaften so gut wie neu aufzubauen.«

Dennoch stellt der Fall Osttimor für die Vereinten Nationen, so schwierig und langwierig die Unabhängigkeitsbestrebungen gewesen sein mögen, am Ende einen relativen, wenn auch angesichts der Landesgröße einen kleinen Erfolg dar, auf den man bis heute mit Stolz verweist. Kieran Prendergast, Annans politischer Berater, zum Beispiel spricht von einem »Highlight« für die Weltorganisation. Die UN seien durch jahrelange Vermittlungsversuche für das berühmte »Fenster der Möglichkeiten« gut gerüstet gewesen. Annan selbst sieht es zwiespältiger, fühlt sich in der Beurteilung hin und her gerissen, weil das Referendum nicht gleich in einen friedlichen Prozess überging, sondern dazwischen noch eine Welle der Gewalt das Land heimsuchen musste, ehe sich die Verhältnisse stabilisierten: »Ein Moment der Hoffnung für Osttimor wurde zum Albtraum. Die Osttimoresen standen kurz vor der Unabhängigkeit. Ich verbrachte viel Zeit am Telefon, Tag und Nacht, um Regierungen dazu zu bringen, eine Operation zusammenzustellen, um die Situation zu bezähmen. Es war unglaublich, mit anzusehen, wie ein Traum sich einfach so in einen Albtraum verwandelte und dann wieder zurück in einen Traum.«

Zwei Jahre nach dem ersten – blutigen – Referendum werden die Bewohner von Osttimor im August 2001 erneut zu den Wahlurnen gebeten, dieses Mal, um eine verfassunggebende Versammlung zu bestimmen. Und aus den ersten Wahlen für ein freies Staatsoberhaupt, die wenig später stattfinden, geht der Unabhängigkeitskämpfer Xanana Gusmão als Präsident hervor. Gusmão, der mehr als

82 Prozent der Stimmen erhält, ist für Kofi Annan und die restliche Staatenwelt schon lange vor dieser historischen Zäsur des Landes ein häufiger Gesprächspartner gewesen. Am 20. Mai 2002 wird Osttimor endlich unabhängig, mehr als zwei Jahrzehnte nach der Einverleibung durch Indonesien. Generalsekretär Annan reist zu den Unabhängigkeitsfeiern, die Bevölkerung dort heißt ihn euphorisch willkommen. Im Herbst desselben Jahres wird Osttimor als 191. Staat von der Generalversammlung aufgenommen. Nach Annans Ansicht liegt vor dem kleinen Inselstaat immer noch ein weiter Weg, »aber wenigstens ist er jetzt auf dem richtigen Gleis.« So schnell, wie die Vereinten Nationen hofften, kann der Rückzug der internationalen Gemeinschaft indes nicht erfolgen. Eigentlich war geplant, im Mai 2004 Osttimor sich selbst zu überlassen, aber dafür ist es noch nicht reif; der Sicherheitsrat zögert das Ende der Operation immer wieder hinaus, auf Anraten Kofi Annans. »Wir werden sehen, wie es sich entwickelt«, sagt dieser zögernd. Trotzdem kann der Einsatz in Osttimor wohl eher auf der positiven Seite für die Vereinten Nationen bilanziert werden.

Die Weiterentwicklung der Friedenstruppen, theoretisch wie personell und organisatorisch, bleibt eines von Annans wichtigsten Anliegen – wiederum ein Ergebnis seiner unmittelbaren Erfahrungen durch verschiedene Posten im System der Vereinten Nationen. Deshalb setzt er neben den beiden schon erwähnten detaillierten Untersuchungen zu Ruanda und Srebrenica im Frühjahr 2000 eine weitere Expertengruppe ein. Dieses Mal ist der Auftrag allgemeiner und umfassender: Die zehnköpfige Kommission, benannt nach ihrem Vorsitzenden Lakhdar Brahimi, einem ehemaligen algerischen Außenminister, soll das System der Friedensoperationen als Ganzes einer kritischen Prüfung unterziehen. Woran hakt es? Wo liegen die Schwächen? Was kann verbessert werden? Annan, als früherer

Chef der Friedensoperationen, kennt die Antworten dazu vermutlich sehr genau, er weiß selbst am besten, dass und warum mancher UN-Einsatz der letzten Jahre missglückt ist. Es hapert an der internen Organisation, und es mangelt an externer Unterstützung in Form von Geld und Soldaten. Aus berufenem Munde klingt die Diagnose allerdings gleich dringlicher. Der dazugehörige Report, der bald nur noch Brahimi-Bericht genannt wird, soll in Sachen Friedensoperationen die Staatengemeinschaft noch einmal richtig aufrütteln.

Und was die zehnköpfige Gruppe, zu der auch der deutsche Nato-General Klaus Naumann gehört, an Erkenntnissen hervorbringt, ist in der Tat eine ungeschminkte Aufzählung von Mängeln und Missständen. Völlig unzureichend seien die UN für künftige Einsätze gerüstet: Zu wenig Geld, zu wenig Personal, zu wenig Effizienz und zu schlechte Mandate, lautet der Tenor dessen, was die Fachleute auf mehr als 50 Seiten zusammengefasst haben. Unter diesen Bedingungen, so das Fazit, seien neuerliche Rückschläge der Vereinten Nationen nicht ausgeschlossen. Die Autoren empfehlen daher dringend, die Friedensoperationen auf eine bessere organisatorische und finanzielle Grundlage zu stellen. Als Beispiel führen sie an, dass – damals – 27 000 Blauhelme vor Ort von 32 Offizieren im Hauptquartier geleitet und 8000 Polizisten von gerade acht Personen in New York überwacht würden. Welche andere öffentliche Verwaltung könne sich ein solches Missverhältnis leisten? Kein Verteidigungsministerium der Welt und die Nato schon gar nicht. Aber in New York waren solche Zustände lange Zeit die gängige Praxis. Hinzu kommen Mitgliedstaaten, die nur zögerlich Soldaten bereitstellen, Mandate, die widersprüchlich sind, ein Department, das noch nicht professionell genug arbeitet – Annan kennt das alles. Es war seine tägliche Arbeit, damals Anfang der neunziger Jahre. Deshalb nimmt er die Analyse, so vernichtend das Urteil im Einzelnen ausfällt, gerne entgegen. Erstens kann er dadurch einen Teil der Schuld auf die Mitgliedstaaten abwälzen – auch rückwirkend. Sie sind es schließlich, die Einsätze autorisieren und Geld bewilligen; zweitens erhofft er sich Besserung für die Zukunft.

Auch die Forderung nach klareren Mandaten kommt ihm sehr entgegen. Schon Anfang der neunziger Jahre auf dem Balkan hatte sich das Konzept der leichten Bewaffnung und der strikten Neutralität von Blauhelm-Soldaten, wie es über Jahrzehnte hinweg gegolten hatte, überlebt. Die Expertengruppe stellt nun ganz im Sinne Annans fest, dass Friedenssoldaten wegen ihrer mangelhaften Ausrüstung immer wieder als leichte Beute betrachtet und mitunter sogar als Geiseln genommen worden seien. Auch das Prinzip der Neutralität müsse sich an den neuen Gegebenheiten der Welt orientieren und dürfe jedenfalls nicht dazu führen, dass zwischen Opfer und Aggressor nicht unterschieden werde – wie im ehemaligen Jugoslawien geschehen. Kurz und gut, der Brahimi-Bericht ist ein bestelltes Dokument, in dem alles steht, was Generalsekretär Annan seit Jahren fordert, aber den Mitgliedstaaten nie so direkt präsentieren durfte. Übrigens passt dazu auch der milde Umgang mit den fünf ständigen Mitgliedern in der ansonsten recht deutlichen Abrechnung. Auch hier scheut Annan – in diesem Fall stellvertretend für ihn die Brahimi-Kommission – den letzten Konflikt mit den Mächtigen und Großen. Manchmal ist das klug, manchmal ärgerlich. Hier hätte es dieser Zurückhaltung nicht bedurft, schließlich stand nicht der Name »Annan« als Verfasser auf dem Papier. »Der Sicherheitsrat und insbesondere seine fünf ständigen Mitglieder erfahren eine erstaunliche Schonung. Das ist zu bedauern und setzt eine ungute Tradition im UN-Hauptquartier in New York fort, nämlich die der allzu eilfertigen Anpassung an Stimmungen und Interessen der Mächtigen im Sicherheitsrat«, urteilt zum Beispiel

233

der deutsche Experte für Friedensoperationen Winrich Kühne.

Mit dem Brahimi-Bericht bringt Annan allerdings einen Prozess ins Rollen, der immer noch andauert: Die selbstkritische Auseinandersetzung mit Möglichkeiten und Grenzen von Blauhelm-Operationen und damit von internationalen Konfliktlösungsmechanismen überhaupt. Vieles von dem, was die Kommission an Empfehlungen ausspricht, gibt es bis heute nicht, etwa eine eigene UN-Informationsstelle, die aktuelle Lagebeurteilungen erarbeitet, vergleichbar, auf kleinerem Niveau, mit nationalen Geheim- oder Auslandsdiensten. In dieser Hinsicht bleibt die Weltorganisation auf Erkenntnisse der Einzelstaaten angewiesen. Auch die Einsatzgeschwindigkeit ist meist noch geringer als die 30 von der Brahimi-Kommission empfohlenen Tage, die zwischen der autorisierenden Resolution und der Stationierung vor Ort vergehen sollen. Die reichen Länder des Nordens sind zudem nicht wesentlich einsatzfreudiger geworden als in früheren Jahren. Den Großteil der Arbeit – phasenweise bis zu 80 Prozent der Blauhelm-Soldaten – überlassen sie weiterhin den Entwicklungsländern. Und ob die UN intern heute besser arbeiten als früher, an dieser Frage scheiden sich die Geister. Offiziell wird es so dargestellt und unter anderem auf die um 50 Prozent höhere Zahl an Mitarbeitern in der Abteilung verwiesen. Hinter vorgehaltener Hand aber äußern zumindest europäische Diplomaten ihre Zweifel daran. Sie beklagen nach wie vor die langsamen und komplizierten Abläufe im Bereich der Friedensoperationen.

Eines jedoch hat sich in den vergangenen Jahren tatsächlich verbessert: die Mandate des Sicherheitsrats. Sie enthalten mittlerweile fast immer einen so genannten »robusten« Kern, sind nach Kapitel sieben der UN-Charta formuliert, dürfen also auch Gewalt anwenden. Der frühere »oberste Blauhelm-Soldat« der Vereinten Nationen, General Manfred Eisele, meint dazu: »Das Wichtigste ist, dass die Vereinten Nationen inzwischen davon überzeugt sind, dass Peacekeeping mit einem robusten Mandat geschehen muss. Das ist der fundamentale Unterschied. Man versucht nicht mehr, quasi mit Samthandschuhen und demütig internationale Präsenz in einer Krisenregion zu demonstrieren. Dazu bedarf es von Anfang an einer nach Kapitel sieben ausgestatteten Mission, die dann, wenn sich die Umstände als so positiv darstellen, wie man sich das wünscht, auch deeskaliert werden kann, aber nicht umgekehrt, wie man das teuer bezahlt hat in Somalia, Bosnien und teilweise Haiti.« Diese positive Veränderung ist allerdings nur geringfügig Annan gutzuschreiben, denn Mandate formulieren die Mitgliedstaaten und in deren Hauptstädten fand nach all den Debakeln schließlich auch ein Lernprozess statt.

In Fachkreisen schätzt man den Brahimi-Bericht mittlerweile fast so sehr wie Boutros-Ghalis Agenda für den Frieden aus dem Jahre 1992, in der der damalige Generalsekretär die Bedingungen für eine neue Generation von Friedenseinsätzen für die Zeit nach dem Kalten Krieg definierte. Man könnte den Brahimi-Bericht als die pragmatische Antwort darauf oder als praktische Fortführung dessen bezeichnen. Das jüngere Kompendium ist bei weitem nicht so substanziell und visionär gehalten, weil dies eher der Art Boutros-Ghalis als Annans entspricht. Aber allein die Brahimi-Kommission ins Leben gerufen zu haben, war ein kluger Schachzug des Generalsekretärs, wie es überhaupt zu seinen größten Gaben zählt, im richtigen Moment die passenden externen Fachleute um sich zu versammeln.

Im Übrigen reiht sich der Brahimi-Bericht nahtlos in die Serie von Erfolgen, die für Kofi Annan überwiegend mit dem Jahrtausendwechsel verbunden sind. Dazu gehört aus seiner Sicht auch der Rückzug Israels aus dem Südlibanon im Sommer 2000, den die Vereinten Nationen moderiert, überwacht und zuletzt zertifiziert haben. Mit der Räumung dieser Pufferzone entspricht Tel Aviv einer 22 Jahre alten Forderung des Weltsicherheitsrats. Annan macht sich in diesem Sommer persönlich in die Region auf, um alle Seiten noch einmal zur Achtung der neuen Grenze aufzufordern. Obwohl die Sache an sich nicht sonderlich spektakulär wirken mag und selbst damals kaum für Schlagzeilen sorgte, bedeutet sie Annan viel, denn im Nahen Osten kann ein UN-Generalsekretär gemeinhin wenig ausrichten, zumindest war es so in der Vergangenheit. Wenn dann doch einmal ein kleines Hindernis auf dem Weg zu einem umfassenden Frieden beseitigt werden kann, vermarktet man dies bei den UN prompt als Erfolg. In seinem offiziellen Lebenslauf erwähnt Kofi Annan den Rückzug jedenfalls in einem Atemzug mit dem Irak und seinen »guten Diensten« in Libyen.

Dann geht es ohne Pause weiter mit Annans Höhenflug. Auf den Libanon und den Brahimi-Bericht folgt die Millenniumsveranstaltung im Herbst, von der Annan sich wegweisende Beschlüsse für das gerade begonnene Jahrtausend verspricht. Er hofft auf einen neuen Schub für das so genannte Global Governance, die zunehmende Einbindung aller Staaten in multilaterale Institutionen, um ein politisches Gegengewicht zur Globalisierung zu schaffen. Jenseits aller Visionen aber hängt vom Ausgang dieser Megaveranstaltung auch sein eigenes Fortkommen als Generalsekretär ab. Das spürt er instinktiv – und plant jeden Schritt sorgfältig. Schon im Sommer desselben Jahres heißt es nämlich in diplomatischen Kreisen, leite Annan die Versammlung umsichtig und geschickt, sei ihm eine zweite Amtszeit so gut wie sicher. Umgekehrt könne ihn ein peinlicher Auftritt frühzeitig aus dem Rennen werfen. Wie heikel das Thema Wiederwahl für einen Generalsekretär ist und wie viele Fallen sich dabei öffnen können, weiß Annan vom Beispiel Boutros-Ghali her noch gut genug.

Deshalb vermeidet er bewusst zu diesem Zeitpunkt genaue Festlegungen, spricht stattdessen vage von einer weitreichenden Entscheidung, die er »nur nach reiflicher Überlegung und nach langen Gesprächen mit seiner Familie treffen« könne. Tatsächlich aber tut er alles, um sich die Wiederwahl schon früh zu sichern. »Er macht praktisch permanenten Wahlkampf«, urteilt etwa ein langjähriger Mitarbeiter.

Zunächst bringt er im Frühjahr des Jahres 2000 den schon erwähnten Bericht »Wir die Völker: Die Rolle der Vereinten Nationen im 21. Jahrhundert« heraus. Darin präsentiert Annan eine umfassende Agenda, die vom Kampf gegen Armut über effektivere Friedenseinsätze bis hin zur UN-Reform alles enthält, was er an dringlichen Aufgaben vor der Weltgemeinschaft liegen sieht. Um nur ja nichts dem Zufall zu überlassen, serviert er die wichtigsten Ziele den Mitgliedstaaten mundgerecht in einer dem Bericht angehängten Erklärung, die sofort als Abschlussdokument der Millenniumsversammlung dienen könnte. Das ist ein ungewöhnliches Vorgehen, normalerweise schreibt ein Generalsekretär keine Gipfeldokumente, auch keine Vorlage dafür, das obliegt allein den Mitgliedstaaten. Die Taktik zahlt sich aber aus, denn die Staats- und Regierungschefs, die so zahlreich wie nie zuvor nach New York reisen, übernehmen seine Vorgaben in weiten Teilen, so dass der größte Gipfel aller Zeiten für Annan zu einem erfreulichen Ereignis wird. Er selbst spricht am Ende der drei Tage von einem »historischen« Treffen, bei dem er eine »bemerkenswerte Übereinstimmung« innerhalb der Staatengemeinschaft vorgefunden habe. Er sei bereit, gibt ein zufriedener Annan den Staats- und Regierungschefs mit auf den Weg, sich erneut dem Gedanken der Weltorganisation zu verschreiben, sie mit frischem Elan in ein neues Jahrtausend zu führen, wenn die Staaten dies auch wollten und die UN entsprechend unterstützten und stärkten. Wer genau aufpasst, kann hier schon die Bewerbung um eine Wiederwahl heraushören, aber Annans Redenschreiber formulieren die Passage bewusst mehrdeutig. Unzweifelhaft hingegen fällt das allgemeine Urteil über den Gipfel selbst aus: Viele Beteiligte erachten ihn als gelungenen Auftakt für ein neues Jahrtausend. Deutsche Diplomaten etwa betrachten die Erklärung noch Jahre später als gute Vorlage für die weitere Arbeit der Vereinten Nationen. »Der Bericht zur Vorbereitung dieser Millenniums-Assembly ist für meine Begriffe immer noch ein herausragendes Dokument«, urteilt zum Beispiel Deutschlands ehemaliger Botschafter Dieter Kastrup.

Das Jahr 2000 endet nach gelungener Millenniumsversammlung, einer neuen Beitragsordnung, die kurz vor Weihnachten zustande kommt und endlich den lange ersehnten Scheck aus Washington in Aussicht stellt, für Annan besser als jedes andere davor. Alles scheint ihm nun leicht von der Hand zu gehen, er ist beliebter denn je. Selbst der Machtwechsel im Weißen Haus kann die allgemeine Aufbruchstimmung in New York nicht trüben. Dort zieht zwar George W. Bush als neuer Präsident ein, aber schließlich hatten die Vereinten Nationen mit George Bush senior Anfang der neunziger Jahre nicht die schlechtesten Erfahrungen gemacht. Er war es, der seinerzeit hoffnungsfroh die »Neue Weltordnung« im Rahmen der Vereinten Nationen ausgerufen hatte. Was also sollte vom Sohn – über das gewohnte Maß amerikanischer UN-Skepsis hinaus – Negatives zu erwarten sein?

Die ersten Signale eines aufkeimenden Unilateralismus übersieht man daher geflissentlich. Als George W. Bush wenige Monate nach seinem Amtsantritt im Frühjahr 2001 das Kioto-Protokoll zum Klimaschutz als verfehlt (»fatally flawed«) bezeichnet, finden das zwar viele ärgerlich, besonders in Europa, aber als systematische Politik, als klare Abkehr von den Vereinten Nationen schlechthin begreift man

Bushs Klimapolitik in den wenigsten Hauptstädten. Auch nicht in New York, denn Amerika hat im Laufe der UN-Geschichte immer wieder punktuelle Alleingänge unternommen, unabhängig vom regierenden Präsidenten. Ohnehin unterstellt man Bush weniger strategische als eigennützige Interessen für den Rückzug vom Kioto-Protokoll: Der Ölmann Bush wehrt sich gegen jede potenzielle Schwächung der Petroleumindustrie, lautet eine gängige Interpretation. Ob dabei auch persönliche Profitgier oder nur das mentale Gesamtgerüst des Präsidenten eine Rolle spielt, bleibt dahingestellt. Jedenfalls hält Bush nichts vom kollektiven Klimaschutz und vom international verordneten Energiesparen schon gar nicht. Mit dem amerikanischen Rückzug schlägt die Bush-Regierung jedoch vor allem die Europäer vor den Kopf, die große Hoffnungen in den Vertrag setzen, erst in zweiter Linie Kofi Annan oder die Vereinten Nationen. Von daher kann man die Dinge im 38. Stockwerk der Weltorganisation zunächst noch einigermaßen gelassen sehen.

Zumal Annan, wie geplant, im Frühsommer einen weiteren Höhepunkt in seiner Karriere erreicht: Er wird unerwartet früh für eine zweite Amtszeit nominiert und gewählt. Schon im März steht seiner Wiederwahl so gut wie nichts mehr im Wege, nachdem sich schließlich selbst China als letztes der ständigen Mitglieder für ihn ausgesprochen hat. Frankreich, fünf Jahre zuvor noch strikt gegen Annan, hat ihm seine mangelnde Nähe zur frankophonen Welt längst nachgesehen; seit seiner Vermittlungsmission in Bagdad ist man in Paris Feuer und Flamme für Annan. Und selbst in Washington, wo man eine zweite Amtszeit ebenfalls unterstützt, werden in jenen Tagen seine »ausgezeichneten Leistungen« als Generalsekretär gelobt. Ende Juni, ein halbes Jahr vor Ablauf seiner ersten Amtsperiode, ist er bereits für weitere fünf Jahre bestätigt. Das gab es nie zuvor in der UN-Geschichte, gehört doch die Wahl des Generalsekretärs – neben einer Charta-Änderung – zu den kaum kalkulierbaren Ereignissen in den Vereinten Nationen. Meistens taten sich die Mitglieder des Sicherheitsrates, auf dessen Vorschlag hin die Generalversammlung den UN-Chef bestimmt, schwer mit einer Einigung. Manchmal gewannen am Ende überraschende Kompromisskandidaten wie Boutros-Ghali. Ähnlich glatt wurden nur der Schwede Dag Hammarskjöld (1953–1961) und der Burmese Sithu U Thant (1961–1971) im Amt bestätigt. Und von U Thant heißt es, er habe eigentlich gar nicht unbedingt verlängern wollen, sich dem reibungslosen Votum im Sicherheitsrat dann aber »gebeugt«. Keiner von ihnen wurde allerdings so früh im Jahr wiedergewählt wie Kofi Annan. Ein außergewöhnlicher Akt ist dies auch deshalb, weil zunächst Unklarheit herrscht, ob Annan überhaupt noch einmal fünf Jahre zustehen. Nach den ungeschriebenen Regeln der Vereinten Nationen erhält jeder Generalsekretär zwei Mal fünf Jahre. Da er nicht auf eigene Initiative, sondern als Kandidat einer bestimmten Regionalgruppe antritt, spricht man auch von der »Amtszeit Afrikas«, »Lateinamerikas« und so weiter. Boutros-Ghali lief schon auf dem »Ticket« Afrikas, also wären die zehn Jahre dieser Regionalgruppe mit der ersten Amtszeit Annans eigentlich vollendet und die Reihe an Asien gewesen. Dass man den Ghanaer über alle regeltechnischen Bedenken hinweg so früh nominiert und wiederwählt, ist deshalb doppelt ungewöhnlich und Beleg für seine große Popularität.

Annan selbst ziert sich öffentlich lange. So geschickt er die Wiederwahl geplant hat, so sehr versucht er bis heute den Eindruck zu erwecken, der zweiten Amtszeit seien lange Überlegungen vorausgegangen – seiner Frau wegen. »Es war eine schwierige Entscheidung, ob wir uns der Sache noch einmal fünf Jahre verschreiben sollten oder ob nicht sie jetzt an der Reihe wäre«, sagt er später. Solche

240

Aussagen sind wohl nicht allzu ernst zu nehmen. Bestimmt hat er ein schlechtes Gewissen ihr und ihrer Karriere gegenüber, »denn sie war Anwältin und Richterin, als wir uns zum ersten Mal begegneten«. Aber gleichzeitig reizt ihn das Amt, das auszufüllen er »als unglaubliche Ehre empfindet, für jemanden, der diese lange Reise aus Afrika hinter sich gebracht hat«. Ehrgeizig ist Annan, war es immer, obwohl man ihm die Ambitionen wegen seines sanften Auftretens nicht sofort anmerkt. Als dann schließlich Nane Annan ihre Zustimmung gibt – soweit jedenfalls die offizielle Version –, »weil ich gesehen habe, wie Menschen auf ihn reagieren«, ist der Weg frei für weitere fünf Jahre als Generalsekretär der Vereinten Nationen. Die Wahl in der Generalversammlung erfolgt am 29. Juni 2001 per Akklamation. In seiner Dankesrede unterstreicht er noch einmal seinen Reformwillen. »Ich habe versucht, diese unverzichtbare Institution so auszurüsten, dass sie sich auf Änderungen einstellen, neue Herausforderungen annehmen und ihren Mitgliedstaaten und deren Völker effektiv dienen kann, gleichzeitig aber den Zielen der Charta treu bleibt.« Aus seiner Umgebung heißt es ergänzend, Annan habe für die zweite Amtszeit kein Programm entworfen, das er Punkt für Punkt abzuarbeiten gedenke. Afrika und der Kampf gegen Aids seien ihm wichtig. Ansonsten wolle er weitermachen wie bisher: In kleinen Schritten Verbesserungen erzielen, dabei hin und wieder seine moralische Stimme erheben.

Den Sommer 2001 beginnt der sichtbar gestärkte UN-Chef entsprechend beschwingt. Auf dem ersten großen Aidsgipfel, ebenfalls Ende Juni, hat ihm die Staatengemeinschaft auch noch die Idee zu einem Globalen Fonds bestätigt. Damit sollen, wie erwähnt, Aids, Tuberkulose und Malaria wirksamer als bisher bekämpft werden. Nach geglückter Aidskonferenz und vollendeter Wiederwahl unternehmen die Annans eine Afrikareise, die sie unter anderem nach Ghana führt, wo der Generalsekretär auch noch mit dem höchsten Orden des Landes dekoriert wird. Von den Dauerkonflikten abgesehen – Westsahara, der Nahe Osten, Zypern, Indien – Pakistan, Kongo, Sudan, Gebiet der Großen Seen und einige mehr – kann Annan zufrieden auf seine Arbeit blicken. Er ist jetzt, gemessen an seiner allgemeinen Popularität, erfolgreicher als jeder UN-Generalsekretär vor ihm. Und die Krönung steht erst noch bevor: der Friedensnobelpreis – allerdings schon überschattet vom verheerenden Anschlag auf die Vereinigten Staaten am 11. September 2001.

Als an diesem sonnigen Septembermorgen zwei Flugzeuge das World Trade Center in New York zum Einsturz bringen und Tausende Menschen in den Tod reißen – ändert sich etwas in Amerika und damit in der Welt. Die Vereinten Nationen, respektive Annan, sind geschockt ob dieses brutalen Aktes, der sich in unmittelbarer Nähe zu ihrem Hauptquartier zuträgt. Es liegen nur einige Kilometer zwischen dem flachen Riegelhochhaus der Weltorganisation und den Twin Towers. Wie überall in Manhattan ist man in den Vereinten Nationen entsetzt und sprachlos. Trotzdem reagiert Annan in den Tagen und Wochen danach instinktiv richtig. Er verurteilt die Gewalt als »herzlos, böse und destruktiv«. Und er solidarisiert sich mit den Opfern, indem er sofort eine Verbindung zwischen den terroristischen Anschlägen und den Vereinten Nationen herstellt: »Dieser Schlag richtete sich in Wahrheit nicht gegen eine Stadt oder ein Land, sondern gegen uns alle«, sagt er bewusst dramatisch, weil er allem widerspreche, wofür die Vereinten Nationen stünden: »Frieden, Freiheit, Toleranz, Menschenrechte und die Idee einer vereinten Völkerfamilie«.

Es ist die Stunde des Pathos, und das beherrscht Kofi Annan meisterhaft, aus Neigung und aus Erfahrung. Er kann sich in Leidende und Schwache hineinversetzen und mit ihnen fühlen. Und wie man Trauer und Empathie in

242

Worte kleidet, hat er im Laufe seiner vielen Jahre bei den UN gelernt, schließlich hat die Weltorganisation fast nur mit Katastrophen und Extremsituationen, mit Krieg, Hunger, Dürre und Not zu tun. Deshalb fällt es Annan in diesen wahrhaft historischen Tagen nach dem 11. September nicht schwer, das Richtige zu sagen. Die Reaktionen fallen ihm sogar leichter als dem zunächst sichtlich aus dem Konzept geworfenen George W. Bush: Annan trauert mit den Opfern, indem er sich zum Ort des Geschehens begibt, tröstet die UN-Mitarbeiter, indem er sie zu einer Betriebsversammlung bittet, und er sucht internationalen Zusammenhalt, indem er zu einer umsichtigen und angemessenen Reaktion auf die Terrorakte aufruft. »Lasst uns deshalb in einer Art und Weise antworten, die Frieden und Sicherheit in der Welt stärkt«, sagt er, um dem ersten Impuls direkter Vergeltung sofort entgegenzutreten. Die Angriffe als einen »Clash of civilisations« zu werten, hält er ohnehin für überzogen; die Welt müsse nun erst recht zusammenstehen und ihre universellen Werte verteidigen.

In der Tat scheint der 11. September dem Gedanken internationaler Zusammenarbeit zunächst noch Auftrieb zu verleihen: Bereits einen Tag später verurteilt der Sicherheitsrat die Terroranschläge als Bedrohung des Weltfriedens. Er wolle alle erforderlichen Schritte unternehmen, erklärt der Rat, um nun darauf zu reagieren und im Einklang mit der Charta jede Form des Terrorismus zu bekämpfen. Auf dieses rasche und starke Bekenntnis folgt die Generalversammlung nur wenige Stunden später mit einer ebenfalls verurteilenden Erklärung, in der sie die Staatengemeinschaft zu internationaler Zusammenarbeit aufruft. Kaum drei Wochen danach verabschiedet der Sicherheitsrat noch eine deutlichere und umfassendere Resolution dazu, in der er nach Kapitel sieben der UN-Charta – die mögliche Anwendung von Gewalt – gezielte Strategien zur Bekämpfung des internationalen Terrorismus beschließt und ein Anti-Terror-Komitee des Sicherheitsrats mit weitreichenden Befugnissen einsetzt. Die Einzelstaaten sollen nach Maßgabe des Sicherheitsrats – im Gegensatz zur Generalversammlung sind seine Beschlüsse bindend – vor allem die Finanzierung von Terrorakten unterbinden, indem sie Gelder einfrieren und Konten sperren. Derart schnell, konkret und weitreichend hat der Rat selten auf ein Ereignis reagiert. Und auch Amerika folgt nicht seiner ersten Neigung eines Alleingangs, sondern versucht vielmehr eine internationale Koalition gegen den Terror im Rahmen der Vereinten Nationen zu schmieden.

Kofi Annan kann, von der Tragik der Ereignisse abgesehen, mit dem Krisenmanagement der Weltorganisation durchaus zufrieden sein. Die Vereinten Nationen haben ungewöhnlich schnell und klar gehandelt, die Staatengemeinschaft scheint sich einig wie selten. Zwar muss die traditionelle Herbsttagung, die normalerweise Ende September beginnt, auf November verschoben werden und auch ein schon anberaumter »Kindergipfel« wird auf das nächste Frühjahr verlegt, aber Kofi Annan und die UN haben sich in dieser Ausnahmesituation fürs Erste bewährt. Bleibt nur die leise Befürchtung, die auch der Generalsekretär hegen muss, dass Washington doch in letzter Minute eigenmächtig vorgeht und Afghanistan, das als Rückzugsgebiet des für die Anschläge verantwortlich gemachten Al-Quaida-Netzwerkes gilt, mit Luftschlägen überzieht. Völkerrechtler weisen schnell darauf hin, dass den USA nach der UN-Charta zwar das Recht auf Selbstverteidigung zusteht, die Angriffe haben aber begrenzt und angemessen zu sein. Die Maßnahme muss »sich nach dem Grundsatz der Verhältnismäßigkeit streng gegen die terroristische Bedrohung selbst richten und darf nicht den Charakter einer Straf- oder Vergeltungsmaßnahme annehmen«. Stützen können sich die USA auf die erste Resolution des Sicherheitsrats vom 12. September, in der auf das Recht auf Selbstverteidigung nach Artikel 51 der UN-Charta Bezug genommen wird. Mit anderen Worten: Die Vereinigten Staaten dürfen Afghanistan angreifen, wenn sie hinreichende Beweise dafür haben, dass dort – mit Billigung der Taliban – die Urheber der terroristischen Gewalt zu finden sind, müssen ihren Militärschlag aber begrenzt und verhältnismäßig halten. Soweit jedenfalls die völkerrechtliche Sicht.

Knappe vier Wochen nach der Zäsur vom 11. September beginnen Amerika und Großbritannien mit Luftangriffen auf Afghanistan. Kabul und Kandahar sind die Hauptziele dieser ersten »Cruise Missiles« vom 7. Oktober. Ob sie angemessen sind im Sinne der UN-Charta, ist zwar kurzzeitig umstritten, aber letzten Endes hält sich die Kritik an den USA in Grenzen. Wer wollte schon messen, was genau als adäquat zu gelten hat? Die Angriffe dauern vier Wochen, erstrecken sich bald auch auf andere Landesteile, allerdings konzentrieren die Vereinigten Staaten ihre Soldaten auf den Süden und Südosten des Landes, schon weil dort in den Bergen an der Grenze zu Pakistan Osama bin Laden, der Drahtzieher der Terrorangriffe vom 11. September, vermutet wird. Mit Hilfe der Truppen der Nordallianz werden die herrschenden Taliban Mitte November schließlich aus der Hauptstadt Kabul vertrieben, die danach in die Hände rivalisierender Gruppen- und Clanchefs fällt. Um den befürchteten Zerfall Afghanistans zu verhindern und das Land stattdessen in eine neue, möglichst demokratische Zukunft zu führen, kommen Ende November die Vertreter der wichtigsten ethnischen Gruppen zu einer großen diplomatischen Konferenz auf dem Petersberg bei Bonn zusammen. Es ist zwar nicht Annan, der die Verhandlungen führt, sondern sein Vertrauter Lakhdar Brahimi, aber der Generalsekretär wird detailliert über die Fortschritte informiert. Immer wieder steht der »politische Prozess« kurz vor dem Scheitern, die Konferenz zieht sich hin, wird Tag um Tag verlängert. Am 5. Dezember schließlich hat Brahimi das »Wunder von Bonn« vollbracht und die zum Teil verfeindeten Gruppen auf eine neue Regierung sowie die nächsten Schritte hin zu demokratischen Wahlen eingeschworen. Die »Bonner Vereinbarung«, wie sie künftig nur noch heißt, markiert einen Neubeginn in der Geschichte Afghanistans. Nebenbei haben sich die Vereinten Nationen, respektive der Algerier Brahimi, gleich noch als versierte Unterhändler bewiesen. Der Sicherheitsrat in New York billigt die Beschlüsse aus Deutschland umgehend und einigt sich noch vor Weihnachten 2001 auf den Einsatz einer internationalen Sicherheitsbeistandstruppe, genannt ISAF, an der Deutschland bald einen erheblichen Anteil übernimmt. Seither hat Afghanistan mit Hamid Karzai einen international anerkannten (Übergangs-)Präsidenten und einen konkreten Fahrplan für den Weg zu einer Demokratie. Die Sicherheitslage ist weiterhin prekär, schon weil das Mandat der internationalen Schutztruppe auf einige Landesteile begrenzt ist, die Wahlen müssen mehrfach verschoben werden, aber es gibt auch Positives zu vermelden: Die Mädchen dürfen wieder zur Schule gehen und viele Millionen Afghanen sind im Vertrauen auf eine bessere Zukunft mittlerweile in ihr Land zurückgekehrt.

Der 11. September mit seiner unmittelbaren Reaktion, der Bombardierung Afghanistans durch die Vereinigten Staaten und Großbritanniens hat also für die Vereinten Nationen und Kofi Annan zunächst entgegen mancher Befürchtung keine negativen Folgen. Allerdings wachsen die Ängste rund um den Globus schon in diesem Herbst enorm, einerseits vor weiteren terroristischen Anschlägen, andererseits vor einer Supermacht, die selbstherrlicher aufzutreten droht als bisher. Dass in dieser von Unsicherheit geprägten Zeit ausgerechnet der Generalsekretär der Vereinten Nationen zur Hälfte mit dem Friedensnobelpreis ausgezeichnet wird – die andere Hälfte erhält die Weltorganisation selbst zugesprochen –, ist deshalb kein Zufall. Vielmehr setzen die Angehörigen des Nobelkomitees bewusst ein Friedenszeichen. Die Ankündigung aus Oslo, der Preis gehe im 100. Jahr seiner Gründung nach New York, kommt nur wenige Tage nach Beginn der Angriffe auf Afghanistan und wird begründet mit dem Einsatz des Generalsekretärs »für eine besser organisierte und friedlichere Welt«. Der einzige Weg zu Weltfrieden und umfassender Zusammenarbeit führe über die Vereinten Nationen, heißt es in der Begründung außerdem.

Diese offizielle Erklärung richtet sich eindeutig gegen einen möglichen unilateralen Kurs der Vereinigten Staaten, der sich bereits jetzt andeutet. Denn Kofi Annans Verdienste um den internationalen Frieden sind eher indirekter Natur. Er hat keine Ostpolitik begründet wie Willy Brandt, keine Perestroika ausgerufen wie Michail Gorbatschow und kein Apartheidsregime bekämpft wie Nelson Mandela. Unbestreitbare Verdienste hat er sich hingegen bei der institutionellen Erneuerung der Weltorganisation sowie auf dem Gebiet der Frauenförderung und im Kampf gegen Aids und Armut erworben. Vor allem aber – und das ist es vermutlich, was die Angehörigen des Nobel-Komitees zu ihrer Entscheidung veranlasst – steht Annan für Menschenrechte und Menschlichkeit, für Vernunft, Gewaltlosigkeit und für ein aufgeklärtes, moderates Auftreten. Auch verkörpert er das Prinzip Hoffnung – darauf, dass es vielleicht doch noch möglich ist, einen neuen Krieg im Nahen Osten mit unübersehbaren Folgen abzuwenden. Durch den Friedensnobelpreis wird Annan, ohne dass es den Juroren zu diesem Zeitpunkt schon bis zur letzten Konsequenz bewusst sein mag, zur Gegenfigur zu George W. Bush aufgebaut. Wo der mit plumper Rhetorik und texanischer Wildwestmanier auf Vergeltung sinnt, so jedenfalls empfinden es Meinungsumfragen zufolge die meisten Europäer, mahnt Annan zu internationaler Zusammenarbeit als Reaktion auf die Anschläge vom 11. September. Wo der eine den Colt zieht, könnte ein klischeehafter Vergleich lauten, zeigt der andere die Samthandschuhe. Vielen Europäern gilt Annan nun als die moralisch richtige Alternative zu George Bushs Kriegskurs. Denn im Gegensatz zur Washingtoner Regierung steht seine Organisation für eine friedliche Abrüstung im Irak durch weitere Inspektionen.

Die Entscheidung aus Oslo im Oktober 2001 kann den Geehrten indes kaum noch überraschen, denn das Votum zeichnet sich schon Tage vorher ab. Den letzten Hinweis darauf gibt der Direktor des norwegischen Nobelkomitees selbst, als er eine Woche vor dem offiziellen Verkündungstermin Kofi Annan als den einzigen UN-Generalsekretär bezeichnet, »der dem Vergleich mit Dag Hammarskjöld standhält«. Am Freitag, dem 12. Oktober, kommt dann der Anruf aus Oslo. »In meinem Beruf gibt es so gute Nachrichten eher selten. Wenn so früh das Telefon klingelt, bedeutet das meistens *bad news*«, sagt später ein strahlender Annan über den glücklichen Moment an jenem Morgen. Die weltweiten Reaktionen sind wohlwollend bis überschwänglich. Außenminister Fischer bescheinigt Annan den »Mut zu neuen Wegen«, Präsident Kufuor preist ihn als einen »Sohn Ghanas« und einen »ausgewiesenen Friedensstifter«. Selbst aus dem amerikanischen Außenministerium heißt es, »das Nobelkomitee hätte keine bessere Wahl treffen können«. Nur selten sind kritische Töne zu hören, fast niemand wagt, auf seine Rolle bei den verheerenden Friedensmissionen Anfang der neunziger Jahre hinzuweisen. Ein paar anklagende Autoren im Internet, wenig bekannt und in der Wortwahl extrem; das ist alles. Es überwiegen Unterstützung und Anerkennung, niemand möchte ihn in der Stunde seines größten Erfolges an vergangene Niederlagen erinnern. Da Annan »nur« die

Hälfte der Ehre gebührt, feiert er noch am gleichen Tag mit den Mitarbeitern der Vereinten Nationen. Der Empfang gleicht einer Sportveranstaltung, die Eingangshalle des Hauptquartiers ist zum Bersten gefüllt. »Wer weiß, wenn Sie sich weiter anstrengen, vielleicht sieht der eine oder andere noch einen Friedensnobelpreis«, ermuntert er seine Untergebenen, »dafür sollten wir jetzt besser wieder an die Arbeit gehen.« Später wird er sagen, der Nobelpreis »kam gerade zur rechten Zeit, weil er uns zusätzlichen Auftrieb gab«.

Als er am 10. Dezember 2001, am Tag der internationalen Menschenrechte, den Preis in Oslo entgegennimmt, hat sich die Weltpolitik noch eine Windung weitergedreht. Zwar ist der Neuanfang für Afghanistan gerade geschafft, aber die Töne aus Washington werden immer drohender und lassen amerikanische Alleingänge befürchten. Die ganze Welt spürt, dass der Zusammenhalt unmittelbar nach dem 11. September ein vorübergehendes Ereignis war, dass die internationale Koalition im Kampf gegen den Terror schon deutliche Sprünge zeigt. Annan hält bei der Feierstunde eine besonnene Rede, in der er die Menschheit gerade nach den Anschlägen als »unteilbar« bezeichnet. »Neue Bedrohungen unterscheiden nicht zwischen Rassen, Nationen oder Religionen. Wir sind alle verunsichert.« Er mahnt zu Toleranz und Aufgeschlossenheit gegenüber dem Fremden. »Wir können das lieben, was wir sind, ohne das zu hassen, was wir nicht sind. Wir können in unserer Tradition aufblühen und zugleich von anderen lernen und ihre Lehren respektieren.« Seine Worte sind bewegend, aber nicht überraschend oder wegweisend. Er spricht von einer tieferen Erkenntnis über die Unantastbarkeit und Würde jedes Menschenlebens, die das 21. Jahrhundert hoffentlich prägen werde, aber auch von einem »Feuertor«, durch das die Menschheit in dieses Jahrhundert ging. Damals kann er höchstens ahnen, dass die Welle der Gewalt noch weiter anschwellen, dass Terror den ganzen Nahen Osten, vor allem aber den Irak heimsuchen wird. Auch kann er kaum wissen, dass der Friedensnobelpreis den vorerst letzten Höhepunkt seiner Amtszeit darstellt.

Die knapp eine Million Dollar Preisgeld, die er zusammen mit den Vereinten Nationen erhält, leitet Annan übrigens an einen Fonds weiter, der Kindern von gefallenen UN-Angehörigen eine Ausbildung ermöglichen soll. Ein Akt, der die traurigen Ereignisse im Irak auf schauerliche Weise vorwegnimmt: Etwa eineinhalb Jahre später werden die Vereinten Nationen dort zum Ziel eines verheerenden Bombenanschlags, bei dem zahlreiche UN-Mitarbeiter umkommen – für Annan ein Drama.

*»Ich war extrem enttäuscht und ein
bisschen deprimiert.«*

Die Irakkrise: Bedrohung für den Weltfrieden und die UN

Der Irak gehört, man kann das ohne Übertreibung behaupten, zu Annans Schicksalsfragen als Generalsekretär. Nichts hat ihn mehr Mühe gekostet. Der frühere Beigeordnete Generalsekretär Giandomenico Picco, bis heute ein Freund Annans, spricht sogar von einem »Fluch« für den UN-Chef. Der Konflikt zieht sich durch seine gesamte Amtszeit, geht genau genommen zurück bis zu den Anfängen seiner politischen Tätigkeit für die UN in den neunziger Jahren. Immer wieder ist es der Irak, der ihn beschäftigt. Und obwohl die Angriffe vom 11. September nicht unmittelbar mit dem irakischen Regime zu tun haben, spielt das Land auch hierbei bald eine tragende Rolle, weil die Bush-Regierung schnell eine Verbindung zwischen Bagdad und New York, beziehungsweise Washington herstellt. Zuweilen wird sogar der Eindruck erweckt, es gebe einen direkten Zusammenhang zwischen Al-Quaida und Saddam Hussein. Mohammad Atta, Anführer der Terroristengruppe vom 11. September, hat bei seinen Planungen möglicherweise einen irakischen Geheimdienstmann in Prag getroffen. Genaues weiß man nicht, die Kontakte sind im Einzelnen nicht nachzuweisen; es bleiben viele Fragezeichen. Dennoch macht die Bush-Regierung neben den afghanischen Taliban bald auch den Irak für den internationalen Terrorismus verantwortlich. In seiner Rede zur Nation Ende Januar 2002 bezeichnet Bush das dortige Regime zusammen mit Iran und Nordkorea als die »Achse des Bösen«. Der »Irak ist ein Regime, das internationalen

Inspektionen zugestimmt – und die Inspekteure dann rausgeschmissen hat. Er ist ein Regime, das etwas zu verbergen hat vor der zivilisierten Welt. Staaten wie diese und ihre terroristischen Verbündeten bilden eine Achse des Bösen, die den Weltfrieden bedrohen. Indem sie versuchen, Massenvernichtungswaffen zu erlangen, stellen diese Regime eine ernsthafte und wachsende Bedrohung dar.«

Tatsächlich hat es aufgrund der Blockade Saddams und der andauernden Meinungsverschiedenheiten im Sicherheitsrat seit Jahren keine Inspektionen mehr im Irak gegeben. Was der irakische Diktator seither in seiner »Giftküche« angeblich an chemischen und biologischen Waffen zusammenbraut, bleibt der internationalen Gemeinschaft verborgen. Das Inspektionsregime, das seit 1991 Abrüstungskontrollen im Irak durchgeführt hat, ist nach den Luftangriffen vom Dezember 1998 zusammengebrochen. Geheimdienste mögen ihre Informationen über Saddams geheimes Waffenprogramm gesammelt haben, die Vereinten Nationen verfügen über derlei Informationen nur, wenn die Mitgliedstaaten ihnen entsprechendes Material zur Verfügung stellen, denn aktuelle Inspektionsergebnisse fehlen ja. Ziemlich genau ein Jahr liegt zwischen dem militärischen Kurzeinsatz der Vereinigten Staaten sowie Großbritanniens und der nächsten Resolution des Sicherheitsrats. Dazwischen bleibt der Rat gelähmt: Mit Resolution 1284 vom 17. Dezember 1999 stellt er Saddam schließlich die Suspendierung der Sanktionen in Aussicht, wenn jener die Inspekteure zurück ins Land lässt und über einen gewissen Zeitraum mit ihnen kooperiert. Gleichzeitig ruft man ein neues Team von Kontrolleuren ins Leben, nun genannt UNMOVIC, und unterstellt sie einem erfahrenen Abrüstungsfachmann, dem Schweden Hans Blix. Er bereitet nach Übernahme der Amtsgeschäfte im Jahr 2000 die Inspekteure auf die Rückkehr in den Irak vor, von der damals niemand weiß, ob und wann sie je stattfinden wird.

Die Monate vergehen, ohne dass sich Größeres zutragen würde. Der Irak erkennt Resolution 1284 nicht an, lässt auch keine Inspekteure ins Land. Der Konflikt tritt zunächst in den Hintergrund.

Erst nach dem 11. September 2001 kehrt das Land wieder mit Macht zurück ins Blickfeld der Weltöffentlichkeit, weil man nun auf entsetzliche Weise begriffen hat, was Waffen in falschen Händen, anrichten können. Wenn schon »normale« Flugzeuge derartiges Zerstörungspotenzial entwickeln, um wie viel brutaler wäre dann erst der Einsatz von Massenvernichtungswaffen, lautet die bange Frage, die man sich nicht nur in den USA stellt. Und da Saddam schon einmal Giftgas eingesetzt hat – gegen die Kurden im eigenen Land –, steht er auf der Liste der gefährlichen »Schurken« bald ganz oben. Zumal Washington ihn unausgesprochen in den Kreis derjenigen einbezieht, die, wenn schon nicht selbst beteiligt, mindestens den Boden für die Anschläge vom 11. September bereitet haben. Daraus zieht Washington bald den Schluss, man müsse zur Not eben auch präventiv tätig werden, um Schlimmeres abzuwenden. Dass Amerika sich dieses Recht vorbehält, lässt Präsident Bush die Welt schon andeutungsweise in jener Rede vor der Nation im Januar 2002 wissen, präzisiert werden diese Vorstellungen dann in einer neuen Nationalen Sicherheitsdoktrin des folgenden Sommers. Diese Doktrin empfiehlt so genannte präemptive Militärschläge – preemtive strikes – gegen Schurkenstaaten, »um ihren terroristischen Klienten Einhalt zu gebieten, bevor sie in der Lage sind, Massenvernichtungswaffen gegen die Vereinigten Staaten und unsere Verbündeten und Freunde einzusetzen oder mit deren Einsatz zu drohen«. Mit anderen Worten: Die USA behalten sich das Erstschlagsrecht vor, sozusagen als vorausgreifende Verteidigung, schieben damit aber zugleich das geltende Völkerrecht beiseite, das für solche Szenarien nicht gut gerüstet ist, auf jeden Fall jedoch einen Beschluss des Sicherheitsrats vorsieht, jenes Organs also, das theoretisch das weltweite Gewaltmonopol besitzt. Ein alleiniger Angriff ohne Billigung des höchsten UN-Gremiums wäre nach gängiger Interpretation völkerrechtswidrig. Überhaupt hält die Staatengemeinschaft auf Anhieb wenig vom Prinzip der Präemption, denn es wirft, bei aller berechtigten Sorge um terroristische Gefahren, mehr Fragen auf, als es beantwortet, und bietet zudem noch gehörigen Raum für Willkür. Wer entscheidet, wann ein Verdacht bevorstehender Gewaltanwendung hinreichend groß ist, um einen präventiven Militärschlag zu rechtfertigen? Wie unmittelbar muss die Gefahr sein? Welche Kriterien werden angelegt? Gilt dieses Recht für alle Länder oder nur für die Supermacht?

Zunächst aber wählen die Vereinigten Staaten noch den Weg über die Vereinten Nationen, obwohl sie neue Beschlüsse des Sicherheitsrats eigentlich nicht für nötig erachten, da der Irak über Jahre hinweg Resolution um Resolution missachtet habe, die ihn in der einen oder anderen Weise zur Abrüstung verpflichteten. »Wir waren mehr als geduldig«, sagt Bush der Staatengemeinschaft im Herbst 2002. »Wir haben Sanktionen versucht. Wir haben ihm eine Karotte in Form von Öl für Lebensmittel hingehalten und den Stock herausgeholt in Form von Luftschlägen. Aber Saddam Hussein hat sich über all das hinweggesetzt und macht weiter mit seiner Produktion von Massenvernichtungswaffen.« Die Argumentation der Bush-Administration ist widersprüchlich, einerseits sucht sie die Unterstützung der Staatengemeinschaft in Gestalt einer neuen Resolution, andererseits hält sie eine solche aber nicht für erforderlich. Auch kann man sich des Eindrucks nicht erwehren, dass der Entschluss, im Irak einen Regimewechsel herbeizuführen, ungeachtet aller diplomatischen Winkel-

254

züge, schon feststeht. Nichtsdestotrotz bemüht man sich zunächst um eine Rückkehr der Inspekteure. Hans Blix selbst zweifelt in seiner Darstellung der Irak-Mission an der Redlichkeit der Amerikaner in dieser Frage, unterstellt ihnen, lediglich einen völkerrechtlichen Deckmantel für ihren Krieg im Irak zu suchen, ohne wirkliches Interesse an Inspektionsergebnissen. Er zitiert aus einer Rede Vizepräsident Cheneys vom August 2002, also sieben Monate vor Kriegsbeginn, folgende Passage: »Eine Rückkehr von Inspekteuren würde keineswegs sicherstellen, dass er (Saddam) die UN-Resolutionen erfüllt. Im Gegenteil, die Gefahr ist groß, dass man sich in der falschen Sicherheit wiegen würde, Saddam sei isoliert.« Präsident Bush sagt den Vereinten Nationen gar ein Schicksal ähnlich dem des Völkerbundes voraus, wenn sie im Irak nicht tatkräftig – also im Sinne Amerikas – handelten. Dann werde die Weltorganisation in die Bedeutungslosigkeit fallen. »Wir schufen den Sicherheitsrat, damit unsere Beratungen, anders als beim Völkerbund, mehr wären als Aussprachen, unsere Resolutionen mehr wären als Wünsche«, sagt er.

Und wo bleibt der Generalsekretär dieser Institution, deren Zukunft und Überlebensfähigkeit in Frage steht? Welche Position bezieht er in dieser diffizilen Debatte? Annan ist zutiefst verunsichert, weiß nicht, wie er sich verhalten soll. Er spürt, genau wie die übrige Staatenwelt, schon seit einigen Monaten, dass die Zeit der freundlichen Kritik aus Washington endgültig vorüber ist. Der Rückzug vom Kioto-Protokoll, den die Welt schon empörend fand, war noch milde, im Frühjahr 2002 wird die Atmosphäre immer aufgeladener. Erst nimmt Präsident Bush die Unterschrift seines Vorgängers Bill Clinton zum Statut des Internationalen Strafgerichtshofs in einem bis dahin beispiellosen Akt zurück. Dann blockiert Amerika auch noch den vom Herbst auf das Frühjahr verschobenen Kindergipfel, obwohl die USA neben Somalia das ein-

zige Land sind, das die Kinderkonvention noch nicht ratifiziert hat. Europäische Diplomaten bemängeln das unge-
hobelte Auftreten ihrer amerikanischen Kollegen bei den
UN nun ganz offen. Von einem »barschen Befehlston« ist
die Rede und von einer »Ellenbogenmentalität«, die jedes
normale Maß überschreite. Annan hat dafür kein geeig-
netes Gegenrezept. Nicht charakterlich und nicht politisch: Alles, was er gut kann – Menschen zueinander
bringen und Gespräche moderieren –, greift in dieser
schwierigen Lage nicht. Seine Versuche, die Welt auf dem
Pfad des Multilateralismus und des Völkerrechts zu halten, wirken unbeholfen. »Ich stehe hier heute vor Ihnen
als Multilateralist«, sagt er im September 2002 denselben
Zuhörern, die wenig später einen zu allem entschlossenen
Präsidenten Bush erleben. Die Worte sollen an Martin Lu-
thers berühmtes Zitat erinnern, einen willensstarken und
überzeugten Generalsekretär erkennen lassen. In seiner
Rede schwingt zwar ernsthafte Zukunftssorge und aller-
hand Pathos mit – aber er bezieht nicht offen Stellung
gegen die USA und deren Präsidenten, der am gleichen
Podium schon das Totenglöckchen für die Vereinten
Nationen erschallen lässt.

Selbst jetzt wagt Annan es nicht, gegen Amerika auf-
zubegehren. Er bleibt bei seiner indirekten Ausdrucksweise-
se, ändert sie auch nicht bis zum Krieg im Frühjahr 2003,
weil er trotz aller Gegenanzeigen immer noch hofft, der
Rat möge auf eine einheitliche Linie einschwenken. Im
Februar, einige Wochen vor Kriegsbeginn, wird er zum
Beispiel sagen: »Jeder Staat hat gemäß Artikel 51 der
UN-Charta im Falle eines Angriffs naturgemäß das Recht
auf Selbstverteidigung. Beschließen Staaten indes, Gewalt
gegen umfassendere Bedrohungen des Weltfriedens und
der internationalen Sicherheit anzuwenden, so gibt es keinen Ersatz für die einzigartige Legitimation, welche die
Vereinten Nationen gewähren.« Er sagt nicht etwa, ein

Angriff auf den Irak ohne Ratsresolution wäre ein Bruch des Völkerrechts, sondern er spricht davon, dass es keinen Ersatz gebe für die einzigartige Legitimation der Vereinten Nationen, ganz so, als bliebe es den Staaten selbst überlassen, diesen Vorzug zu erkennen oder ihn zu ignorieren. Ist da schlichte Pragmatik am Werk, weil Konfrontation mit Amerika nichts bringt? Traut er sich nicht, seinem ursprünglichen Förderer zu widersprechen, oder tritt hier Annans bekanntes Bedürfnis nach Harmonie zutage, das ihn vor der Auseinandersetzung mit dem mächtigsten Mitgliedstaat zurückschrecken lässt? Es ist wohl von allem ein bisschen, obwohl manches im Nachhinein geplant und clever aussieht, weil er Amerika diskret den Weg zurück in die UN offen hält. Vorhersehen kann er die Entwicklungen im Irak, die täglichen Anschläge, die prekäre Sicherheitslage jedoch nicht. Es wäre auch töricht gewesen, auf massive Schwierigkeiten zu setzen und im Vertrauen darauf die Hände in den Schoss zu legen. Annan hat insofern Glück, als Amerika die Staatengemeinschaft später wieder braucht.

Doch zunächst nimmt eine Entwicklung ihren Lauf, auf die Annan bald immer weniger Einfluss hat. Die Dinge spielen sich zwar hauptsächlich zwischen Washington und New York ab, aber die entscheidende Figur auf Seiten der Vereinten Nationen ist plötzlich Chefinspekteur Hans Blix und nicht mehr UN-Generalsekretär Annan. Dieser ist bei allen wichtigen Treffen des Sicherheitsrats zugegen, doch wirkt er merkwürdig absent, fast wie ein Zaungast. Hektisch flackern seine Augen, so berichten damals anwesende Diplomaten, ununterbrochen spielt er mit seinen Fingern oder reibt sich unruhig die Hände – untrügliche Zeichen von Nervosität, wie sie bei ihm nicht allzu oft, aber in diesen Monaten häufiger zu sehen sind.

Die Ankündigung von Großbritanniens Premierminister Blair, der Irak könne binnen 45 Minuten Massenvernichtungswaffen einsetzen, lässt Saddam Hussein noch gefährlicher als bis dahin angenommen erscheinen. Einige Monate später wird Präsident Bush sogar behaupten, der Irak habe in Afrika größere Mengen Uran nachgefragt. Für beides gibt es keine ausreichenden Beweise, wie inzwischen bekannt ist, aber in diesem Herbst und Winter erhöhen solche Aussagen den Druck auf die Zweifler am Nutzen eines Militäreinsatzes. Das diplomatische Ringen um einen neuen, effektiveren Umgang mit dem Irak geht einher mit einem monatelangen Aufmarsch amerikanischer und britischer Truppen am Golf, der offenbar selbst die sonst unnachgiebigen Iraker beeindruckt. Nach jahrelanger Obstruktion erklären sie sich plötzlich bereit, Inspektionsteams wieder ins Land zu lassen. »Nach zweieinhalb Jahren im Wartestand«, wie Hans Blix schreibt. Genaueres soll eine neue Resolution regeln, an der hinter den Kulissen des Sicherheitsrats bereits heftig gearbeitet wird. Kofi Annan ist im Hintergrund daran beteiligt, eine erkennbare Rolle nach außen spielt er jedoch nicht, sondern wird tendenziell zum Beobachter des Geschehens: In New York verhandeln die Mitglieder des Sicherheitsrats; um die Details für eine Wiederaufnahme von Inspektionen kümmern sich Hans Blix und sein Kollege von der Internationalen Atomenergiebehörde, Mohamed El Baradei. Viel hätte Annan wohl tatsächlich nicht ausrichten können gegen eine Supermacht, die zu allem entschlossen scheint und die Vereinten Nationen hauptsächlich als legitimierendes Feigenblatt benötigt, aber er hätte um der Sache willen die Ziele der Vereinten Nationen (Gewaltmonopol, Frieden und Völkerrecht) in den Vordergrund rücken müssen. »Bekamen wir denn nun ein echtes UN-System oder doch vielmehr einen UN-Deckmantel für eine westliche Operation?«, fragt Hans Blix sorgenvoll und spricht damit für viele in den UN. Die Lage ist schwierig, zweifelsohne, aber Annan hätte deutlich mehr Präsenz zeigen müssen. In diesen entscheidenden Wochen und Monaten bis zum Ausbruch des Krieges ist er gleichsam abgetaucht. Man hört und sieht viel zu wenig von ihm. Wo verteidigt er die Vereinten Nationen gegen die Ansprüche der Supermacht?

Am 8. November 2002 verabschiedet der Sicherheitsrat Resolution 1441. In dem Text heißt es, der Irak erhalte trotz fortdauernder Verletzung der einschlägigen Entschließungen eine »letzte Chance«. Das Regime in Bagdad wird aufgefordert, »sofort, bedingungslos und aktiv« mit UN-Inspekteuren zusammenzuarbeiten, weil jeder erneute »materielle Verstoß« den Rat dazu veranlassen werde, über »ernsthafte Konsequenzen« nachzudenken. Letzteres bedeutet in der UN-Sprache nichts anderes als die Anwendung von Gewalt. Allerdings gibt es bald unterschiedliche Interpretationen über den Resolutionstext: Während einige Länder, vorneweg Frankreich, die Meinung vertreten, ein »materieller Verstoß« könne nur von den Inspekteuren identifiziert und mit einer anschließenden UN-Resolution festgestellt werden, erkennen die USA keinen solchen Vorbehalt, sondern sehen im Gegenteil einen Automatismus, der durch Zuwiderhandlung von der irakischen Seite wie von selbst ausgelöst wird. (Die amerikanische Regierung fühlt sich zusätzlich unterstützt durch einen billigenden Beschluss des Washingtoner Kongresses.) Diese grundlegende Meinungsverschiedenheit geht zunächst unter, weil die Freude über die Einigung im Sicherheitsrat überwiegt. In den folgenden Monaten wird sie aber zum zentralen Streitpunkt.

Zunächst ist unklar, ob Saddam der Resolution innerhalb der vorgegebenen Zweiwochenfrist zustimmen wird. Doch schon wenige Tage später, am 13. November erklärt sich die irakische Seite einverstanden, wenn auch empört und jammernd. Die Inspekteure bereiten nun mit Hochdruck ihre Rückkehr nach Bagdad vor. Und tatsächlich finden am 27. November 2002 die ersten Kontrollen seit vielen Jahren statt. Das ist ein Fortschritt, auf den die Vereinten Nationen lange hingearbeitet hatten, aber er hat einen schalen Beigeschmack, denn die Begleitumstände sind fragwürdig und der Zeitdruck ist immens. Innerhalb von wenigen Wochen sollen die Inspekteure Ergebnisse vorweisen, wie sie ihren Vorgängern in Jahren intensiver Tätigkeit nicht gelangen. Zunächst jedoch läuft alles nach Plan: Die irakische Seite erfüllt auch den zweiten Teil der Resolution, indem sie innerhalb von vier Wochen – im Dezember 2002 – eine Erklärung über alle ihre Aktivitäten auf dem Gebiet der chemischen und biologischen Waffenproduktion an die Vereinten Nationen weiterreicht. Sie soll durch Vergleiche mit früheren Dokumenten Aufschluss darüber geben, ob und wo noch Massenvernichtungswaffen versteckt sein könnten. Stolze 12 000 Seiten lang ist das begehrte Dokument, für dessen Übergabe die Vereinten Nationen eigens zwei Boten nach Bagdad schicken. Zusätzliche Erkenntnisse enthält die zum Teil auf Arabisch gehaltene Deklaration jedoch nicht. »Die neue Erklärung brachte keine der ungeklärten Abrüstungsfragen einer Lösung näher. Was sie brachte, war jede Menge Arbeit, Papierstöße und einige Ressentiments.« Daher sähen sich die Inspekteure, teilt Hans Blix wenige Tage später dem Sicherheitsrat mit, weder imstande »die Aussagen des Irak zu bestätigen, noch verfüge man über Belege, die diese Aussagen widerlegten.« Amerika dagegen wertet die Erklärung als eine weitere Unterlassung, den Vorgaben des Sicherheitsrates Folge zu leisten. Der Irak habe seine letzte Chance nicht genutzt, meint der amerikanische UN-Botschafter John Negroponte in New York.

So geht es viele Wochen weiter. Bei allem, was der Irak tut oder – mehr noch – unterlässt, sehen die Vereinigten Staaten bereits einen »materiellen Verstoß« gegen einschlägige UN-Resolutionen, während die Kriegsgegner im Sicherheitsrat, vorneweg Frankreich, Russland und Deutschland, das Vorhandensein von Massenvernichtungswaffen für nicht ausreichend bewiesen erachten. Blix kommt bei seinen vielfachen öffentlichen Auftritten vor dem Sicherheitsrat stets zu dem, in Varianten vorgetragenen, Schluss, dass der Irak durchaus über Massenvernichtungswaffen verfügen könne, den Inspekteuren aber die letzten Beweise dafür fehlten. Verteidigungsminister Rumsfeld zitierend sagt Blix, »nichtexistierende Beweise sind keine Beweise für Nichtexistenz«, aber eben auch keine Legitimation für einen Krieg. Damit stellt sich Blix, der zusätzlichen zeitlichen Bedarf anmeldet, jedoch nicht erhält, am ehesten auf die Seite Frankreichs, das ebenfalls an eine Fortsetzung der Inspektionen denkt. Präsident Jacques Chirac macht früh klar, dass er Gewalt nicht rundweg ausschlösse, aber UNMOVIC hinreichend Gelegenheit lassen wolle, um seine Arbeit zu erledigen. Demgegenüber nimmt Bundeskanzler Schröder, wahlkampfbedingt, eine Haltung der Frontalopposition gegenüber Amerika ein, indem er einen Krieg sogar nach einem neuen UN-Mandat für ungerechtfertigt erklärt. Wie auch immer die Nuancen der gegnerischen Positionen aussehen mögen, eines ist klar: Die überwiegende Mehrheit der Mitglieder lehnt, das zeigen verschiedene öffentliche Debatten im Sicherheitsrat, die amerikanisch-britische Position ab. Allein Spanien steht treu zu Präsident Bush.

Das höchste UN-Gremium mit seinen fünfzehn Sitzen, in dem Deutschland für die Jahre 2003 und 2004 ebenfalls vertreten ist, durchzieht ein tiefer Graben. Daran ändert auch ein vielbeachteter Auftritt von Außenminister Colin Powell im Sicherheitsrats nichts, bei dem er der Welt beweisen will, wie gefährlich Saddam wirklich sei. Von mobilen Labors ist da beispielsweise die Rede, die später selbst von amerikanischen Waffeninspekteuren trotz intensiver Suche nicht gefunden werden. Powell macht seine Sache vordergründig gut, präsentiert Bilder, Tonbänder und Folien, politisch aber überzeugt er die anderen Mitglieder des Rates nicht von der Notwendigkeit eines Krieges. Die vorgelegten Indizien genügen ihnen nicht; der Rat bleibt gespalten. Unter den ständigen Mitgliedern steht es drei zu zwei gegen einen Krieg, Frankreich, China und Russland gegen die USA und Großbritannien. Jede neue Sitzung macht den Riss nur noch deutlicher.

Und Kofi Annan sitzt unentschlossen mittendrin. Er ist natürlich von seinem ganzen Wesen, seinen Überzeugungen und seiner Aufgabe her gegen einen Krieg im Irak. Ohne Zweifel muss auch er vermuten, dass die Entscheidung über eine militärische Auseinandersetzung schon gefallen ist, man nur noch den passenden Auslöser sucht und dafür die Vereinten Nationen braucht. Andererseits fühlt er sich von seiner Erziehung und seinem Wertegerüst her Briten und Amerikanern weit mehr verbunden als Russen, Chinesen und sogar Franzosen. Was also tun? »Es waren quälende Wochen für ihn«, beschreibt sein Freund Giandomenico Picco Annans inneren Konflikt. Was ist richtig und was ist möglich? – lauten die beiden zentralen Fragen, die er sich immer und immer wieder stellt.

Ein paar Mal meldet Annan sich tatsächlich zu Wort in diesen entscheidenden Wochen bis zum Kriegsbeginn. Etwa am 10. März 2003, als er sagt: »Sollten die Vereinigten Staaten und andere den Sicherheitsrat umgehen und militärisch eingreifen, stünde das nicht im Einklang mit der Charta.« Die Formulierung ist immer noch vorsichtig, aber immerhin: Annan bekennt Farbe. Später wird er, wie sein Redenschreiber Edward Mortimer erzählt, noch froh sein, diesen Satz überhaupt herausgebracht zu haben, denn so kann er immer sagen, er habe vor unilateralen Aktionen gewarnt, sei gegen den Krieg gewesen. Insgesamt aber scheint er den Dingen ihren Lauf zu lassen, gelegentlich mahnt Annan, die Kluft im Sicherheitsrat zu überwinden und alle »Wege des Friedens« zu beschreiten. Eine eigene Initiative unternimmt er nicht, obwohl vom Papst bis zum Dalai Lama alle gegen einen Waffengang im Irak sind und weltweit Millionen von Menschen gegen einen amerikanischen Militäreinsatz am Golf demonstrieren. Aber nach Verabschiedung von Resolution 1441 war »die Sache nicht mehr in seinen Händen«, erklärt Shashi Tharoor die Passivität des Generalsekretärs. »Danach wurde es zu einer Angelegenheit zwischen dem Irak, den Inspekteuren und den USA. Dies war nicht der Moment für einen dramatischen Flug nach Bagdad. Man stelle sich vor, der Sicherheitsrat hätte sich mehrheitlich für den Krieg entschieden. Mit welchem Recht hätte der Generalsekretär sich gegen die Autorität des Sicherheitsrats stellen und eine Mission unternehmen können?«

Am 7. März findet die letzte maßgebliche Sitzung des Sicherheitsrates statt – auf Außenministerebene. Joschka Fischer spricht für Deutschland und im Sinne vieler anderer Länder, als er eine zweite, kriegsautorisierende Resolution, wie sie vor allem Großbritannien wegen der Opposition im eigenen Land anstrebt, als unnötig und verfrüht ablehnt. (Amerika erachtet spätestens Resolution 1441 als ausreichende Grundlage für einen Waffengang.) Er vertritt stattdessen die Meinung, Inspektionen seien eine »effektive Alternative« zu einem Krieg im Irak, auch wenn klar sei, dass man sie nicht endlos fortsetzen könne. Im Moment aber mache man mit den Kontrollen gute Fortschritte. Schließlich findet der amerikanisch-britisch-spanische Resolutionsentwurf, der Saddam mangelnde Abrüstungsfortschritte vorwirft, im Sicherheitsrat keine Mehrheit. Frankreich kündigt ein Veto an. In Anbetracht dessen verzichten die drei Länder wenige Tage später, am 17. März 2003, auf eine Abstimmung über ihren Entwurf, behalten sich »eigene Schritte um die Abrüstung des Iraks zu sichern« aber ausdrücklich vor. »Der Sicherheitsrat ist seiner Verantwortung nicht nachgekommen, also werden wir sie übernehmen müssen«, kommentiert Präsident Bush die Entwicklungen in New York. Die Interpretation auf der gegnerischen Seite lautet ganz anders: Dort heißt es, der Sicherheitsrat habe entschieden »durch Nichtentscheidung« und sei damit sehr wohl seiner Verantwortung nachgekommen.

Noch am selben Tag zieht Kofi Annan alle UN-Mitarbeiter aus dem Irak ab, einschließlich aller Inspekteure. »Wir stehen ganz offensichtlich am Ende des Weges hier«, sagt er resigniert. Einen Tag später beginnt der Krieg mit Luftangriffen auf Bagdad. Annan gibt eine offizielle Erklärung dazu ab, mit der er sich zaghaft auf die Seite der Gegner stellt, versäumt es jedoch wiederum, seine Position explizit darzulegen: »Vielleicht, wenn wir etwas länger ausgeharrt hätten, hätte der Irak friedlich entwaffnet werden können oder – wenn nicht, dann hätte die Welt dieses Problem durch eine gemeinsame Entscheidung lösen können, ausgestattet mit einer größeren Legitimität und folglich mit breiterer Unterstützung, als es jetzt der Fall ist.« Wie vorsichtig Annan selbst jetzt noch vorgeht, zeigt der Vergleich mit einer Mitteilung der Deutschen Gesellschaft für die Vereinten Nationen vom selben Tag. Darin heißt es: »Der Krieg unterbricht den Prozess der friedlichen Entwaffnung des Irak und zieht großes menschliches Leid nach sich. Er ist politisch wie rechtlich in keiner Weise zu rechtfertigen. Indem die USA und sie unterstützende Staaten sich über diese Beschlusslage im Sicherheitsrat hinwegsetzen, verstoßen sie gegen die Charta der Vereinten Nationen und zwingendes Völkerrecht.« So offen könne Annan eben nicht reden, verteidigt Shashi Tharoor die Zurückhaltung seines Chefs. Direkte Kritik verschaffe einem vielleicht kurzzeitige Genugtuung, aber morgen müsse er dem gleichen Präsidenten wieder in die Augen schauen und mit ihm arbeiten. »Dann wird man keine effektiven Ergebnisse erzielen.« Das mag zutreffen, aber in dieser besonderen Lage hätte man sich aller Rücksicht auf Amerika zum Trotz ein klares Bekenntnis Annans zu den Zielen der Organisation gewünscht, schließlich ging es um nichts weniger als die erklärte Irrelevanz seiner Institution.

Annan spürt das Dilemma, in dem er sich befindet. Hier Amerika, das wichtigste Mitgliedsland, dort die Europäer, und über allem steht die ungewisse Zukunft der Organisation. Wird der Irak-Konflikt auf Dauer negative Folgen für die UN haben? Fragen wie diese beschäftigen Politiker, Journalisten und Wissenschaftler rund um die Welt. Sie plagen auch den Generalsekretär. Die nächsten Wochen sind für ihn ein Albtraum; die Entwicklungen laufen völlig an ihm vorbei und jetzt, da der Krieg begonnen hat, kann er wirklich nichts tun, außer über die Möglichkeit eines baldigen Waffenstillstands nachzudenken. Er leidet, ist auch gesundheitlich angeschlagen, fühlt sich schlapp, verliert am Ende sogar seine Stimme. Besser könnte seine Machtlosigkeit in jenen Wochen nach Kriegsausbruch kaum symbolisiert werden. Annan schleppt sich von einem Tag zum nächsten, legt sich schließlich eine Zeit lang ins Bett; es dauert Wochen, ehe er sich wieder besser fühlt. Die zweite Märzhälfte und der April zählen wahrscheinlich zu den schlimmsten Wochen seit seinem Amtsantritt im Jahr 1997. »Ich war extrem enttäuscht und ein bisschen deprimiert mit mir und der Welt«, beschreibt Annan seinen Seelenzustand im Rückblick ziemlich beschönigend. Beobachter jener Tage verfolgen besorgt, wie Annan sichtlich altert, sein Haar wird über der Krise fast weiß, Falten graben sich in sein Gesicht. Während dieser »Tiefphase« verliert Annan sogar seine gewohnte Zuversicht. Plötzlich machen Rücktrittsgerüchte die Runde. Er sei müde, enttäuscht, frustriert, er wolle das Amt niederlegen, heißt es in UN-Kreisen. Die Quellen der Kolportage lassen sich nicht ausmachen. In New York behaupten jedenfalls UN-Mitarbeiter aus seiner direkten Umgebung, er habe keine Sekunde an Rücktritt gedacht. Dafür sei er viel zu pflichtbewusst. Was hätte er damit auch schon großartig erreichen können, lautet das Argument. Die Würfel waren gefallen. Überdies hätte ein Rücktritt die UN nur weiter geschwächt. Trotzdem halten sich die Gerüchte hartnäckig in jenen Tagen – vielleicht auch nur angefacht von interessierter Seite. Wie groß ihr wahrer Kern ist, bleibt unklar. Annan steht diese Krise durch – irgendwie.

Während der unmittelbaren Kämpfe im Irak tut sich wenig bei den Vereinten Nationen. Hier und da drückt Annan sein Mitgefühl für die Opfer aus, spricht von einer »wichtigen Rolle der UN im Nachkriegsirak« und versucht alles, um die Depression, die sich über das gesamte UN-Gebäude gelegt hat, zu vertreiben. Genauer gesagt arbeiten daran seine PR-Profis. Sie geben permanent Parolen der Zuversicht aus. Man habe die schlimmen Jahre der frühen neunziger als Organisation überstanden, man werde auch diese Krise meistern, sagt beispielsweise sein Pressesprecher Fred Eckhard in jenen Tagen. Tatsächlich verfolgen die UN das Kriegsgeschehen sehr genau, aber mit äußerst gemischten Gefühlen. Einerseits wünscht sich niemand einen höheren Blutzoll als unbedingt erforderlich. Andererseits können die Vereinten Nationen kein großes Interesse an einem reibungslosen Kriegsverlauf haben, sonst wären sie womöglich tatsächlich zur Bedeutungslosigkeit verdammt, wie Präsident Bush drohend vorhergesagt hatte. Wofür sollte Amerika den Sicherheitsrat noch benötigen, wenn es Ordnung am besten alleine schafft? Wofür das Völkerrecht achten und Legitimation einholen, die doch nicht kommt, wenn es einen Diktator besser alleine stürzt?

Am 1. Mai 2003 erklärt Präsident Bush die unmittelbaren Kämpfe im Irak für beendet, aber die Gewalt geht weiter. Fast jeden Tag werden Anschläge irgendwo im

Land verübt, nahezu täglich sterben amerikanische Soldaten. Im Laufe der Zeit wird immer klarer, wie schwierig die Befriedung dieses Landes ist, noch dazu, wenn man es, von Großbritannien und vielen kleinen Ländern abgesehen, nahezu allein bewerkstelligen muss. Je länger die Mission dauert, je widriger ihre Umstände, desto geneigter verhalten sich die USA gegenüber den Vereinten Nationen. Langsam kehren sie zu den UN zurück; widerwillig zunächst, nähern sie sich wieder an. Die USA brauchen Unterstützung, rechtlich und materiell. Am 22. Mai, etwa zwei Monate nach Beginn der Luftangriffe, verabschiedet der Sicherheitsrat endlich wieder eine Irak-Resolution: Nummer 1483. Darin werden die Besatzungsmächte als solche anerkannt, worin manch kritischer UN-Diplomat eine nachträgliche Billigung eines völkerrechtlich fragwürdigen Krieges sieht, andererseits ist damit, ähnlich wie damals im Kosovo, die internationale Legitimität für die Zukunft wieder hergestellt: Den Besatzungsmächten wird in der Resolution die gesamte Verantwortung für das Land überschrieben (auch über die Ölquellen). Die 13 Jahre zuvor auferlegten Sanktionen gegen den Irak werden aufgehoben und der Generalsekretär erhält den Auftrag, einen Sonderbeauftragten der Vereinten Nationen für den Irak zu benennen. Die UN sollen vor allem humanitäre Hilfe leisten. Politisch ist die Krise für die Vereinten Nationen noch nicht ausgestanden, aber Resolution 1483 gilt allgemein als erster Schritt, um die Kluft der Vorkriegszeit im Sicherheitsrat zu überwinden. Syrien bleibt der Abstimmung fern, die anderen Mitglieder nehmen die Entschließung einstimmig an. Frankreichs Botschafter Jean-Marc de la Sablière bezeichnet die Resolution als »nicht perfekt«, aber als »glaubwürdigen Rahmen« für die internationale Gemeinschaft. Deutschlands Botschafter Gunter Pleuger kommt zu dem Schluss, 1483 lasse die »Meinungsverschiedenheiten der Vergangenheit« zurück. Dieses Mal

sehen die Mitglieder des Rates einen sichtlich entspann-
teren Annan als zwei Monate zuvor. Der Generalsekretär
hat diese Talsohle durchschritten und zu seiner Haltung
zurückgefunden, allerdings kommt bald schon die nächste
Krise.

Zunächst aber beruft Kofi Annan, wie in Resolution
1483 aufgetragen, seinen alten Freund Sergio Vieira de
Mello zum neuen Sonderbeauftragten für den Irak. Die
beiden kennen sich aus früheren Zeiten beim UN-Flüchtlingshilfswerk (UNHCR), de Mello ist mittlerweile Hoch-
kommissar für Menschenrechte in Genf. Aber es gilt als
offenes Geheimnis in den UN, dass de Mello unzufrieden
ist mit seinem neuen »Schreibtischjob«. Er fühlt sich beruflich in einer Sackgasse, wäre lieber draußen vor Ort, wie in
Osttimor oder im Kosovo, wo er jeweils an herausragender
Stelle seinen Dienst versah. Außerdem gilt de Mello als ehrgeizig, als geschickt und, wichtiger noch, als beliebt in Washington. Der Brasilianer scheint eine gute Wahl für den
schwierigen Posten im Irak, bei dem für die UN manches
auf dem Spiel steht. Denn von seiner Leistung hängt ab, so
zumindest damals die allgemeine Auffassung, ob die Weltorganisation politisch wieder ins Spiel kommt. Mit großem Tatendrang macht sich de Mello an die Arbeit. Er
und sein Stab ziehen ins Canal-Hotel in Bagdad ein und
beginnen sofort Gespräche mit allen maßgeblichen Gruppen des Landes. Zugleich erarbeitet de Mello eine Liste
mit möglichen Aufgaben für die Vereinten Nationen und
trägt sie Mitte Juli 2003 dem Sicherheitsrat in New York
vor, der darauf positiv reagiert, ohne sofort konkrete Entscheidungen zu treffen. Danach kehrt de Mello zurück in
den Irak, um seine Arbeit fortzusetzen, für vier Monate
zunächst. So lange bleibt er von seinem Genfer Posten frei-
gestellt. Wichtig ist dem Brasilianer, dass die UN nicht
gleichgesetzt werden mit den Besatzungsmächten, sondern
die Iraker sie als eigenständige Einheit und möglichst neu-

trale Instanz wahrnehmen. Statt sich abzuschotten und das Gebäude abzusichern, pflegt er deshalb bewusst einen Stil der »offenen Tür«, fast im wörtlichen Sinne. Damit begeht er einen tödlichen Fehler, wie sich wenig später herausstellt.

Am Nachmittag des 19. August 2003 erschüttert ein Bombenanschlag das Hauptquartier der Vereinten Nationen in Bagdad, in dem normalerweise um die 300 Menschen arbeiten. Der Chef der Mission, Sergio Vieira de Mello, erliegt einige Zeit später seinen Verletzungen. Mit ihm sterben 21 UN-Angehörige, nahezu 100 andere werden verletzt. Generalsekretär Annan verurteilt den Angriff als einen »Akt mörderischer Gewalt«, der durch nichts zu entschuldigen sei. »Der Verlust von Sergio Vieira de Mello ist ein schwerer Schlag für die Vereinten Nationen, aber auch für mich persönlich.« In New York steht plötzlich die Arbeit still, überall bilden sich Grüppchen von Mitarbeitern, die schockiert innehalten. Die 191 Flaggen vor dem UN-Gebäude werden eingezogen; allein die UN-Fahne bleibt – auf Halbmast. Die Vereinten Nationen befinden sich im Ausnahmezustand, ungläubig darüber, dass man sie angreifen konnte, obwohl sie doch gerade nicht Teil der Besatzung und der Kriegsmaschinerie, sondern Teil der friedlichen Lösung sein wollten. »Sergio Vieira de Mello war einer der erfahrensten Leute, die wir in den UN hatten. Er hat viele Kriege miterlebt, aber ich glaube nicht, dass er an einen solchen Anschlag auf das Hauptquartier auch nur dachte.«

Annan befindet sich zum Zeitpunkt der Explosion auf Urlaubsreise in Skandinavien, die er sofort nach Bekanntwerden des Unglücks abbricht, um eilig nach New York zurückzukehren. Noch in Europa verspricht er, die UN würden im Irak bleiben und weitermachen, die »essenzielle« Arbeit dort nicht unterbrechen. »Wir werden uns nicht abschrecken lassen«, sagt Annan auf einer Pressekonferenz in Stockholm, nicht ahnend, dass er damit ganz und gar nicht den Nerv der UN-Belegschaft trifft. Der Generalsekretär hat vor allem die Bedeutung der Organisation als Ganzes im Auge. Ihm geht es darum, den gerade mühsam wiedergewonnenen politischen Boden nicht preiszugeben, die Mitarbeiter jedoch fürchten schlicht um ihr Leben. Noch am Tag des Anschlags fordert der Personalrat der UN eine eingehende Untersuchung über mögliche Sicherheitsmängel in Bagdad. Außerdem verlangt er vom Generalsekretär den sofortigen Rückzug des gesamten UN-Personals. Annan ignoriert die Forderung – und zieht sich damit den Groll vieler Mitarbeiter zu, die fortan das Gefühl haben, wie ein Mitglied des Personalrates sagt, »auf dem Altar politischer Interessen geopfert zu werden«. So beliebt Annan am Anfang innerhalb des Hauses war, so enttäuscht ist man jetzt. »Wir hatten große Hoffnungen in ihn gesetzt, aber durch die Anschläge ist vieles davon zerstoben«, urteilt der Personalrat. Plötzlich hört man überall Klagen in den UN: über Annans Schwäche, über seine eilfertige Kompromissbereitschaft, über zu große Eigenmächtigkeit. Er hätte dezidierter für die Vereinten Nationen und deren Mitarbeiter Partei ergreifen müssen, meinen sie, statt sich den USA anzubiedern, aus Furcht, sie könnten den UN dauerhaft den Rücken kehren. »Dann sollen sie doch wegbleiben«, sagt ein erboster UN-Mitarbeiter anonym und ohne Bezug zur Realität: »Wir existieren auch ohne die Amerikaner.« Die Empörung ist groß, hatte sich womöglich schon eine Weile angestaut, vor allem im Zusammenhang mit dem Irakkonflikt, die Explosion in Bagdad bringt die Gefühle nun an die Oberfläche. Sie richten sich in erster Linie gegen Washington, aber eben auch gegen den UN-Chef.

Ein neuer Anschlag einige Wochen später, am 22. September, macht alles noch schlimmer. Denn er zeigt, es war kein Einzelfall. Zwar bleiben die internationalen Mitarbeiter dieses Mal unversehrt, es trifft »nur« Iraker, aber der zweite Angriff entfaltet eine ungeheuer demoralisierende Wirkung innerhalb der Weltorganisation. »Wie viel können unsere Leute im Irak noch ertragen?«, fragt der Personalrat noch erboster als im August. Annan erwägt den kompletten Abzug, ordnet ihn aber nicht an, sondern zieht nur ein paar Mitarbeiter ab. Er verkennt die Emotionen der Belegschaft, vielleicht hat er auch schon ein wenig die Bodenhaftung verloren, nach all den Jahren an der Spitze. Jedenfalls belässt er eine UN-Präsenz in Bagdad, führt als Begründung dafür immer wieder die Worte des sterbenden de Mello an, der schwer verletzt in den Trümmern des Canal-Hotels gesagt haben soll: »Lasst nicht zu, dass die Mission abgezogen wird.« Denn in Bagdad, diese Botschaft sendet Annan in jenen Tagen fortwährend aus, entscheidet sich die Zukunft der Weltorganisation. Er möchte die UN politisch im Spiel halten, darf seine Leute jedoch nicht weiteren unverhältnismäßigen Risiken aussetzen. Ein schwieriger Balanceakt, den Annan hier vollführen muss und mit dem er im eigenen Haus manchen Freund verliert.

Erst als auch ein Anschlag auf das Rote Kreuz in Bagdad verübt wird, zieht Annan sämtliche UN-Mitarbeiter ab. Am 27. Oktober erschüttert eine Bombe das irakische Hauptquartier der Hilfsorganisation. Zwölf Menschen sterben, internationale Helfer sind erschüttert. Der Anschlag auf die Vereinten Nationen ließ sich noch mühsam mit dem jahrelangen strikten Sanktionsregime gegen den Irak erklären, das die Weltorganisation verhasst machte und wie einen Handlanger Amerikas wirken ließ. Aber das Rote Kreuz? Neutral und hilfsbereit, wird es dennoch zur Zielscheibe. Erst jetzt, nach dieser weiteren Bluttat, reagiert Annan; die UN arbeiten einstweilen von der Grenze aus. Im Land selbst operieren nur noch irakische Ortskräfte. Der anfängliche Elan, mit dem de Mello im

Frühjahr 2003 seine Mission im Irak begonnen hatte, ist endgültig einer tiefen Skepsis gegenüber den Möglichkeiten der Vereinten Nationen gewichen. Interessanterweise kommt das Misstrauen jetzt weniger von außen, denn Amerika benötigt zunehmend die Hilfe der Weltorganisation, sondern von innen, von der Belegschaft selbst. Risiko und Aufgabe müssten in einem angemessenen Verhältnis zueinander stehen, definiert Kieran Prendergast, Annans politischer Berater, daher die künftige Marschroute der UN.

Anschlag und Abzug folgen nur wenige Tage nach dem Bericht einer unabhängigen Untersuchungskommission, der unter Leitung des früheren finnischen Präsidenten Martti Ahtisaari angefertigt wurde und den UN schwere Versäumnisse bei ihren Sicherheitsvorkehrungen zur Last legt. Sie seien »dysfunktional«, schützten UN-Personal nicht gut genug und müssten dringend reformiert werden. In Bagdad sei »schlampig« gearbeitet worden, urteilen die Gutachter ganz ungeschminkt. Zwar hätte auch besserer Schutz die beiden Anschläge wahrscheinlich nicht verhindert, wohl aber die Zahl der Opfer verringert, lautet die Quintessenz der Untersuchung. Die Ergebnisse sind bitter für Kofi Annan, weil sie den Eindruck vermitteln, als habe man Menschenleben aufs Spiel gesetzt. Als früherer Sicherheitschef, von 1987 bis 1990, dürfte ihm die allgemeine Problematik nicht fremd gewesen sein. Annan hat mit den Begebenheiten vor Ort nicht persönlich zu tun gehabt – zuständig dafür war seine Stellvertreterin, Louise Fréchette. Aber er trägt als UN-Chef die Gesamtverantwortung. Das sieht auch der Finne Martti Ahtisaari so, wenn er zu dem Schluss kommt, die Mitgliedstaaten treffe zweifellos eine Teilschuld, weil sie die UN mit riskanten Aufgaben betrauten, die Sache bleibe aber letztlich am Generalsekretär hängen. Bei so viel Kritik kann man höchstens noch positiv vermelden, dass Annan die Kommission zur

Ergründung von Sicherheitsmängeln selbst ins Leben gerufen hat.

Nach einer weiteren, noch detaillierteren Untersuchung, ebenfalls wieder auf Annans Geheiß, deren Ergebnisse im Frühjahr 2004 veröffentlicht werden, bietet Louise Fréchette schließlich ihren Rücktritt an. Annan lehnt ab, stattdessen entlässt er den für Personalsicherheit zuständigen Mitarbeiter Tun Myat und den in Bagdad verantwortlichen Portugiesen Ramiro Lopes da Silva. Es handele sich um ein kollektives Versagen, lautet Annans Begründung an seine Stellvertreterin, für das sie nicht allein die Verantwortung trage. Warum aber entbindet er dann die beiden anderen Mitarbeiter von ihren Aufgaben? Seine Aussage erscheint doppelbödig – und genau so empfinden sie auch viele seiner Untergebenen.

Die beiden Anschläge auf UN-Einrichtungen in Bagdad markieren in vieler Hinsicht eine Zäsur: Erstens wächst die Unzufriedenheit der Mitarbeiter. Zweitens wird schlagartig deutlich, wie gefährdet die Vereinten Nationen in Zeiten des internationalen Terrorismus sind. Die blaue Flagge bietet nicht länger Schutz, sondern steht immer mehr im Fadenkreuz extremistischer Gruppen. Schließlich verändern sie Kofi Annan: Getrieben von den Ereignissen und – mutmaßlich – von dem unguten Gefühl, im Frühjahr nicht laut genug gegen einen Waffengang protestiert zu haben, wagt sich Annan nun immer mehr aus der Defensive und begehrt schließlich in einigen Momenten regelrecht auf gegen die Vereinigten Staaten – was ihm noch Schwierigkeiten bereiten wird.

Deutliche Worte: Annan gerät ins Visier der USA

Einen Tag nach dem zweiten Anschlag auf die UN im Irak hält Generalsekretär Annan eine offenherzige, direkte und mutige Rede. Was er im vorangegangenen Frühjahr an Klarheit hatte vermissen lassen, scheint er nun nachholen zu wollen. Am Beginn der alljährlichen »Generaldebatte«, zu der traditionell Staats- und Regierungschefs aller 191 Mitgliedstaaten anreisen, demonstriert er der Welt im Herbst 2003 nun sichtbar, wo er steht. Wie immer nennt Annan die USA nicht beim Namen, aber das braucht er dieses Mal auch nicht; alle Zuhörer im Saal, an den Fernsehschirmen und Computern überall auf der Welt wissen, wogegen sich seine Ausführungen richten: gegen Washington. Er stellt die Gefahr von Massenvernichtungswaffen überhaupt nicht in Frage, wohl aber die Art Amerikas, darauf zu reagieren. »Artikel 51 der Charta sieht vor, dass allen Staaten im Falle eines Angriffs das Recht auf Selbstverteidigung zusteht. Aber bis jetzt wurde es so verstanden, dass Staaten, die darüber hinausgehen und sich entschließen, Gewalt anzuwenden, um Gefahren für den internationalen Frieden im weiteren Sinne abzuwenden, dazu die einmalige Legitimation der Vereinten Nationen benötigen.« Einige verträten nun die Ansicht, fährt Annan fort, diese Auffassung gelte bei der Bedrohung durch Massenvernichtungswaffen nicht mehr, weil sie jederzeit und ohne Vorwarnung angewendet werden könnten. Statt auf einen solchen Angriff zu warten, machten sie für sich das Recht geltend, präemptiv dagegen vorzugehen. »Diese Logik stellt eine fundamentale Herausforderung für die Prinzipien dar, auf denen, wie unvollkommen sie auch sein mögen, der Weltfrieden in den vergangenen 58 Jahren ruhte.« Wenig später spricht er gar von einer »unilateralen und gesetzeswidrigen Anwendung von Gewalt – mit oder ohne Rechtfertigung«. Selten hat Annan eine stärkere Rede gehalten. Die Distanz zu Amerika baut er übrigens schon durch die Wahl der Sprache auf, indem er seine Ausführungen demonstrativ auf Französisch beginnt. Einige Abschnitte sind es nur, aber sie genügen, um sich von Amerika abzusetzen. Nach der Kritik an Washington lenkt Annan den Blick dann geschickt in die Zukunft, empfiehlt, wenn überhaupt, das Erarbeiten von Kriterien für *preemptive strikes* und fordert eine weiter gehende Reform der Vereinten Nationen, um sie auf neue Bedrohungen auszurichten. Dazu zählt er ausdrücklich den Sicherheitsrat, dessen Erweiterung letzthin auch die USA blockierten. Die Legitimationsbasis seiner Entschlüsse wächst, so die Vorstellung, je mehr Staaten daran teilhaben. Am Ende seiner Rede wird Annan wieder versöhnlich: »Die Vereinten Nationen sind beileibe kein perfektes Instrument, aber ein wertvolles. Ich ermuntere Sie dazu, nach Wegen der Übereinstimmung zu suchen, um dieses Instrument zu verbessern.« Er kündigt an, eine prominente Expertengruppe (High-Level Panel) einzusetzen und sie um ein umfassendes Reform-Gutachten zu bitten.

Wenig später tritt George W. Bush an das Rednerpult der Vollversammlung. Wo er die Vereinten Nationen im Jahr zuvor noch unmissverständlich vor einem Abgleiten in die »Irrelevanz« gewarnt hatte, spricht nun ein Unterstützung heischender amerikanischer Präsident. Er gibt sich beinahe milde, erkennt Meinungsverschiedenheiten im Sicherheitsrat an, dankt den Beteiligten der internationalen Irakkoalition für ihre Hilfe und gesteht der Weltorganisation dort wieder einen größeren Beitrag zu: »Die

Vereinten Nationen können außerordentlich zur Selbstverwaltung des Irak beitragen. Amerika arbeitet mit Freunden und Alliierten an einer neuen Sicherheitsratsresolution, die die Rolle der UN im Irak ausweitet.« Zum Schluss verschreibt er sich sogar ausdrücklich den Zielen der Vereinten Nationen, indem er sagt: »Als einer der ursprünglichen Unterzeichner der UN-Charta bleiben die Vereinigten Staaten den Vereinten Nationen verpflichtet.« Im Vergleich zum Vorjahr ist dies ein völlig anderer Tonfall. Annan hört Bushs Ausführungen nur zu gern, seine Probleme in Sachen Irak sind dadurch aber noch lange nicht beseitigt. Er hat nach wie vor einen empfindlichen und kritischen Mitarbeiterstab im Rücken, die Rolle der Weltorganisation im Irak ist weiterhin nur undeutlich umrissen und die Risiken vor Ort bleiben enorm. Gebannt scheint fürs Erste nur die Gefahr des »Völkerbundsyndroms«, denn die UN sind wieder am Geschehen beteiligt. Je länger der Konflikt sich hinzieht, je mehr Schwierigkeiten bei der Demokratisierung des Irak für Amerika und Großbritannien auftauchen und je länger die – erfolglose – Suche nach Massenvernichtungswaffen dauert, desto mehr werden die Vereinten Nationen gebraucht: als Legitimationsinstrument über den Sicherheitsrat und als Helfer beim Übergang des Irak zur Selbstverwaltung. Das stärkt automatisch die Position des UN-Generalsekretärs. So makaber es klingen mag: Jeder Anschlag gegen die Vereinigten Staaten im Irak stärkt die Vereinten Nationen – zunächst jedenfalls.

Die politische Seite der Krise entspannt sich im Laufe der zwölf Monate nach Präsident Bushs theatralischem Ausspruch Anfang Mai 2003 »Mission accomplished« also zunehmend. Der Sicherheitsrat billigt verschiedene Resolutionen zum Irak, meistens sogar einstimmig, und ist auch sonst aktiv. Ob Liberia oder Haiti, an vielen Ecken der Welt entstehen neue Friedensmissionen, so dass die

UN im Frühjahr 2004 wieder mehr Soldaten im Einsatz haben als in den Jahren davor. Etwa 55 000 Männer und Frauen versehen ihren Dienst für die Weltorganisation (Stand September 2004), und der Bedarf liegt sogar noch weit darüber. Der für Friedensoperationen zuständige französische Untergeneralsekretär Jean-Marie Guéhenno mahnt jedenfalls regelmäßig mehr Soldaten, Polizisten und Militärbeobachter bei den Mitgliedstaaten an. Von einem Rückfall in die Bedeutungslosigkeit, wie sie Präsident Bush angedroht hatte, kann nur ein Jahr nach dem Irak-Krieg keine Rede mehr sein. In Entschließung 1511 vom Herbst 2003 wird den UN nicht nur eine »vitale Rolle« zugeschrieben, sondern der Generalsekretär kann auch eigenmächtig entscheiden, wann er seine Leute wieder zurück nach Bagdad schickt. Damit hat ihm der Sicherheitsrat viel Einfluss zugebilligt, aber auch einen schwierigen Konflikt aufgebürdet. An ihm allein hängt nun die Entscheidung, wann er im Namen der Vereinten Nationen wieder Mitarbeiter der täglichen Lebensgefahr im Irak aussetzt. Der Personalrat der UN rät weiter ab, hält die Lage für nicht sicher genug. Andererseits nimmt der Druck aus Washington zu, weil man die Last der Aufgabe gerne auf mehr Länder und Institutionen verteilen würde. Allein dieses Beispiel zeigt: Entspannung tritt für Annan in Sachen Irak nur kurzfristig ein. Einerseits stehen die Vereinten Nationen nicht mehr abseits, das allein hebt des Generalsekretärs Laune, wie es in jenen Tagen aus seiner Umgebung heißt. Doch das Dilemma ist insgesamt nicht kleiner geworden, denn Annan findet sich weiterhin eingepfercht zwischen den Forderungen seiner Mitarbeiter, den Wünschen der USA und dem Begehr der ursprünglichen Kriegsgegner, die den »Schlamassel« gerne noch eine Weile Amerika allein überlassen würden.

Dieses Mal beugt sich Annan nicht dem Willen der Vereinigten Staaten, die gerne mehr UN-Personal im Irak sähen. Monatelang arbeitet die Weltorganisation nur von den Nachbarländern des Irak aus, schickt kleine Gruppen kurzzeitig ins Land und zieht sie nach erledigter Arbeit sofort wieder zurück. Die blaue Flagge weht zunächst nicht wieder über Bagdad. Überhaupt scheint Annan kämpferischer geworden zu sein seit den Anschlägen auf die Vereinten Nationen. Immer wieder fällt er in den Monaten danach durch Widerspruch zu den USA auf. Ob es die schon erwähnte Rede in der Generalversammlung ist oder ein Mittagessen mit den Botschaftern des Sicherheitsrats Anfang Oktober 2003: Da spricht er klipp und klar über die Gefahren im Irak, denen er seine Leute derzeit nicht auszusetzen gedenke. Die fünfzehn Botschafter hören überrascht und staunend zu. So schneidend haben sie den Generalsekretär selten erlebt. Annan wird direkter.

Am deutlichsten zeigt sich der Widerspruch zu den Vereinigten Staaten wahrscheinlich beim Thema Internationaler Strafgerichtshof, den Annan immer schon für wichtig und notwendig erachtet, in der Vergangenheit aber eher vorsichtig verteidigt hat. Weil Amerika das Vorhaben trotz massiver Torpedierungsversuche nicht stoppen konnte, der Gerichtshof im Jahr 2002 aufgrund einer ausreichend großen Zahl von Ratifizierungen dennoch gegründet wurde, ersann Washington die Konstruktion, seine Soldaten durch eine gesonderte Sicherheitsratsresolution gegenüber dem neuen Gericht in Den Haag immun zu stellen: Resolution 1422 vom 12. Juli 2002 nahm Beteiligte an Einsätzen der Vereinten Nationen oder von ihnen »mandatierten« Operationen für die Dauer von zwölf Monaten von einer Verfolgung durch den Internationalen Strafgerichtshof aus, sofern sie aus Nichtvertragsstaaten stammen – das trifft auf die USA zu. Als im Juni 2004 diese Resolution zur zweiten turnusmäßigen Verlängerung ansteht, bröckelt plötzlich die amerikanische Mehrheit. Eine Resolution im Rat muss mit neun Ja-Stimmen verabschiedet werden; zusätzlich darf keines der fünf ständigen Mitglieder von seinem Vetorecht Gebrauch machen. Vier Länder, darunter Deutschland und Frankreich, erklären öffentlich, sich der Stimme enthalten zu wollen, eine Reihe weiterer Staaten schwankt noch.

Den politischen Hintergrund für den Sinneswandel im Rat liefert die allgemeine Unzufriedenheit mit der amerikanischen Position zum Strafgerichtshof, vor allem jedoch sind es die Enthüllungen über die Verbrechen im Bagdader Abu-Ghraib-Gefängnis. Fotografien, die an die Öffentlichkeit gelangen, zeigen, wie Amerikaner Einheimische misshandeln, entwürdigen und foltern. Diese Entgleisungen werden weltweit mit Ablehnung und Sorge aufgenommen, weil ein Land, das sich als Befreier von einem Diktator versteht, an Glaubwürdigkeit verliert, wenn es sich selbst an Menschenrechtsverletzungen beteiligt. Der Skandal beeinflusst die Debatte über eine Verlängerung der entsprechenden Resolution. Zwar wäre der Strafgerichtshof auch ohne diese Entschließung nicht zuständig für den Fall, da weder der Irak noch Amerika Vertragsstaaten sind. Aber die abschreckenden Praktiken im Abu-Ghraib-Gefängnis entsprechen ungefähr dem, was grundsätzlich in Den Haag zur Verhandlung kommen könnte: Systematische Misshandlungen, womöglich mit Billigung oder Duldung von Vorgesetzten.

Mitten in diese Phase der Ungewissheit – wer stimmt mit Amerika, wer enthält sich? – ergreift Kofi Annan das Wort. Die Blankoimmunität sei »falsch«, sagt er. »Sie ist von zweifelhaftem rechtlichen Wert und sollte vom Rat nicht gefördert werden. In der jetzigen Lage wäre es unklug, angesichts des Gefangenenmissbrauchs im Irak eine Ausnahmeregelung anzustreben, und es wäre sogar noch unklüger von Seiten des Sicherheitsrats, sie zu gewähren.« Ein machtvolles Urteil, das prompt Wirkung zeigt: Immer mehr Staaten erklären bald, sie wollten sich enthalten, so dass die notwendige Mehrheit von neun Stimmen nicht mehr gewährleistet ist. Wenige Tage später verzichten die Vereinigten Staaten notgedrungen auf ein Votum im Sicherheitsrat – ein großartiger Erfolg für alle Freunde und Förderer des Internationalen Strafgerichtshofs, weil seine Zuständigkeit nicht weiter beschnitten wird. Dass die Stimmung in letzter Minute kippt, ist maßgeblich Kofi Annans Verdienst. »Er hat das Ding gedreht«, meint zum Beispiel der deutsche Botschafter Gunter Pleuger über das Engagement des Generalsekretärs. Auch Richard Dicker, verantwortlich für den Internationalen Strafgerichtshof bei der Nichtregierungsorganisation »Human Rights Watch«, erachtet Annans Intervention als entscheidend für die amerikanische Niederlage.

Wie kommt es nur, dass der sonst eher diplomatische Annan nun plötzlich Mut schöpft und öffentlich aufbegehrt gegen die Vereinigten Staaten? Hat er nichts mehr zu befürchten oder spürt er mit sicherem politischen Instinkt, dass ihm Nähe zu den USA in vielen Teilen der Welt – und im eigenen Haus – negativ ausgelegt werden würde? Zumal die Vereinigten Staaten dringend Hilfe brauchen, das »Irakproblem« ohne die internationale Gemeinschaft kaum bewältigen können. Die Antwort lautet: Beides trifft wohl gleichermaßen zu. Ohne Annans Gegensteuern nach den Anschlägen auf die UN hätte es einen »Aufstand der Mitarbeiter« gegeben, wie ein Beobachter konstatiert, weil sie sich zum Spielball der Mächtigen degradiert sahen. Zugleich kann Annan wegen der Schwierigkeiten Amerikas im Irak auf eine Rückkehr der Vereinigten Staaten zu den UN bauen – und selbstbewusster auftreten.

Im Laufe des Frühjahrs und Sommers 2004 nimmt die politische Beteiligung der Vereinten Nationen bei der Suche nach einer Lösung im Irak mithin kontinuierlich zu. Schließlich werden die UN bei der Regierungsbildung und der Organisation von Wahlen eingebunden. Annans »Wunderwaffe« Lakhdar Brahimi, der schon die Afghanistan-Konferenz in Bonn erfolgreich moderiert und davor den nach ihm benannten Bericht zur Zukunft der Blauhelm-Missionen erarbeitet hatte, soll eine irakische Regierung zusammenstellen, die zum 30. Juni 2004 die Amtsgeschäfte von Amerika übernimmt. Gegen alle Widrigkeiten, aber nicht unabhängig von Washingtons Vorstellungen, gelingt dem Algerier tatsächlich, was manche vorher als unmöglich erachteten: ein Kabinett zusammenzustellen, das bis zu den nächsten demokratischen Wahlen regiert. Natürlich handelt Brahimi auf Weisung Washingtons, das eine halbwegs als neutral geltende Institution wie die Vereinten Nationen benötigt, um die Regierungsbildung nicht allzu sehr wie amerikanisches Marionettentheater wirken zu lassen. Und dennoch: Für die Zukunft der Vereinten Nationen ist die Rückkehr der Vereinigten Staaten, beziehungsweise das Wiedereinbinden der Weltorganisation in die Irakfrage, äußerst wichtig. Alles andere hätte wohl tatsächlich ihre dauerhafte Marginalisierung und Schwächung bedeutet.

Annan selbst misst »einem erfolgreichen Ausgang« dort »große Bedeutung« bei. Denn ein unruhiger Irak hat »das Potenzial, wirtschaftlich destabilisierende Wirkung« zu entfalten. Eine Region, aus der »wir den größten Teil unseres Öls beziehen, kann die Ölproduktion und den Ölpreis negativ beeinflussen«, wenn sie ins Chaos versinkt. Schon deshalb hält er, jenseits der politischen Folgen für die internationale Organisationslandschaft, stabile Verhältnisse zwischen Euphrat und Tigris für unbedingt erstrebenswert. Aber »die Krise ist noch lange nicht vorüber«, sagt der sonst meist zuversichtliche Annan noch im November 2003. Eine Aussage, die auf ihn persönlich genauso zutrifft wie auf die Sache selbst.

Der Konflikt lässt den Generalsekretär einfach nicht los. Kaum geht es ein Stück bergauf, kommt eine neue kritische Wendung: Dieses Mal handelt es sich um Ungereimtheiten beim Hilfsprogramm »Öl-für-Lebensmittel«. Wiederum heißt der Schauplatz Irak. Das Programm wurde im Jahr 1995 vom Sicherheitsrat beschlossen, um die negativen Folgen der Sanktionen für die Bevölkerung des Landes abzumildern. Das Regime in Bagdad durfte eine bestimmte Menge Öls exportieren und dafür Nahrungsmittel und Medikamente einführen, alles unter Kontrolle der internationalen Gemeinschaft, die dafür ein kompliziertes Verwaltungssystem einrichtete. Im Rahmen des bis dahin umfangreichsten Hilfsprogramms flossen insgesamt rund 65 Milliarden Dollar auf Treuhandkonten der UN. Über Jahre hinweg waren 60 Prozent der irakischen Bevölkerung vollständig von den »Lebensmittelkörben« der Weltorganisation abhängig. Im November 2003 wurde das Programm abgewickelt; mit der Besatzungszeit und der Aufhebung der Sanktionen war es überflüssig geworden. Keine drei Monate nach seinem Ende kommt die Irak-Hilfe in Misskredit, denn es wird vermutet, einige Beteiligte könnten dabei in die eigene Tasche gewirtschaftet haben: Im Januar 2004 taucht in Bagdad eine Liste mit Namen von 270 Personen und Unternehmen auf, die vom Saddam-Regime Bestechungsgelder erhalten haben sollen. Zu den Genannten gehören neben Managern auch Politiker und Journalisten aus vielen Ländern und – besonders unangenehm für Annan – der aus Zypern stammende UN-Exekutivdirektor Bennon Sevan. Der Zypriote war jahrelang zuständig für das Programm »Öl-für-Lebensmittel« und ein Weggefährte Annans, seit fast dreißig Jahren.

Das System aus Korruption und Vorteilsnahme hatte offenbar verschiedene Ausprägungen, führte aber letztlich dazu, dass Saddam das Sanktionsregime umgehen und für seine Zwecke missbrauchen konnte: Funktionsträger in der Wirtschaft und in öffentlichen Verwaltungen soll er sich mit Bezugsscheinen für irakisches Öl gefügig gemacht haben. In anderen Fällen ließen sich Handelspartner auf Nebenabsprachen ein. Preise wurden über dem eigentlichen Marktniveau vereinbart, die Differenz teilte man sich, wobei Saddams Anteil auf internationale Konten floss. Auf diese Weise entstand für beide Seiten ein lukratives Geschäft. Möglich wurde der Missbrauch, weil man dem Irak selbst noch unter internationaler Kuratel die Abnehmer seines Öls und die Lieferanten seiner Importe selbst aussuchen ließ. Dadurch hatte Saddam »einen mächtigen wirtschaftlich-politischen Hebel in der Hand«. Zwar mussten die Verträge – insgesamt um die 36 000 Stück – vom Sicherheitsrat gebilligt werden, aber die Geschäftspartner konnte der Irak selbst bestimmen. Es handelt sich also gewissermaßen um einen Konstruktionsfehler, für den sich der Sicherheitsrat verantwortlich zeichnet, der Annan gleichwohl schwer zu schaffen macht.

Zusätzliche Brisanz erhält die Angelegenheit dadurch, dass Annans Sohn Kojo eine Zeit lang für die Genfer Firma Cotecna gearbeitet hat, die im Jahr 1998 den Millionenauftrag erhielt, die Abwicklung aller Lieferungen aus und in den Irak im Rahmen des Programms »Öl-für-Lebensmittel« zu überwachen. Kojo behauptet zwar stets, mit Cotecnas Aktivitäten im Irak nichts zu tun gehabt zu haben; seine Arbeit habe sich allein auf Afrika erstreckt. Auch das Unternehmen weist jeden Zusammenhang zurück. Aber allein schon diese formale Verbindung ruft bald großes Misstrauen hervor. Ob Kojo Annan etwas mit der Zuteilung des Vertrages an Cotecna zu tun hatte, war eine der Fragen. Handelt es sich um eine unsaubere Interessenverquickung oder gar um Bereicherung in großem Stil? Plötzlich sehen sich die Vereinten Nationen mit immer neuen, unangenehmen Fragen rund um ihr Irak-Programm konfrontiert. Im Frühjahr 2004 nimmt der Aufklärungsdruck, nicht zuletzt durch diese private Verflechtung, derart zu, dass Annan schließlich nach einigen Wochen des Zauderns in die Offensive geht und eine unabhängige Expertenkommission beruft. Die Gruppe soll unter Leitung des früheren amerikanischen Notenbankpräsidenten Paul Volcker den Anschuldigungen umfassend auf den Grund gehen. Dafür erhält sie Zugang zu allen relevanten Dokumenten. Durch die Einsetzung der Kommission, deren Arbeit wegen der komplexen Materie mindestens ein Jahr in Anspruch nehmen wird, glätten sich die Wogen ein wenig. Die Korruptionsvorwürfe treten fürs Erste in den Hintergrund, Annan kann sich wieder anderen Dingen zuwenden: Der sudanesischen Krisenprovinz Darfur etwa, die er im Sommer 2004 besucht, der UN-Reform, die er wieder einmal voranzutreiben versucht, oder der Lage im Irak, wo – trotz der formellen Machtübergabe – fast täglich Anschläge verübt werden. Immer noch hält die Weltorganisation ihr Engagement dort aufs Nötigste begrenzt, bis zum Dezember 2004 auf höchstens 35 internationale Mitarbeiter.

Wenn es um mehr Personal für den Irak geht, zögert Annan, wie viele Regierungschefs mit ihm, vor allem der prekären Sicherheitslage wegen, aber wohl auch, weil er den Ausgang der amerikanischen Präsidentschaftswahlen abwarten möchte. Denn mit John Kerry im Weißen Haus, der weitaus versöhnlicher über die Vereinten Nationen spricht als George W. Bush, ließe sich, so kalkuliert man in Annans Umgebung, womöglich leichter nach tragfähigen Lösungen für den Irak suchen als mit dem Amtsinhaber. Dieser fordert zwar regelmäßig mehr internationale Unterstützung an, will aber zugleich uneingeschränkt das Sagen behalten. Offene Wahlkampfhilfe für Kerry betreibt Annan nicht, schon weil es unklug wäre, derart plump in die Innenpolitik, zumal eines so wichtigen Mitgliedslandes, einzugreifen. Aber es ist kein Geheimnis, dass man in New York auf einen Machtwechsel hofft. Diese stille Sehnsucht mag es sein, die Annan im September 2004 zu einer folgenschweren Aussage hinreißen lässt: Er bezeichnet den Krieg im Irak als »illegal«. Obwohl er bereits im Jahr zuvor von »unilateraler und gesetzloser Anwendung von Gewalt« gesprochen, seinen Standpunkt also genau genommen nicht wesentlich verändert hat, klingt das Wort »illegal« weitaus härter, direkter und – für amerikanische Ohren – unschöner. Warum jetzt, fragt man sich unweigerlich, weshalb verurteilt er den Irak-Krieg eineinhalb Jahre nach seinem Ende so eindeutig, während er auf dem Höhepunkt der Krise eine klare Festlegung vermied? Sicher hat er sich dabei ein wenig von der öffentlichen Meinung leiten lassen, denn in den meisten Ländern wird der Einsatz Amerikas kritisch beurteilt. Auch die Ansicht internationaler Juristen mag Annan beeinflusst haben, die den Alleingang der USA zu vier Fünfteln als Völkerrechtsbruch werten. Mitentscheidend für seine offenherzige Einschätzung ist aber wohl auch der amerikanische Wahlkampf, bei dem der Irak bald immer größeren Raum einnimmt. Bush scheint durch die täglichen Explosionen zwischen Euphrat und Tigris ernsthaft in die Bredouille zu geraten, Kerry dagegen Punkte gutzumachen. Ein bisschen Unterstützung von Seiten der UN kann dieser im Kopf-an-Kopf-Rennen um die Präsidentschaft daher nur zu gut gebrauchen. Hinweise, dass Annan und Kerry sich abgesprochen haben, gibt es keine; dafür wirkt das Interview auch zu improvisiert und sprunghaft. Aber das allgemeine Wahlkampf-Klima und die geschickten Fragen des BBC-Reporters treiben Annan zu dem unumstößlichen Urteil: »illegal«.

Sein spätes Verdikt bleibt vor allem in den USA nicht vergessen. Dort nimmt man ihm dieses kleine Wörtchen sehr übel, obwohl wenig später der eigentliche Kriegsgrund – die Existenz von Massenvernichtungswaffen – selbst von amerikanischer Seite offiziell in Frage gestellt wird: Eine Inspektions-Gruppe unter Leitung von Charles Duelfer, die von der CIA eingesetzt wurde, um nun aber wirklich Saddams »Giftküche« aufzuspüren, findet keinerlei Hinweise auf atomare, biologische oder chemische Waffen. Ende des Jahres 2004 gibt Amerika die Suche nach Massenvernichtungswaffen schließlich ergebnislos auf. Statt auf die befürchteten geheimen Depots will Duelfer jedoch auf ein ausgeklügeltes System aus Bestechung und Korruption gestoßen sein, mit dem der irakische Diktator versucht hat, die Sanktionen zu unterlaufen – und das auch zu den Vereinten Nationen führen soll. Im allgemeinen Wahlkampfeifer geht Duelfers Bericht zunächst unter, schon weil er beiden Seiten gleichermaßen Argumente liefert (Keine Waffen, das schadet den Kriegsbefürwortern, stattdessen Korruption, das schwächt die Position der UN-Freunde). Aber als Bush am zweiten November denkbar knapp wiedergewählt, der gesamte Kongress künftig von Republikanern geführt sein wird, gehören zu den größten Verlierern neben John Kerry und den Demokraten auch Kofi Annan und die Vereinten Nationen. Nur wenige Wochen später schon – quasi als Retourkutsche für seine Skepsis an der Irak-Politik – bekommt er die geballte Kraft amerikanischer UN-Gegnerschaft zu spüren: Gleich fünf Ausschüsse des Kongresses befassen sich nun verstärkt mit den Ergebnissen der Duelfer-Gruppe und dem »Öl-für-Lebensmittel« Programm, das in Washington fortan, auch ohne endgültige Beweise, nur noch das Etikett »größter Betrugsskandal in der Geschichte der Vereinten Nationen« trägt.

Die Wochen zwischen den amerikanischen Präsidentschaftswahlen und Weihnachten 2004 gehören für Annan zu den schlimmsten seiner Amtszeit. Ähnlich in der Klemme steckte er höchstens noch in den Monaten vor und während des Irak-Krieges. Alles scheint nun aus dem Ruder zu laufen, nichts zu gelingen. Wo Annan auch hinblickt – nur Probleme, Mängel, Kritik und Unzufriedenheit. In Washington hat man ihn im Visier, wegen seiner Haltung zum Irak. In den Vereinten Nationen gärt es, weil sich die Mitarbeiter weiterhin gegen eine Ausweitung der dortigen UN-Mission sträuben. Dazu kommen Vorwürfe, Annan decke ranghohe Mitarbeiter selbst nach grobem Fehlverhalten. Etwa den Chef der internen Aufsichtsbehörde, Dileep Nair, oder den Leiter des UN-Flüchtlingshilfswerks, Ruud Lubbers, dem eine Mitarbeiterin sexuelle Übergriffe vorwirft. Obwohl eine interne Untersuchung zu dem Ergebnis kommt, die Anschuldigungen seien nicht aus der Luft gegriffen, steht Annan zu dem Niederländer, so wie er fast immer zu seinen Leuten steht, wenn sie erst einmal zum Team gehören. Sein angenehmer Führungsstil, der auf kleinkariertes Hineinreden ja gerade verzichtet, kehrt sich ins Gegenteil, wenn Untergebene sein Vertrauen strapazieren oder missbrauchen. Dann wirkt der gleiche Annan, der früher als offen, sympathisch und menschenfreundlich galt, plötzlich schwach und unentschlossen. Es gebe eben zwei Schulen, pflegt er gelegentlich zu sagen: »Es gibt die Schule der Ingenieure: Sie gehen hart vor, nehmen das Eisen, erhitzen, biegen, formen es, und wenn es nicht passt, werfen sie es weg. Das funktioniert kurzfristig. Und es gibt die Schule der Farmer, die einen Baum pflanzen und wissen, dass der Baum Luft, Wasser und das Sonnenlicht braucht. Sie beschneiden den Baum, pflegen ihn, bringen ihn zum Wachsen und erschaffen eine Umgebung, die das Wachstum fördert. Das funktioniert langfristig.« Bleibt abzuwarten, ob er recht behält.

Kurzfristig jedenfalls gerät Annan in immer neue Schwierigkeiten: Am meisten kratzt die Angelegenheit um Sohn Kojo an seinem lange Jahre ausgezeichneten Ruf: Denn – ebenfalls im November – kommt plötzlich ans Licht, dass dessen Bindung an Cotecna viel länger dauerte, als bis dato bekannt. Noch bis Anfang 2004 erhielt Kojo regelmäßig Geld von seinem früheren Arbeitgeber: Monatliche Raten hatte man ihm jahrelang überwiesen, insgesamt 125 000 Dollar, seinen Angaben zufolge als Konkurrenzausschluss-Prämie, damit er Cotecna in Afrika nicht mit eigenen Geschäften in die Quere komme. Das Unternehmen teilt ergänzend mit, nach schweizerischem Recht sei es zu solchen Zahlungen verpflichtet, sollen derartige Übereinkommen vor Gericht standhalten.

Wieder tauchen Fragen nach einer Verbindung zu den UN auf: Gibt es also doch einen Zusammenhang zwischen dem Irak-Programm und dem Sohn Annans? Und wenn ja, wer wusste davon? Nur Kojo oder auch Kofi Annan? Der Generalsekretär fällt nach offiziellen Angaben aus allen Wolken, als er von den fortgesetzten Zahlungen erfährt. »Mein Vater ist ein sehr beschäftigter Mann«, lautet die Begründung des Sohnes dafür, weshalb er dem Vater dieses wichtige Faktum vorenthalten hat. Viele Eltern wüssten über Geschäftsgebaren und Einkommen ihrer Kinder nicht Bescheid, führt er ergänzend an. Auch Mutter Titi Annan will von den andauernden Überweisungen nichts geahnt haben. »Ich stand unter dem Eindruck, dass sie 1998 endeten«, sagt der Generalsekretär in jenen Tagen einer forschenden Weltpresse. »Natürlich war ich sehr enttäuscht und überrascht.« Und er sehe ein, dass die UN damit ein »Imageproblem« hätten. Seinen Sohn öffentlich zu diskreditieren, fällt dem begeisterten Vater und Familienmenschen sichtlich schwer, zeigt aber umso mehr, wie groß seine Not ist. Kurz nach den Enthüllungen über Kojos langjährige Cotecna-Verbindung fordert der republikanische Senator Norm Coleman schließlich sogar Annans Rücktritt. In einer fast brutalen öffentlichen Abrechnung macht er ihn für alle Unzulänglichkeiten beim »Öl-für-Lebensmittel« Programm verantwortlich. Annan stehe, so sein Argument, an der Spitze jener Organisation, die es verabsäumt habe, Saddams Missbräuche »aufzudecken und abzustellen« und habe deshalb die Verantwortung zu übernehmen. »Kofi Annan muss gehen«, lautet Colemans Schlussfolgerung, der sich bald weitere Abgeordnete in Washington anschließen. Dass Saddam sein Schwarzgeld (in einer Gesamthöhe von zwischen 11 und 21 Milliarden Dollar) zu achtzig Prozent mit geschmuggeltem Öl »erwirtschaftete« – vor allem in die Türkei, nach Jordanien und Syrien, lässt Colemann völlig außer Acht. Ebenso geflissentlich übersieht er, dass die Schmuggelaktivitäten mit vollem Wissen Washingtons geschahen. Für den weitaus größten Teil von Saddams illegalen Machenschaften zeichnet sich Annan also – noch nicht einmal formal – verantwortlich. Und am Rest trägt der Sicherheitsrat ebenfalls Schuld, denn er hat das korrupte System auch nicht entlarvt, obwohl er tausende von Verträgen prüfte. Aber »kein einziger – nicht ein einziger« wurde wegen seiner Preisgestaltung zurückgehalten. Wirklich ernst und für Annan potentiell gefährlich jedoch sind die Anschuldigungen von systematischer Korruption in den UN selbst und der mögliche Interessenkonflikt mit Sohn Kojo. Wenn sich in diesem – oder noch anderen – Fällen die Vorwürfe erhärten würden, dann hätte Annan in der Tat ein Problem. Das weiß er selbst am allerbesten, weshalb er in diesen Tagen fortgesetzt auf die Volcker-Kommission verweist, deren Ergebnisse zwischen haltlosen Anschuldigungen und konkreten Vergehen unterscheiden sollen.

Trotz mangelnder endgültiger Beweise scheint der Generalsekretär bereits Anfang Dezember 2004 von amerikanischer Seite zum Abschuss freigegeben zu sein. Obwohl er einen vorzeitigen Rückzug offiziell ablehnt, fragt man sich, was ihn nach so massiven Vorwürfen eigentlich retten könnte. Vom Fall Boutros-Ghali weiß man nur zu genau, wie wenig ein UN-Chef ausrichten kann, hat sich das wichtigste Mitgliedsland erst einmal von ihm abgewendet. Deshalb erwägt Annan, wie UN-Diplomaten in jener Zeit berichten, hinter den Kulissen sehr wohl den Verzicht, kommt aber zu dem Schluss, dass er sich dem amerikanischen Diktat nicht kampflos beugen möchte, jedenfalls nicht zu diesem Zeitpunkt: »Rücktritt wäre vergleichsweise einfach«, lässt er die Öffentlichkeit schließlich wissen. Erst als sich nach einigen Tagen die restlichen 190 Mitgliedstaaten nahezu unisono hinter den viele Jahre lang so beliebten UN-Generalsekretär stellen, wendet sich das Blatt wieder. Ein Staatschef nach dem anderen übermittelt Annan eine Botschaft des Wohlwollens und der Unterstützung. Wladimir Putin, Jacques Chirac, Gerhard Schröder und viele andere. Selbst Tony Blair, Verbündeter der USA im Irak-Krieg, bezeichnet die Vorwürfe aus Washington als unfair: »Ich glaube Kofi Annan macht einen ausgezeichneten Job als UN-Generalsekretär, oftmals unter sehr schwierigen Bedingungen.« Wenige Tage später erhält Annan schließlich sogar stehende Ovationen in der Generalversammlung – eine seltene Beifallsbekundung, wie sie dort zuletzt Präsident Bill Clinton erfuhr, als ihm 1998, ebenfalls von republikanischer Seite, wegen einer Sex-Affäre ein »Impeachment«-Verfahren drohte. Auch sind die Ovationen ein lebhafter Beleg dafür, dass die USA mit ihrer massiven Annan-Kritik einstweilen allein stehen. Und sie veranlassen die amerikanische UN-Vertretung schließlich doch zu einer offiziellen Aussage: In einer eilends einberufenen Pressekonferenz ergreift nun UN-Botschafter John Danforth Partei für Annan. »Wir sprechen Generalsekretär Kofi Annan hiermit unser Vertrauen aus ... Wir erwarten, auch künftig mit ihm zusammenzuarbeiten«, im übrigen sei seine persönliche Integrität von niemandem in Frage gestellt worden.

Im 38. Stockwert der Vereinten Nationen herrscht Erleichterung – die Krise ist fürs Erste entschärft. Offiziell reagiert Annan nicht auf diese neuerliche amerikanische Wendung, schon weil er weiß, dass sie ihm lediglich eine Verschnaufpause verschafft. Die Angelegenheit bleibt heikel. Sie ist erst ausgestanden, wenn die Volcker-Kommission die Vereinten Nationen und Kofi Annan in einer abschließenden Beurteilung entlastet, UN-Mandatsträgern keine systematische Bestechlichkeit und Kojo Annan keine – wie auch immer geartete – Verbindung zum »Öl-für-Lebensmittel« Programm nachgewiesen hat. In einem Zwischenbericht von Anfang Februar 2005 stellt Volcker zunächst bei einzelnen UN-Mitarbeitern einen »ernsthaften und fortgesetzten Interessenkonflikt« sowie »unethisches Verhalten« fest. So soll Benon Sevan sich in Bagdad für eine Ölfirma namens African Middle East Petroleum eingesetzt haben, die aufgrund seiner Intervention insgesamt 7,3 Millionen Barrel irakisches Öl erwerben und durch Weiterverkauf auf dem Weltmarkt 1,5 Millionen Dollar erwirtschaften konnte. Auch liefert Sevan nach Angaben der Kommission keine plausible Erklärung für Bargeld in Höhe von insgesamt 160 000 Dollar, das plötzlich in seinen Beständen auftaucht und das er von einer verstorbenen Tante aus Zypern erhalten haben will. Damit suggeriert die Volcker-Kommission, Sevan, der seinerseits jede Schuld abstreitet und sich als »Sündenbock« fühlt, könnte in der Tat Bestechungsgelder angenommen haben, bleibt den letzten Beweis dafür jedoch schuldig. Trotz vieler interessanter und brisanter Details, etwa die Einflussnahme von Mitgliedstaaten auf die Wahl von Vertragspartnern, fehlen bei dieser vorläufigen Einschätzung noch eindeutige Hinweise, die auf ein durch und durch korruptes System innerhalb der UN deuten würden. Annan zeigt sich dennoch »schockiert« von den Neuigkeiten, kündigt Disziplinarmaßnahmen gegen die betreffenden UN-Mitarbeiter an und verspricht, »den Dingen auf den Grund« zu gehen, damit »dieser Schatten nicht über den UN« hängen bleibe. Die Ermittlungen gehen weiter, auch und gerade in Bezug auf Kojo. Im besten Fall wird sich erweisen, dass die UN mit der Abwicklung des riesigen Irak-Programms heillos überfordert waren. Im schlechtesten wird es Hinweise auf Vorteilsnahme und Bestechlichkeit in großem Umfang und bis in die Leitungsebene hinein geben. Einstweilen hängt die Angelegenheit wie ein Damoklesschwert über Annans restlicher Amtszeit.

Umso mehr versucht er, den Imageverlust durch Aktivitäten an anderer Stelle wettzumachen. Als mitten in der Weihnachtszeit ein Tsunami über weite Teile Asiens hereinbricht, gehört der Generalsekretär zu den Ersten, die ihren Urlaub abbrechen und ins Krisengebiet eilen. Während Präsident Bush noch auf seiner Ranch in Texas ausspannt, stürzt sich Annan sofort wieder in Arbeit. Durch einen gut koordinierten UN-Einsatz im Katastrophengebiet, so sein Kalkül, lässt sich das verlorene Vertrauenskapital in den USA vielleicht wieder aufstocken. »Wir dürfen hier nicht versagen« heißt es in jenen Tagen vieldeutig bei den UN, denn wieder geht es, wie bei »Öl-für-Lebensmittel«, um gigantische Programme mit Milliardenumfängen. Jede Gelegenheit, die sich ihm bietet, nutzt Annan nun, um sein Können anderweitig unter Beweis zu stellen. Ob es die UN-Reform ist oder sein Einsatz für die ärmsten Länder, ob es die afrikanischen Regionalkonflikte betrifft oder die Erneuerung seines Mitarbeiterstabes – Annan kämpft »den Kampf seines Lebens«. Schließlich geht es um den Ruf seiner Familie, seiner Person und jener Organisation, die für ihn zum Lebenszweck und -inhalt geworden ist.

Ausblicke: Annans verbleibende Ziele

Den Irak stabilisiert zu sehen, den Nahen Osten wieder etwas beruhigt zu wissen – beides würde Kofi Annan gerne noch im Amt erleben. Dazu ein Ende der Gewalt in der sudanesischen Krisenprovinz Darfur, eine Zukunftsperspektive für die geteilte Insel Zypern, wo eine Volksbefragung trotz seines hohen persönlichen Einssatzes im Frühjahr 2004 gescheitert ist, eine Lösung für den Konflikt in Kaschmir, ein Referendum in der Westsahara und ein spürbares Abflauen der afrikanischen Konflikte. Mit Sicherheit wünscht sich Annan tragfähige Lösungen für all diese »Dauerbrenner«, wer würde es nicht? Trotzdem spricht er sie nicht an. Wenn Annan über die Zukunft redet, konzentriert er sich kurz auf den Irak, schwenkt dann bald um zu anderen Themen, weg von den strikt militärischen Auseinandersetzungen, weil seiner Meinung nach noch weitere Gefahren auf die Menschheit lauern, die einzudämmen er für genauso dringlich hält: »Deshalb ermahne ich die Regierungen, nicht so sehr auf die harten Bedrohungen wie Krieg, Massenvernichtungswaffen und Terrorismus zu blicken, sondern auch die weichen Bedrohungen wie Armut und Aids, die Million Menschen umbringen, zu beachten«.

Genau auf diesen Gebieten glaubt er bisher auch am meisten erreicht zu haben – und er will weiter an ihnen arbeiten. »Ich denke, ich habe einen Beitrag geleistet, indem ich Entwicklung, Armut und Hunger fest auf der internationalen Agenda verankert habe«, sagt Annan, verweist dabei auf den Millenniumsgipfel mit seinen acht konkreten Entwicklungszielen (etwa die Zahl der Ärmsten bis zum Jahr 2015 zu halbieren) und seine Aids-Initiative, mit der mehr Geld als jemals zuvor aufgebracht wurde, wenn auch immer noch nicht genug. Der Globale Fonds zur Bekämpfung von Aids, Tuberkulose und Malaria wäre ohne Annans Engagement wahrscheinlich nicht zustande gekommen. Und die acht »Millenniums Entwicklungsziele« können, wie er sagt, für »Millionen von Menschen einen Unterschied machen, die heute keine Stimme, keinen Einfluss, aber echte Bedürfnisse haben«. Die Tatsache, dass sie von der ganzen Welt als Rahmen akzeptiert worden sind, von der Weltbank bis zum Internationalen Währungsfonds, von Regierungen bis zu Nichtregierungsorganisationen, schreibt Annan sich selbst zugute, obwohl die Ziele nach heutigem Stand zumindest in Afrika klar verfehlt werden. Wenigstens arbeitet man in ihre Richtung, mag sich der Generalsekretär denken. Sie sind für mich »(...) sehr, sehr wichtig«, sagt er.

Annans Stärken liegen tatsächlich dort, wo die Realpolitik oft endet, bei Anliegen jenseits des militärischen Kräftemessens. Auf diesen Gebieten hat er, will man Bilanz ziehen, entschieden mehr erreicht als auf den klassischen Feldern der Diplomatie. Denn bei der Lösung von Konflikten hat sich ihm die »Geschichte nicht in dem Maß geöffnet wie manchem seiner Vorgänger«. Pérez de Cuellar zum Beispiel, UN-Chef von 1981 bis 1991, profitierte so sehr vom Ende des Ost-West-Konfliktes, dass ihm Glasnost und Perestroika ein Hoch nach dem anderen bescherten. Der Peruaner war beteiligt am Ende des ersten Irak-Iran-Krieges 1998 und half den inneren Konflikt in El Salvador zu beenden, um nur zwei Beispiele zu nennen. Ähnliches sucht man bei Annan noch vergeblich. Er hat nicht geschafft, was manchem seiner Vorgänger glückte: Durch irgendeine diplomatische Großtat in die Geschichte einzugehen – Osttimor genügt nicht, die Entwicklung im Sudan ist noch nicht absehbar und sein Besuch in Bagdad blieb folgenlos. Am Engagement lag es nicht, das stellte der Generalsekretär, bei aller berechtigter Kritik im Einzelnen, wiederholt unter Beweis, die Gesamtumstände jedoch haben mehr anscheinend nicht zugelassen.

Aber es ist nicht der Mangel an herausragenden Einzelerfolgen, der für die Beurteilung seiner Leistungen bedeutsam ist, sondern die sogenannten »weichen« Themen, welche sich auch besonders gut in sein Weltbild fügen. Sie passen zu seinem persönlichen Hintergrund: Entwicklung, Menschenrechte, Gleichberechtigung, Armutsbekämpfung sind Anliegen, die in seiner politischen Werteskala weit oben stehen und denen er sich seit frühester Jugend verbunden fühlt. Was es heißt, wenn Hunger grassiert oder Freiheiten verweigert werden, dafür hat er in Afrika genug Anschauung erhalten. Nichts davon freilich musste er am eigenen Leib erfahren – Annans Herkunft verschont ihn von größeren Unbilden und seine Biographie verläuft zumindest in beruflicher Hinsicht nahezu bruchlos –, doch er hat durch seine afrikanische Herkunft ein Gespür für die Schattenseiten des Lebens entwickelt.

Dazu passt auch, dass Annan für die verbleibende Amtszeit – sie endet im Dezember 2006 – den Blick der Weltgemeinschaft weg vom internationalen Terrorismus wieder stärker auf Entwicklungsfragen lenken möchte. Für diesen Zweck will er weiterhin möglichst viele Akteure zueinander bringen. Auch das hält er sich übrigens, trotz vielfach geäußerter Skepsis, als positive Neuerung zugute: Die Öffnung der Vereinten Nationen zur Wirtschaft und zu Nichtregierungsorganisationen, denn die Probleme, »mit denen wir es zu tun haben, kann keine Organisation oder Einheit allein lösen. Regierungen schaffen es nicht allein. Die UN und ihre Untergliederungen schaffen es nicht. Wir müssen partnerschaftlich mit der Zivilgesellschaft und dem Privatsektor zusammenarbeiten«.

Zudem wird Annan verstärkt seine »Guten Dienste« bei Konflikten aller Art anbieten – und dabei auf mehr Erfolg als in der Vergangenheit hoffen. Ob als geschickter Krisenmanager oder als tatkräftiger Initiator einer großen UN-Reform (Stichwort Vorschläge des High-Panel-Berichts inklusive einer Erweiterung des Sicherheitsrats), die ebenfalls zu seinen Prioritäten zählt – beides würde Annans einseitige Bilanz durchaus schmücken. Das spürt er selbst womöglich am deutlichsten, obwohl er sich nach außen gewohnt gelassen gibt: »Unmittelbare Geschichte«, sagt Annan stattdessen, »ist niemals fair oder richtig. Auf lange Sicht wird uns die Geschichte schon aufnehmen und erkennen, dass wir unseren Teil geleistet haben«. Ob er solche Aussagen ernst meint, oder nicht doch der Ehrgeiz an ihm nagt, gerade wegen seines jüngsten Imageproblems zum Ende hin noch etwas Großes zu vollbringen, bleibt letztlich unklar – aber auch zweifelhaft.

Auf jeden Fall, so viel steht fest, wird er nach seiner aktiven UN-Zeit Amerika verlassen und seinen Wohnsitz zwischen Europa und Ghana aufteilen. Zurück in die Heimat, lautet der Wunsch, zurück nach Ghana: als Farmer. Vertraute in New York schmunzeln über diese Perspektive, glauben nicht, dass man das pralle Leben eines UN-Chefs ohne weiteres gegen das zurückgezogene Dasein eines afrikanischen Bauern eintauschen kann. Selbst wenn er den Boden kaum eigenhändig bearbeiten, sondern eher das Leben eines »Gentleman Farmer« führen würde, die Vorstellung, er lasse 40 rastlose internationale Jahre abrupt hinter sich, fällt nicht leicht. Doch Annan besteht darauf: »Jawohl«, das sei der Plan. Und seine Frau Nane bestätigt es. »(...) wir werden auf jeden Fall mit einem Bein in Ghana stehen. (...) Ich kann mir verschiedene Projekte vorstellen, die ich jenseits der Malerei verfolgen könnte.«

In Ghana hat sich seit Annans letztem längeren Aufenthalt zwischen 1974 und 1976 manches getan. Die politischen und wirtschaftlichen Umstände sind andere, zum Glück bessere; das Land zählt mittlerweile zu den Hoffnungsträgern Westafrikas, die Wirtschaft scheint stabil, das Bruttoinlandsprodukt ist in den letzten Jahren kräftig gewachsen. Für Annan gravierender und einschneidender muten die Veränderungen in der Familie an, die sich seither vollzogen haben: Annans Eltern sind beide, hoch betagt, im Jahr 1995 gestorben. Sie wurden über 90 Jahre alt, und haben den letzten Aufstieg ihres Sohnes doch nicht mehr erlebt. Auch seine Stiefmutter Victoria lebt nicht mehr. 1990 starb außerdem seine Zwillingsschwester Efua innerhalb von nur zwei Monaten an einer aggressiven Krankheit, was für die ganze Familie, besonders aber für den Bruder, ein außerordentlicher Schock war. Sie hatte phasenweise im ghanaischen Außenministerium gearbeitet und hinterließ zwei Söhne, denen sich Annan seither verpflichtet fühlt. Seine drei älteren Schwestern, Nana Essie Arthur, Ewura Efua Addaqay und Essie Quainoo, wohnen noch in Ghana, sind aber alle um die oder jenseits der 70 und längst pensioniert. Sie arbeiteten als Lehrerin an einer »High School«, als Geschäftsfrau und als Hotelmanagerin. Der jüngere Bruder Kobina Annan vertritt Ghana als Botschafter in Marokko. Annans erste Frau Titi lebt in London und Lagos, wo die Kinder inzwischen wohnen. Ama und Kojo Annan sind mittlerweile über dreißig, haben beide in Großbritannien Volkswirtschaftslehre studiert und arbeiten im Privatsektor: Sie bei einem französischen Frachtunternehmen, er ist, wie alle Welt inzwischen weiß, im Ölgeschäft tätig und unterhält mit einigen Partnern eine Firma in Lagos. Eigene Familien haben sie nicht. Trotzdem sind die Annans schon Großeltern: Nina, die Tochter von Nane Annan aus erster Ehe, wohnt in den Niederlanden, hat zwei Kinder, und ist Juristin, wie es der Familientradition der schwedischen Seite gebührt. Kofi und Nane Annan erwartet in Ghana, obwohl die jeweiligen

Kinder anderswo leben, ein nach wie vor weit verzweigter Familienclan, zu dem unter anderem die vielen Nachkommen seiner Geschwister gehören. Dazu gesellen sich Freunde aus den unterschiedlichsten Berufsbranchen. Wo genau die Annans ihren zweiten Wohnsitz nehmen, »irgendwo in Europa«, bleibt vorerst noch ihr Geheimnis.

Wann die Pläne vom beschaulichen Leben in Ghana Wirklichkeit werden, ist noch ungewiss. Lange Zeit kokettierte Annan mit einer dritten Amtszeit, indem er Fragen danach ausweichend oder vage beantwortete. Ein Verhalten, das sehr wohl den Schluss zuließ: Annan möchte weitermachen, aber ausdrücklich darum gebeten werden. Auf der Höhe der Irak-Debatte, seinem ersten großen Tief, wichen alle Planspiele dann plötzlich einer klaren Begrenzung auf die offizielle Amtszeit von insgesamt zehn Jahren. Und inzwischen hofft er – trotz gegenteiliger Beteuerungen in der Öffentlichkeit –, dass ihn die Entwicklungen um das »Öl-für-Lebensmittel« Programm nicht zu einem vorzeitigen Abtreten zwingen. Die Vereinten Nationen inmitten einer Krise zu verlassen, wäre für einen Mann wie Kofi Annan, der sein gesamtes Leben in den Dienst der Weltorganisation gestellt und dies immer auch als eine Art Berufung empfunden hat, besonders bitter. Gehen möchte er deshalb erst, wenn das Tief überwunden, die Weltorganisation in ihrer Existenz gesichert und das Verhältnis zu den Vereinigten Staaten wieder ein entspannteres ist. Forderungen nach seinem Rücktritt quittiert er deshalb regelmäßig mit den Worten: »Ich habe noch viele Aufgaben zu bewältigen und setze meine Arbeit fort.«

Teil IV: Anhang

Kurzlebenslauf

1938
Am 8. April wird Kofi Atta Annan in Kumasi, Ghana (Goldküste), geboren.

1944–1954
Wechselnde Schulen in Ghana, weil der Vater immer wieder innerhalb des Landes versetzt wird.

1954–1957
Annan kommt aufs Internat: Mfantsipim in Cape Coast, macht dort den Abschluss der Secondary School.

1957–1959
Studium der Volkswirtschaftslehre an der »University of Science and Technology« in Kumasi.

1959–1961
Studium in den USA, Macalester College in St. Paul, Minnesota, mit einem Stipendium der Ford Foundation. Abschluss mit einem Bachelor.

1961–1962
Studium der Volkswirtschaftslehre am »Institut des Hautes Études Internationales« in Genf mit einem Stipendium der Rockefeller Foundation. Ohne Abschluss.

1962–1965
Annan arbeitet bei der Weltgesundheitsorganisation (WHO) als Haushaltsreferent.

1965
Heirat mit Titi Alakija (Nigerianerin).

1965–1968
Personalreferent bei der UN-Wirtschaftskommission für Afrika in Addis Abeba, Äthiopien.

April 1968 – Oktober 1968
Persönlicher Referent des Verwaltungsleiters bei der UN-Wirtschaftskommission für Afrika in Addis Abeba.

November 1968 – Oktober 1969
Abgeordnet nach New York, ins Hauptquartier der Vereinten Nationen zur Weiterbildung.

Ab Oktober 1969
Kommissarischer Leiter des Personalreferats bei der UN-Wirtschaftskommission für Afrika in Addis Abeba.

1969
Tochter Ama wird geboren.

Ab Juni 1970
Leiter des Personalreferats bei der UN-Wirtschaftskommission für Afrika in Addis Abeba.

1970
Nina, die Tochter seiner späteren Frau Nane, wird geboren.

Ab Juni 1971
Sabbatjahr von den UN, Studium an der »Sloan School for Management« des Massachusetts Institute of Technology in Cambridge. Abschluss mit einem Master's.

Juni 1972
Kehrt zurück zu seinem Posten als Leiter des Personalreferats bei der UN-Wirtschaftskommission für Afrika in Addis Abeba.

Ab August 1972
Versetzung in das Genfer UN-Büro als Manager in der Verwaltungsabteilung.

1973
Sohn Kojo wird geboren.

Mai 1974 – November 1974
Leiter Zivilpersonal bei der »UN Emergency Force« (UNEF) in Kairo/Ismalia, Ägypten.

Ab November 1974
Verlässt die Vereinten Nationen. Geht nach Ghana und betreibt dort Tourismusförderung als »Managing Director of the Ghana Tourist Development Company«.

September 1976
Rückkehr zu den Vereinten Nationen als Personalreferent in New York.

September 1978 – Juli 1980
Stellvertretender Leiter des Personalwesens in New York.

September 1979
Trennung von Titi Alakija.

August 1980 – März 1983
Abgeordnet zum UNHCR nach Genf als Leiter der Personalabteilung. Dort ist er auch zuständig für allgemeine Managementfragen.

April 1983 – August 1983
Unterabteilungsleiter in der Verwaltungsabteilung in New York.

September 1983 – Januar 1984
Büroleiter des Untergeneralsekretärs für Verwaltung in New York.

1983
Scheidung von Titi Annan.

Ab 1984
Unterabteilungsleiter für Haushaltswesen in New York.

1984
Heirat mit Nane Lagergren (Schwedin).

Ab Februar 1987
Beigeordneter Generalsekretär für Personalwesen und UN-Sicherheitskoordinator in New York.

1990
Sonderauftrag. Nach dem Überfall auf Kuweit ist er zuständig für den Abzug der dortigen UN-Bediensteten.

1990
Zwillingsschwester Efua stirbt überraschend.

Ab September 1990
Controller und Beigeordneter Generalsekretär für Haushaltswesen in New York.

1991
Sonderauftrag. Annan verhandelt im Irak über dessen Ölverkäufe.

März 1992 – Februar 1993
Beigeordneter Generalsekretär für Friedensoperationen in New York.

Ab März 1993
Untergeneralsekretär für Friedensoperationen in New York. In diese Zeit fallen die katastrophalen UN-Einsätze in Ruanda und Srebrenica.

1995
Die Eltern Rose Eshun und Henry Reginald Annan sterben im gleichen Jahr in Ghana.

November 1995 – März 1996
Sonderbeauftragter des Generalsekretärs für das ehemalige Jugoslawien.

Ab April 1996
Rückkehr zum Posten als Untergeneralsekretär für Friedensoperationen in New York.

Dezember 1996
Annan wird zum 7. Generalsekretär der Vereinten Nationen gewählt. Seine Amtszeit dauert bis Ende 2001.

Juli 1997
Annan legt sein Reformprogramm »Stille Revolution« vor.

Februar 1998
Annan reist nach Bagdad und verhandelt dort erfolgreich mit dem Diktator Saddam Hussein. Er bringt eine Vereinbarung zurück.

April 1998
Annan veröffentlicht einen kritischen Bericht über die Konfliktursachen in Afrika.

Dezember 1998
Annan besucht Revolutionsführer Muhammad Ghaddafi und verhandelt mit ihm über die beiden Verdächtigen des Lockerbie-Anschlags.

Dezember 1998
Die Vereinigten Staaten und Großbritannien bombardieren vier Tage lang den Irak, ohne Mandat des Sicherheitsrats.

Winter 1999
Annan ruft den Global Compact ins Leben.

März 1999
Kosovokonflikt: Die Nato beginnt mit Luftschlägen gegen Serbien, ohne ausdrückliches Mandat des Sicherheitsrats.

Juni 1999
Mit Resolution 1244 stellt der Sicherheitsrat das Kosovo unter internationale Kontrolle: Die Nato sorgt für Sicherheit, die UN übernehmen die Zivilverwaltung.

August 1999
Referendum in Osttimor. Überwältigende Mehrheit für Unabhängigkeit.

September 1999
Der Sicherheitsrat autorisiert eine multinationale Truppe für Osttimor.

September 1999
Annan präsentiert seine Vorstellungen zur »humanitären Intervention«. Man nennt sie später die »Annan-Doktrin«.

November 1999
Veröffentlichung eines kritischen Berichts über die Vorgänge in Srebrenica.

Dezember 1999
Veröffentlichung eines kritischen Untersuchungsbericht zu den Vorgängen während des Völkermordes in Ruanda.

Frühjahr 2000
Annan veröffentlicht den Bericht: »Wir die Völker.« Darin stellt er die Millenniums-Entwicklungsziele zum ersten Mal vor.

August 2000:
Veröffentlichung des so genannten Brahimi-Berichts über die Missstände bei den UN-Friedenstruppen.

Juli 2000
Die operative »Phase des Global Compact« beginnt.

Sommer 2000
Israel zieht sich aus dem Libanon zurück, den die UN überwachen und zertifizieren.

September 2000
Millenniumsgipfel in New York. Die Staatengemeinschaft verabschiedet die Millenniumserklärung.

Frühjahr 2001
Die USA erklären das Kioto-Protokoll für fehlerhaft und schädlich.

Juni 2001
Wiederwahl für weitere fünf Jahre. Die Amtszeit geht bis Ende 2006.

September 2001
Terrorangriffe auf New York und Washington. Die UN reagieren sofort.

Oktober 2001
Beginn amerikanischer Angriffe auf Afghanistan, das als Bodenbereiter für die terroristischen Angriffe vom 11. September gilt.

November 2001
Afghanistan-Konferenz in Bonn. Unter UN-Vermittlung wird ein »Fahrplan« für eine demokratische Zukunft Afghanistans erstellt.

Dezember 2001
Annan nimmt in Oslo den Friedensnobelpreis entgegen, den er sich mit den Vereinten Nationen teilt.

Januar 2002
In einer Rede zur Nation erklärt Präsident Bush den Irak, Iran und Nordkorea zur »Achse des Bösen«.

Frühjahr 2002

Die USA ziehen ihre Unterschrift vom Statut des Internationalen Strafgerichtshofs zurück.

Mai 2002

Osttimor wird unabhängig.

Sommer 2002

Neue amerikanische Sicherheitsdoktrin sieht präemptive Schläge vor.

September 2002

Präsident Bush sagt den UN ein Schicksal wie dem Völkerbund voraus, wenn sie in der Irakfrage nicht handeln.

November 2002

Resolution 1441 verlangt vom Irak eine bedingungslose Zusammenarbeit. Die Inspekteure kehren nach jahrelanger Abwesenheit wieder in den Irak zurück.

Winter 2002/2003

Der Sicherheitsrat ringt um eine zweite, Gewalt autorisierende Resolution zum Irak. Mehrere Debatten auf Außenministerebene, bei denen Colin Powell versucht, die Weltgemeinschaft von der Gefährlichkeit Saddam Husseins zu überzeugen.

März 2003

USA, Großbritannien und Spanien ziehen Resolution zum Irak zurück, weil sie keine Mehrheit findet.

März 2003

Der Krieg im Irak beginnt. Er dauert bis Mai.

Mai 2003

Der Sicherheitsrat verabschiedet wieder eine Resolution (1483) zum Irak. Darin wird der Generalsekretär unter anderem beauftragt, einen Sonderbeauftragten zu berufen: Annan benennt Sergio Vieira de Mello.

August 2003
Anschlag auf das UN-Hauptquartier in Bagdad. Unter den Opfern ist auch der Leiter der Mission, Sergio Vieira de Mello.

September 2003
Ein weiterer Anschlag auf die UN in Bagdad richtet Sachschaden an. Internationale Mitarbeiter werden dieses Mal nicht verletzt.

Oktober 2003
Nach einem Anschlag auf das Rote Kreuz in Bagdad zieht Annan das internationale Personal aus dem Irak ab.

Herbst 2003
Eine Untersuchungskommission erachtet die Sicherheitsvorkehrungen der UN als »dysfunktional«.

Herbst 2003
Annan setzt eine externe Reformgruppe ein, die Vorschläge zur Revitalisierung der Vereinten Nationen erarbeiten soll. (»Blue Ribbon Panel«)

Frühjahr 2004
Unregelmäßigkeiten im Zusammenhang mit dem UN-Programm »Öl-für-Lebensmittel« kommen ans Licht. Annan setzt eine Untersuchungskommission ein.

Frühjahr 2004
Alle diplomatischen Versuche zur Wiedervereinigung Zyperns scheitern.

Juni 2004
Die Vereinigten Staaten verzichten auf eine weitere Resolution zum Internationalen Strafgerichtshof.

Ende Juni 2004
Der Irak erhält seine Souveränität zurück. Eine irakische
Regierung, die unter Vermittlung der UN zustande gekom-
men ist, übernimmt die Amtsgeschäfte.

Juli 2004:
Annan reist in den Sudan, um der Regierung ein Abkom-
men zur Entwaffnung marodierender Milizen in der Unru-
heregion Darfur abzuringen. Wie tragfähig die Vereinbarung ist, bleibt zunächst unklar.

September 2004:
Annan nennt den Irak-Krieg »illegal«

November 2004:
Kojo Annan hat länger von der Schweizer Firma Cotecna
Geld erhalten, als bislang bekannt. Cotecna hat über Jahre
für die Vereinten Nationen Inspektionsdienste im Irak erledigt. Annan will von den Zahlungen an den Sohn nichts
gewusst haben.

Dezember 2004:
Eine Gruppe republikanischer Abgeordneter fordert Annans Rücktritt, weil der größte Korruptionsskandal (Öl-
für-Lebensmittel) der UN unter seinen Augen geschehen
sei. Der Rest der Welt stellt sich hinter ihn. Annan lehnt es
ab, vorzeitig aus dem Amt zu scheiden. Nach Tagen des
Zögerns erhält er schließlich auch zurückhaltende Unterstützung von der amerikanischen Regierung.

Dezember 2004:
Eine von Annan eingesetzte Arbeitsgruppe legt einen umfassenden Reformbericht für die Vereinten Nationen vor,
der auch eine Erweiterung des Sicherheitsrats vorsieht.
(High-Panel-Bericht)

Dezember 2004:
Annans langjähriger Kabinettschef Iqbal Riza geht überraschend in den Ruhestand. Der bisherige UNDP-Chef Mark Malloch Brown übernimmt den Posten. Der Wechsel markiert den Anfang einer Reihe von Personalveränderungen, mit denen Annan versucht, die Krise zu überwinden.

Februar 2005:
Ein vorläufiger Bericht zu den Unregelmäßigkeiten um das »Öl-für-Lebensmittelprogramm« prangert Interessenkonflikte und unethisches Verhalten einzelner UN-Angehöriger an, systematische Korruption fördert der Bericht (noch) nicht zutage.

Liste der Gesprächspartner

Abi-Saab, Georges: Kommilitone von Kofi Annan Anfang der sechziger Jahre in Genf. Interview vom 3. März 2004.

Annan, Kobina: Bruder von Kofi Annan. Botschafter Ghanas in Marokko. Verschiedene Einzelauskünfte über familiäre Zusammenhänge des »Annan-Clans«.

Annan, Kofi: Generalsekretär der Vereinten Nationen seit 1997. Interviews vom 26. November 2003 und 16. Juli 2004. Außerdem kurze Gespräche am 12. Dezember 2003 in Tübingen und am 1. Februar 2004 in Genf. Sowie mehrere journalistische Interviews zu Sachthemen.

Annan, Kojo: Sohn von Kofi Annan. Lebt in Lagos, im Ölgeschäft tätig. Interviews vom 11. August 2004. und 1. Februar 2005. Er äußerte sich erstmals ausführlicher zu den Vorwürfen gegen ihn.

Annan, Nane: Zweite Frau von Kofi Annan. Juristin und Künstlerin. Interview vom 1. Februar 2004 sowie schriftliche Ergänzungen zum Interview vom 1. Februar 2004.

Annan, Titi: Erste Frau von Kofi Annan. Interview vom 11. August 2004. Sowie verschiedene Einzelauskünfte.

Arthur, Essie Nana: Kofi Annans älteste Schwester. Interview vom 20. Juli 2004.

Bartels, Francis L.: Annans Schulleiter im Internat Mfantsipim. Interview vom 11. August 2004.

Dedring, Jürgen: UN-Mitarbeiter von 1975 bis 1996. Inzwischen Politikwissenschaftler und Lehrbeauftragter in New York. Interview vom 21. Juli 2004.

Eckhard, Frederic: Sprecher des Generalsekretärs der Vereinten Nationen. Interview vom 24. November 2003.

Eisele, Manfred: Beigeordneter Generalsekretär, zuständig für Friedensoperationen, zwischen 1994 und 1998. Interview vom 24. August 2003.

Eitel, Tono: Deutscher Botschafter bei den Vereinten Nationen in New York von 1995 bis 1998. Interview vom 20. September 2003.

Esposito, Walter: Textilunternehmer in Ghana und langjähriger Freund von Kofi Annan. Interview vom 6. August 2004.

Fréchette, Louise: Stellvertretende UN-Generalsekretärin. Interview vom 24. November 2003.

Griep, Ekkehard: Mitarbeiter in der Abteilung für Friedensoperationen von 1995 bis 1998. Interview vom 9. August 2003.

Hayford, Patrick: Direktor für Afrikanische Angelegenheiten bei den Vereinten Nationen. Wie Annan aus Ghana. Interviews vom 24. November 2003 und vom 9. Juli 2004.

Henze, Gerhard: Stellvertretender Deutscher Botschafter bei den Vereinten Nationen in New York von 1994 bis 1999. Inzwischen verstorben. Schriftliche Aufzeichnungen aus seiner Zeit bei den UN, in welche die Autorin dank Juliane Henze Einblick nehmen durfte.

Homann-Herimberg, Franz Josef: Ehemaliger Vorgesetzter von Annan beim UNHCR in Genf und langjähriger Freund. Interview vom 30. Juli 2004.

Hütter, Joachim. Mehr als zwanzig Jahre in der Abteilung für Friedenseinsätze der Vereinten Nationen tätig. Inzwischen pensioniert. Interview vom 10. Januar 2004.

Kane, Angela: Beigeordnete Generalsekretärin für die Organisation von UN-Konferenzen. Interview vom 28. Juni 2004

Kastrup, Dieter: Deutscher Botschafter bei den Vereinten Nationen in New York von 1998 bis 2001. Interview vom 21. Oktober 2003.

King, Angela: Beigeordnete Generalsekretärin für Gender- und Frauenfragen. Inzwischen pensioniert. Interview vom 24. November 2003.

Koisser, Walter: Arbeitete Anfang der achtziger Jahre als Stellvertreter von Kofi Annan beim UN-Flüchtlingshilfswerk. Annan war damals Personalchef beim UNHCR. Inzwischen pensioniert. Interview vom 20. Oktober 2003.

Lindenmayer, Elisabeth: Stellvertretende Kabinettschefin und langjährige Vertraute von Kofi Annan. Interview vom 21. November 2003.

Luck, Edward: Professor für Internationale Politik an der Columbia University. Davor viele Jahre Leiter der amerikanischen UN-Gesellschaft (UNA-USA). Interview vom 2. Juli 2004.

Menon, Bhaskar: Herausgeber der »UN Diplomatic Times«, früher viele Jahre UN-Mitarbeiter. Interview vom 30. Juni 2004.

Miness, Nina: Mitarbeiterin bei den Vereinten Nationen seit 1952. In der Abteilung UN-Führungen auf verschiedenen Positionen bis Mitte der neunziger Jahre tätig. Inzwischen pensioniert. Interview vom 30. Juni 2004.

Mitglied des Personalrats (UN Staff Union): Anonym. Interview vom 30. Juni. 2004.

Mortimer, Edward: Redenschreiber und Kommunikationsdirektor von Kofi Annan. Interview vom 21. November 2003.

Münch, Wolfgang: Seit 1996 Mitglied der »Gemeinsamen Inspektionseinheit« der Vereinten Nationen. Interview vom 21. Dezember 2003.

Paul, Jim: Exekutivdirektor des Global Policy Forum.

Nichtregierungsorganisation, ansässig in New York. Interview vom 1. Juli 2004.

Paschke, Karl-Theordor: Chef der internen Aufsicht zwischen 1994 und 1999. Inzwischen pensioniert. Interview vom 30. September 2003.

Picco, Giandomenico: Zwischen 1973 und 1992 bei den Vereinten Nationen, zuletzt als Beigeordneter Generalsekretär. Heute bei GDP Associates in New York tätig. Ein alter Freund von Kofi Annan. Interview vom 29. Juni 2004.

Pleuger, Gunter: Deutscher Botschafter bei den Vereinten Nationen in New York. Interviews vom 25. November 2003 und vom 28. Juni 2004.

Prendergast, Kieran: Untergeneralsekretär für Politische Angelegenheiten. Interviews vom 21. November 2003 und vom 30. Juni 2004.

Riza, Iqbal: ehem. Kabinettchef von Kofi Annan. Inzwischen pensioniert. Interview vom 21. November 2003.

Schumacher, Hanns: Stellvertretender deutscher Botschafter bei den Vereinten Nationen von 1999 bis 2003. Interview vom 27. September 2003.

Steiner, Michael: Deutscher UN-Botschafter in Genf. Interview vom 20. Juli 2004.

Tharoor, Shashi: Untergeneralsekretär für Kommunikation und Information. Interview vom 20. November 2003.

Töpfer, Klaus: Exekutivdirektor des UN-Umweltprogramms. Interview vom 29. Januar 2004.

Trautwein, Wolfgang: Stellvertretender deutscher Botschafter bei den Vereinten Nationen. Interview vom 25. November 2003.

Weschler, Joanna: Human Rights Watch. Zuständig für UN-Angelegenheiten. Interview vom 25. Juni 2004.

Quellennachweise

(strukturiert nach Satzanfängen: die **fette** Zahl nennt die Seite, die magere die Zeile des Satzendes.)

Einleitung

9 4 Schnell verschafft er sich...: The Fight of Life. in: Time Magazine. 13.

11 24 Bis weit hinein...: Interview mit Michael Steiner.

11 27 Erst im Irakkonflikt...: Interview mit Giandomenico Picco.

Kindheit in Ghana

15 1 »Ich bin tief verwurzelt...«: Interview mit Kofi Annan, November 2003.

15 25 Zwillinge werden in Ghana...: The Optimist. In: The New Yorker. 3. März 2003.

15 29 Für solche Fälle gibt es...: Interview mit Patrick Hayford, November 2003.

16 10 Mit einigem Abstand folgt...: Auskunft von Kobina Annan.

16 13 Fünf der sechs Geschwister...: Auskunft von Kobina Annan.

16 16 Kinder aus verschiedenen...: Interview mit Walter Esposito.

16 20 Geschwister gelten als...: Auskunft von Kobina Annan.

16 30 Er bedeutet wörtlich übersetzt...: Vgl. Interview mit Patrick Hayford, November 2003.

17 2 Efua wiederum...: Arthur, Kweku Joseph: What's in a name? Ghanaian naming traditions. In: www.hhuc.co.uk/whatsinaname.htm.

17 22 Vereinfacht hat man es...: Cobbinah, Jojo: Ghana. Peter Mayer Verlag. Frankfurt am Main. 2002, S. 50.

17 25 Seine Mutter – wie Stiefmutter...: Auskunft Kobina Annan.

17 30 Zu Variationen der Akan-Sprache...: Cobbinah, Jojo: Ebenda, S. 111.

18 2 Auch Henry Reginald Annan...: Interview mit Patrick Hayford, November 2003.

18 19 Dabei spielen die Chiefs...: Interview mit Patrick Hayford, November 2003.

18 29 Die Menschen haben...: Interview mit Patrick Hayford, November 2003.

316

19 11 Es gab immer Menschen…: Zitiert nach: The Optimist. In: The New Yorker. 3. März 2003.

19 16 Wenn es heute keine gibt…: Interview mit Kofi Annan, November 2003.

19 27 Wenn sich die Familie…: Interview mit Kofi Annan, November 2003.

19 29 Die Jahre in Ghana…: Interview mit Kofi Annan, November 2003.

19 31 Selbst nach Jahrzehnten…: Interview mit Kofi Annan, November 2003.

20 1 Mutter Rose Eshun…: Interview mit Nane Annan.

20 4 Für die geistige und charakterliche…: Vgl. Interview mit Nane Annan.

20 5 schon weil Rose später…: Auskunft Kobina Annan.

20 11 »HR«…: Interview mit Francis Bartels.

21 24 »Heute hast du etwas gesehen…«: Alles zitiert nach: The five virtues of Kofi Annan. In: Time Magazine. 4. September 2000.

22 3 Kofi, erinnert sich die ältere Schwester Essie…: Beschrieben nach: The five virtues of Kofi Annan. Ebenda.

22 6 Das ist trotz der Ernsthaftigkeit…: Vgl. Cobbinah, Jojo: Ebenda, S. 96.

22 19 Und ich hätte dann selber herausfinden müssen…: Kofi Annan. Center of the Storm. Documentary Video. PBS. 2002.

22 22 Er »ruht in sich«…: The five virtues of Kofi Annan. Ebenda.

22 34 Kofi ist der »Sunnyboy«, erinnert sich seine ältere…: Interview mit Nana Essie Arthur.

22 35 »Ich liebe das Leben, ich liebe…: Interview mit Kofi Annan, November 2003.

23 16 »United African Company«, einem Zweig von Unilever…: Interview mit Walter Esposito.

23 21 »Jedes Mal, wenn mein Vater in einen neuen…«: Interview mit Kofi Annan, November 2003.

23 35 Zu Hause spricht man hauptsächlich Fanti…: Interview mit Kofi Annan, Juli 2004.

24 5 »Wir wechselten ständig zwischen…«: Interview mit Kofi Annan, November 2003.

24 31 Noch heute belegt sie nach einem Ranking der…: Interview mit Francis Bartels.

25 13 Immer noch kommt die Mehrheit der …: Cobbinah, Jojo: Ebenda, S. 317.

25 22 Die Schule gilt als »streng, aber menschlich«: Interview mit Francis Bartels.

25 27 »Danach ging man direkt zu Bett ...«: Interview mit Francis Bartels.

26 1 »Ich mochte die Schule ...«: Interview mit Kofi Annan, Juli 2004.

26 8 »Es war eine interessante Erfahrung ...«, »Die Lehrer helfen, leiten an ...«: Beide Zitate: Interview mit Kofi Annan, Juli 2004.

26 23 In Mfantsipim entdeckt er fast »aus dem Nichts« ...: Zitiert nach Homepage Mfantsipim: www.mfantsipim.com.

26 29 Neben den sportlichen Aktivitäten ...: Zitiert nach Homepage Mfantsipim: Ebenda.

26 33 Später wird er die Schule einmal ...: Kofi Annan. Center of the Storm. Ergänzender Text zum Documentary Video. PBS. 2002.

27 22 »Unabhängigkeit in der kürzestmöglichen ...«, »Unabhängigkeit jetzt«, Beides aus: Cobbinah, Jojo: Ebenda, S. 70 ff.

28 18 »Accra wurde die Hauptstadt des ...«: Cobbinah, Jojo: Ebenda, S. 72.

28 28 »Ich hatte immer schon das Gefühl ...«: Interview mit Kofi Annan, November 2003.

28 34 Annan habe die Älteren davon überzeugt ...: Beschrieben nach: Man in the Middle. In: Smithsonian. Januar 2003.

29 6 »Manchmal machten wir dazu auch Rollenspiele ...«: Zitiert nach: The Optimist. Ebenda.

29 7 Was da »draußen« vor sich geht ...: Kofi Annan. Center of the Storm. Documentary Video. PBS. 2002.

29 10 »Ich war zu jung ...«: Zitiert nach: The Optimist. Ebenda.

29 18 »Das beeinflusste mich.«: Interview mit Kofi Annan, November 2003.

29 32 »Als Teenager, als junger Mann ...«: Tessitore, John: Kofi Annan. The Peacekeeper. Franklin Watts. A Division of Grolier Publishing. Danbury. Connecticut. 2000, S. 26–27.

30 5 Kumasi, mitten im Ashanti-Gebiet ...: Cobbinah, Jojo: Ebenda, S. 370.

30 14 Bereits in den »zwanziger Jahren ...«: Cobbinah, Jojo: Ebenda, S. 373.

30 26 Bis zu seinem 45. Lebensjahr ...: Vgl. dazu: Kofi Annan führt die Uno mit eisernem Willen aus ihrer Lethargie. In: Die Welt. 13. Juli 2001.

Studium im Ausland

31 3 »Man soll nie irgendwo hinkommen ...«: Fellowship Honors Kofi Annan. In: Northwestern University News Release. 21. Juni 2002.

31 23 Inzwischen gilt die KNUST nach eigener ...: Vgl. Homepage der Kumasi-Universität. www.knust.edu.gh.

31 28 »Wir erwarten einen hohen moralischen ...«: Kumasi-Universität. Ebenda.

318

31 31 Der junge Student Annan empfindet…: Interview mit Kofi Annan, Juli 2004.

32 2 »(…) wir alle hatten das Gefühl, einen Beitrag…«: The Optimist. In: The New Yorker. 3. März 2003.

32 16 Annan, der »es immer schon eilig hatte…«: Interview mit Kofi Annan, Juli 2004.

34 10 Annan ist beeindruckt vom »Respekt für andere Kulturen«…: Fellowship Honors Kofi Annan. Ebenda.

34 16 »Als Kind der Tropen schien mir das…«: Fellowship Honors Kofi Annan. Ebenda.

34 18 »Ich empfand sie als fremd…«: Fellowship Honors Kofi Annan. Ebenda.

34 26 Er lernt daraus, wie er später…: Fellowship Honors Kofi Annan. Ebenda.

34 28 »Man muss zuhören und…«: Kofi Annan. In: Stuttgarter Zeitung. 28. Februar 1998.

34 33 »Jeder kannte ihn…«: The five virtues of Kofi Annan. In: Time Magazine. 4. September 2000.

35 18 »Es wurde als große Errungenschaft…«: Interview mit Patrick Hayford, Juli 2004.

35 27 »Es war bestimmt nicht leicht…«: Interview mit Fred Eckhard.

35 31 »Aber er hat es bewältigt«, weil…: Interview mit Fred Eckhard.

36 15 »Die Kultur war anders,…«: The Optimist. Ebenda.

36 23 »Ein beängstigender Vorfall«: Kofi Annan's next Test. In: New York Times. 29. März 1998.

36 31 Die jungen Leute aus fünf… Tessitore, John: Kofi Annan. The Peacekeeper. Franklin Watts. A Division of Grolier Publishing. Danbury. Connecticut. 2000, S. 36.

37 27 Mit Freuden erinnert sich…: Man in the Middle. In: Smithsonian. Januar 2003.

38 17 »Es war okay, solange ich den anderen…«: Tessitore, John: Ebenda. S. 22.

38 20 »Nach fünfzehn Minuten…«: Tessitore, John: Ebenda. S. 22.

38 25 »Er war geistig wie körperlich fix«: The Optimist. Ebenda.

40 22 »Es war nicht viel, aber zum Leben…«: Interview mit Georges Abi-Saab.

41 16 »Damals war das ein Symbol…«: Interview mit Georges Abi-Saab.

41 25 Er ist jung, gerade mal 13 Jahre älter…: Patrice Lumumba. Kurzbiographie. In: www.sci.pfu.edu.ru.

42 16 »Lumumba stand für die…«: Interview mit Georges Abi-Saab.

42 20 Abi-Saab beschreibt die Zeit als…: Interview mit Georges Abi-Saab.

43 15 »Verschwendung von Staatsgeldern…: Cobbinah, Jojo: Ghana. Peter Meyer Verlag. Frankfurt am Main. 2002, S. 72.

43 27 »Die Organisation explodierte«: Interview mit Georges Abi-Saab.

44 2 Der Beruf erscheint ihm dann doch…: Interview mit Kofi Annan, Juli 2004.

44 5 »Wir wollten unsere Finanzen aufbessern«: Interview mit Georges Abi-Saab.

44 13 »Wir wollten eine gerechte und friedliche…: Interview mit Georges Abi-Saab.

44 27 »Es war schnell klar, dass es sehr…: Interview mit Georges Abi-Saab.

Beginn einer großen Karriere

45 1 »Ich merkte bald, das ist mein Ding.«: Interview mit Kofi Annan, November 2003.

46 12 »Als ich bei den Vereinten Nationen…«: Interview mit Kofi Annan, November 2003.

46 18 »Ich merkte bald, das ist mein Ding…«: Interview mit Kofi Annan, November 2003.

46 21 Drei Jahre arbeitet Annan…: Interview mit Kofi Annan, November 2003.

46 26 Bis heute liebt er es…: Interview mit Kofi Annan, November 2003.

46 31 Er will nach Afrika…: Interview mit Kofi Annan, November 2003.

47 3 »Kopenhagen ist nett«: Interview mit Kofi Annan, November 2003.

47 6 »Also hörte ich bei der WHO auf…«: Interview mit Kofi Annan, November 2003.

47 13 Annan bleibt bei seinem Entschluss…: Interview mit Kofi Annan, Juli 2004 (auch nachfolgendes Zitat).

47 18 Trotz ungewisser Zukunftsperspektiven…: Interview mit Kofi Annan, Juli 2004.

47 27 Tatsache ist aber, dass Robert K. A. Gardiner…: Vgl. Yearbook of the United Nations (die entsprechenden Jahre ab 1963). Office of Public Information. United Nations, New York. Zum Beispiel 1965: S. 855.

49 8 Alles Zureden hilft nichts… : Zitiert nach: Classmates remember Annan from years before Iraq success. In: TechTalk. MIT News Office at the Massachusetts Institute of Technology. 4. März 1998.

49 21 »Es lag eine Menge…«: Zitiert nach: The Optimist. In: The New Yorker. 3. März 2003.

50 5 Wenn man eine Bewerbung…: Zitiert nach: Shawcross, William: Deliver us from Evil. Touchstone. New York. 2000, S. 219.

50 28 Damals aber, in den Anfangsjahrzehnten…: Interview mit Nina Miness.

51 20 »Ich brauchte ein wenig Zeit…«: Interview mit Kofi Annan, November 2003. (beide Zitate).

52 15 »Ich fragte mich, wie ich in dieser…«: Commencement Address, MIT. Rede Kofi Annans vom 6. Juni 1997.

52 19 »Dadurch ließen meine Ängste allmählich…«: Commencement Address: Ebenda.

52 21 »Sie haben uns sehr viel abverlangt«: Interview mit Kofi Annan, November 2003.

52 25 Sie handelt von öffentlich-privaten…: Annan, Kofi Atta: International joint venture with a government partner case study; copper mining in Zambia. Thesis. MIT. 1972.

52 29 Trotz der hohen Anforderungen…: Interview mit Kofi Annan, November 2003.

52 34 »Bis heute ziehen sie mich auf damit…«: Interview mit Kofi Annan, November 2003.

53 5 »Ja, es waren idealistische Motive…«: Interview mit Kofi Annan, November 2003.

53 8 Und: »Bei den Vereinten Nationen zu arbeiten…«: Zitiert nach: Kofi Annan. Center of the Storm. Ergänzender Text zum Documentary. PBS. 2002.

53 25 »Ich war immer noch…«: Interview mit Kofi Annan, November 2003.

54 9 Oberst Acheampong »hatte keine…«: Cobbinah, Jojo: Ghana. Peter Meyer Verlag. Frankfurt am Main. 2002, S. 76.

54 20 »Man brauchte dauernd Genehmigungen…«: Interview mit Kofi Annan, November 2003.

54 27 »Es gab zu viele Verbotsschilder…«: Man in the Middle. In: Smithsonian. Januar 2003.

54 28 Er bedauert, »dass man…«: Interview mit Kofi Annan, November 2003.

54 34 Er wird sich immer als…: Schriftliche Ergänzungen von Nane Annan.

55 13 »Annan ist einfach nett…«: Interview mit Bhaskar Menon.

55 31 »Das UNHCR befand sich…«: Interview mit Franz Josef Homann-Herimberg.

56 6 Seinem damaligen Stellvertreter…: Interviews mit Walter Koisser und Franz Josef Homann-Herimberg.

56 19 Nur seine Schwester…: Interview mit Nana Essie Arthur.

56 21 Auch seine erste Frau Titi…: Interview mit Titi Annan.

57 12 Kennen gelernt hatten sie sich…: Interview mit Titi Annan.

58 5 Für Titi Annan…: Interview mit Titi Annan.

58 12 Sie spricht von einer…: Interview mit Titi Annan.

58 21 Freunde von damals…: Interview mit Walter Esposito.

58 34 Bei diesem internationalen Leben…: Interview mit Titi Annan.

59 5 »Das größte Problem waren…«: Interview mit Titi Annan.

59 8 »Dann war er bereit…«: Interview mit Titi Annan.

59 20 »Es ist eine Art afrikanischer Tradition…«: Interview mit Kofi Annan, Juli 2004.

59 24 »Wenn es mir bestimmt gewesen wäre…«: Interview mit Titi Annan.

59 33 Er »hatte sehr zu kämpfen…«: Interview mit Kojo Annan.

60 4 Trotzdem bemüht er sich darum…: Interview mit Franz Josef Homann-Herimberg.

60 6 Ein schwieriger Spagat…: Interview mit Kofi Annan, Juli 2004.

60 12 »Es war nicht leicht für ihn…«: Interview mit Angela King.

60 14 Aus dieser Erfahrung lernt er…: Interview mit Kofi Annan, Juli
2004.

60 24 »Du bist ein großer Manager«…: Interview mit Kofi Annan, Juli
2004.

60 27 Ob er seine Gewohnheiten…: Interview mit Kofi Annan, Juli 2004.

60 31 »Er war ein sehr beliebter Gentleman…«: Ein Interviewpartner
macht diese Aussage anonym.

61 10 Für die Schwedin ist der Posten…: Interview mit Nane Annan.

61 12 »Wir haben uns davor schon mal gesehen«: Interview mit Nane Annan.

61 16 Fast wie ein Blitz trifft es beide…: Interview mit Nane Annan.

61 21 Es dauert noch ein bisschen…: Interview mit Nane Annan.

62 15 Kurz vor seinem Verschwinden…: Schriftliche Ergänzungen von
Nane Annan.

62 21 Das UNHCR hat keine Stelle…: Interview mit Nane Annan.

63 8 Sie sehen ungewöhnlich aus…: Interviews mit Nane Annan und Kofi
Annan, November 2004.

Niederlagen begleiten die Laufbahn

64 3 »Wir können die Tragödie nicht…«: Srebrenica will forever haunt
United Nations' history. UN-Pressemitteilung vom 10. Juli 2000 (Kofi
Annan zum 5. Jahrestag des Falls von Srebrenica).

65 20 Das ändert sich Luck zufolge: Interview mit Edward Luck.

65 24 Geschickt habe er jede Möglichkeit…: Kollege Annans vom Ende
der achtziger Jahre, der anonym bleiben will.

68 16 Der Finanzrahmen steigert sich…: Sokalski, Henryk J.: An Ounce
of Prevention. United States Institute of Peace Press. Washington D. C.,
2003, S. 8.

68 20 In den vier Jahren…: Boutros-Ghali, Boutros: Hinter den Kulissen der Weltpolitik. Dicorsi Verlag, Hamburg. 2000, S. 164.

68 24 »Wir alle hatten…«: Shawcross, William: Deliver us from Evil. Touchstone. New York. 2000, S. 220.

68 28 Der amerikanische Präsident…: New World Order. Rede Präsident Bushs vor dem Kongress am 6. März 1991.

69 1 Wenige Monate später…: An Agenda for Peace. UN-Dokument: A/47/277 vom 17. Juni 1992.

70 13 Das Engagement, »durch einen medial inszenierten…«: Debiel, Tobias: UN-Friedensoperationen in Afrika. Dietz Verlag. Bonn, S. 130.

70 27 Oder, wie es in der einschlägigen Resolution…: Sicherheitsrats-Resolution 794, 3. Dezember 1992.

70 31 Boutros-Ghali…: Vgl. Debiel: Ebenda, S. 148.

71 4 Der Widerstand der verschiedenen…: Boutros-Ghali: Ebenda, S. 144.

71 21 »Das UN- und US-Engagement…: Debiel: Ebenda, S. 154.

71 26 Die Hungerkatastrophe kann zwar abgewendet…: Debiel: Ebenda, S. 154.

71 33 »Dadurch wurde der Eindruck erweckt…«: Shawcross: Ebenda, S. 220.

71 35 Wenn die UN ihr Ziel…: Shawcross: Ebenda, S. 222.

72 17 Die ruandische Regierung…: Zitiert nach UN-Pressemitteilung: Marking 10 years since Rwanda genocide, UN officials voice regret and resolve. 7. April 2004.

72 25 Wie konnte es am Ende des 20. Jahrhunderts…: Des Forges, Alison: Kein Zeuge darf überleben. Der Genozid in Ruanda. Human Rights Watch. Hamburger Edition. Hamburg. 2002.

73 7 Die UN-Mitarbeiter, weil sie es versäumt haben…: Des Forges: Ebenda, S. 36.

73 21 Es wird, angesichts der bemerkenswerten…: zitiert nach Debiel: Ebenda, S. 182.

73 25 Das Telegramm an seine Vorgesetzten…: Des Forges: Ebenda, S. 38.

73 28 Es war adressiert an…: Report of the Independent Inquiry into the actions of the United Nations during the 1994 Genocide in Rwanda. UN-Dokument. S/1999/1257. 15. Dezember 1999, S. 8.

73 33 Gemeint sind Kofi Annan als Leiter…: Dallaire, Roméo: Shake hands with the devil. Random House Canada. 2003.

74 4 Verfasst und unterschrieben war es jedoch…: Debiel: Ebenda, S. 182.

74 15 Iqbal Riza lehnt die Anfrage…: Debiel: Ebenda, S. 183.

74 21 Aber haben im Angesicht der…: Erklärung von Kofi Annan anlässlich der Entgegennahme des Ruanda-Berichts (ebenda). 15. Dezember 1999.

323

74 34 Dallaire, der sein Schreiben...: Dallaire: Ebenda, S. 145.

75 1 »Ich war so frustriert, ich stand neben mir«: Dallaire: Ebenda, S. 144.

75 11 »Die ganze Atmosphäre innerhalb des Departments...«: Dallaire: Ebenda, S. 147.

75 18 »Keiner von ihnen schien überrascht...«: Dallaire: Ebenda, S. 148.

75 35 Die Vereinigten Staaten haben noch...: Boutros-Ghali: Ebenda, S. 141 ff.

76 16 »Hätten wir den Wiederausbruch des Bürgerkriegs...«: Dallaire: Ebenda, S. 515.

76 26 Untergeneralsekretär Shashi Tharoor...: Man in the Middle. In: Smithsonian. Januar 2003.

77 7 »Zur Überprüfung des Verhaltens...«: Erklärung von Kofi Annan anlässlich der Entgegennahme des Ruanda-Berichts (ebenda).

77 15 »Jeder Teil des Systems...«: Report of the Independent Inquiry into the actions of the United Nations during the 1994 Genocide in Rwanda. UN-Dokument S/1999/1257, S. 1.

77 19 »Im Namen der Vereinten Nationen...«: Erklärung von Kofi Annan anlässlich der Entgegennahme des Ruanda-Berichts (ebenda).

77 30 Das Massaker von Srebrenica...: Report of the Secretary-General persuant to General Assembly resolution 53/35. The fall of Srebrenica. UN-Dokument: A/54/549. 15. November 1999, S. 7.

78 35 »Hätten sie die angreifenden Serben...«: The fall of Srebrenica: Ebenda, S. 102.

79 15 Allein zwischen April 1992 und Oktober...: The fall of Srebrenica: Ebenda, S. 16.

79 20 Die Politik der Schutzzonen...: The fall of Srebrenica: Ebenda, S. 104.

79 26 Dazu komme die schlechte Ausrüstung...: The fall of Srebrenica: Ebenda, S. 104.

79 35 »Wir versuchen einen Frieden zu sichern...«: The fall of Srebrenica: Ebenda, S. 105.

80 9 »Die internationale Gemeinschaft...«: The fall of Srebrenica: Ebenda, S. 105.

80 15 »Meine persönliche Ansicht ist...«: The fall of Srebrenica: Ebenda, S. 105.

81 3 Annan zieht daraus die Lehre, dass...: The fall of Srebrenica: Ebenda, S. 107

81 25 »Es war ein Albtraum...«: Kofi Annan. Center of the Storm. Documentary Video. PBS. 2002.

82 4 General Dallaire, der in der Folgezeit...: Zur Schuld verdammt: Dokumentarfilm zu Ruanda. 3SAT, ausgestrahlt am 11. Juli 2002.

Annan wird Generalsekretär

83 3 »Zunächst dachte ich überhaupt nicht daran...«: Interview mit Kofi Annan, November 2003.

83 19 »Annan ging seinen Weg und keiner hat...«: Interview mit Joachim Hütter.

84 25 Wohl deshalb schickt er seinen direkten...: Vgl. A Touch of Steel. In: Newsweek, 23. Dezember 1996.

85 21 Die amerikanische Zeitschrift Newsweek...: Beides aus: Most Likely to Succeed. In: Newsweek, 23. Dezember 1996.

85 33 Die Aversionen sind in beider Memoiren...: Vgl. Albright, Madeleine K.: Die Autobiograhie. C. Bertelsmann Verlag. München. 2003. Boutros Boutros-Ghali: Hinter den Kulissen der Weltpolitik. Dicorsi Verlag, Hamburg. 2000.

86 16 »In Somalia war es Boutros-Ghali...«: Albright. Ebenda. S. 255/256.

88 2 »Das fiel ins Gewicht, denn...«: Albright. Ebenda. S. 256.

88 18 »Ich kam zu dem Ergebnis, dass der Generalsekretär...«: Albright. Ebenda. S. 256.

88 20 Schon zu diesem Zeitpunkt erörtert...: Albright. Ebenda. S. 257.

88 30 Im Mai eröffnet Außenminister Christopher...: Vgl. Boutros-Ghali. Ebenda. S. 317 ff.

88 35 Sich so abspeisen zu lassen, erscheint ihm unwürdig.: Vgl. Boutros-Ghali. Ebenda. S. 310 ff.

89 1 Er fühlt sich als der »am ärgsten...«: Boutros-Ghali. Ebenda. S. 324.

89 27 Präsident Clintons Herausforderer Bob Dole...: Boutros-Ghali go home? In: Frankfurter Allgemeine Zeitung. 19. Juni 1996.

89 33 »Man kann den Generalsekretär der...«: Boutros-Ghali. Ebenda. S. 323.

90 15 Aus Angst, »dass die Grand Old Party...«: Boutros-Ghali. Ebenda. S. 326.

90 23 Im Juni lässt die Regierung über die New York Times...: US opposes initiative for re-election of UN Top Official. In: New York Times, 20. Juni 1996.

91 7 »Ich schätze Kofi Annan außerordentlich...«: Interview mit Tono Eitel.

91 25 Es folgen weitere Abstimmungen...: Vgl. Interview mit Tono Eitel.

92 14 »Albright konnte nicht Außenministerin werden, ohne...«: Boutros-Ghali. Ebenda. S. 387.

92 23 »... die Grundhaltung ist für Kofi Annan...«: Tagebuch von Gerhard Henze vom 10. Dezember 1996

93 5 »Annan spricht Französisch, er war ja...«: Interview mit Tono Eitel.

93 30 Deutschland steht zunächst noch auf der Seite...: Dem Tagebuch von Gerhard Henze an mehreren Stellen zu entnehmen.

94 5 Als alle spontan die Hand heben...: Vgl. Interview mit Tono Eitel.

94 26 »Es geschah alles sehr spät...«: Interview mit Kofi Annan, November 2003.

94 31 Natürlich »gab es Gespräche...«: Interview mit Shashi Tharoor.

95 10 »Ich habe über einen gemeinsamen Freund...«: Interview mit Tono Eitel.

95 18 »Boutros-Ghali im Genick«: Interview mit Giandomenico Picco.

95 28 »Ich war anfangs gar nicht sicher...«: Interview mit Kofi Annan, November 2003.

96 14 »Alle waren aufgeregt, nur Kofi nicht«: Kofi Annan. Siebter Generalsekretär der Vereinten Nationen. In: Süddeutsche Zeitung. 18. Dezember 1996.

96 31 »Er ist mehr amerikanisch als afrikanisch...«: Tagebuch von Gerhard Henze vom 4. Dezember 1996.

97 3 Annan versucht solche Vorbehalte von Beginn an...: Transkript einer Pressekonferenz von Kofi Annan am 18. Dezember 1996. www.un.org.

97 13 »... er (der Generalsekretär) hat auch eine politische...«: Transkript einer Pressekonferenz von Kofi Annan am 18. Dezember 1996. www.un.org.

97 22 »Ich habe schon früher deutlich gemacht...«: Transkript einer Pressekonferenz von Kofi Annan am 18. Dezember 1996. www.un.org.

97 25 Trotz dieser verhaltenen Kritik...: The Optimist. In: The New Yorker. 3. März 2003.

98 10 Er habe die UN »sehr viel aggressiver«...: Interview mit Kofi Annan, November 2003.

Annans Alltag als UN-Chef

101 1 »Jemand muss den Job ja machen.«: Online News Hour. (Transkript) PBS. 16. Dezember 1996.

101 35 Ihr früheres Hobby, das Malen...: Interview mit Nane Annan.

102 21 In diesem Bewusstsein beschließt Frau Annan...: Beschrieben nach: First Lady of the World. In: The Times. 28. Februar 1998.

103 2 Die wiederum überließ das kleine Anwesen...: Vgl. Pressemitteilung der UNA-USA vom 28. Juli 1972.

103 19 Der Verdienst ist mit einem Nettojahresgehalt...: Salary and retirement allowance of the Secretary-General. UN-Dokument: A/52/7/Add. 8 vom 18. Dezember 1997.

104 18 »Seine Rolle ist die eines konstitutionellen...«: Zitiert nach: Kofi Annan. Center of the Storm. Ergänzender Text zum Documentary Video. PBS. 2002.

105 2 »Manchmal fragen mich Leute: …«: Zitiert nach: Kofi Annan. Center of the Storm. Documentary Video. PBS. 2002.

106 8 »Der Unterschied zwischen Gott und mir…«: Interview mit Kofi Annan, November 2003.

106 13 Der Norweger Trygve Lie…«: Zitiert nach: Göller, Josef-Thomas: Anwälte des Friedens. Dietz Verlag. Bonn 1995, S. 50.

106 18 Jemand muss den Job ja machen…«: Beide Zitate aus: Online News Hour. (Transkript) PBS. 16. Dezember 1996.

106 34 »U Thant war unsichtbar…«: Righter, Rosemary. Zitiert nach: Deliver us from Evil. S. 224.

107 5 Der Schwede hat die »formativen…: Fröhlich, Manuel: Dag Hammarskjöld und die Vereinten Nationen. Schöningh. Paderborn, München, Wien, Zürich. 2002, S. 4.

107 12 Wie der Schwede versucht er als Erstes…: Fröhlich, Manuel: Ebenda, S. 409 ff.

107 23 »Es gibt keine bessere Richtschnur…«: Zitiert nach Fröhlich, Manuel: Ebenda, S. 428.

107 25 Im Geiste bleibt er dem Schweden verbunden…: Interview mit Kofi Annan, November 2003.

108 8 Er sollte, heißt es immer wieder scherzhaft…: Zitiert nach Fröhlich, Manuel: Ebenda, S. 41.

108 35 Als »Mini-UN« bezeichnet Nane…: Schriftliche Ergänzungen von Nane Annan.

109 3 »Das wird dann zu einem Teil von dir…«: Interview mit Kofi Annan, November 2003.

109 13 »Wir sind ständig unterwegs«: Interview mit Nane Annan.

109 35 Der UN-Generalsekretär reist im selben Jahr ebenfalls…: Zitiert nach: Shawcross, William: Deliver us from Evil. Touchstone. New York. 2000, S. 293–294.

110 10 »Wann immer möglich, machen wir…«: Interview mit Nane Annan.

110 25 Auch steht er gerne auf gleicher Augenhöhe mit…: Interview mit Kieran Prendergast.

111 20 Außerdem »telefoniert er…«: Interview mit Kieran Prendergast.

112 13 Welche Kontakte er auf der kurzen Fahrt…: Interview mit Fred Eckhard.

112 25 In seiner Amtszeit hat er…: Fröhlich, Manuel: Kofi Annan, VS Verlag f. Sozialwissenschaften. Wiesbaden 2004. S. 10. Zahlen gelten für den Zeitraum von 1997 bis 2003.

113 8 »Um Frieden zu erreichen müssen wir manchmal…«: Zitiert nach einer Rede von Kofi Annan. UN-Pressemitteilung vom 17. November 1998.

327

113 13 »Statt die Dunkelheit zu verfluchen...«: Interview mit Edward Mortimer.

114 3 »Er hat mit Recht versucht, das öffentliche Bild der UN...«: Interview mit Jürgen Dedring.

115 22 »Einmal verhandelte der Sicherheitsrat fast die ganze Nacht...«: Interview mit Hanns Schumacher.

115 35 Der ehemalige deutsche Botschafter Dieter Kastrup...: Interview mit Dieter Kastrup.

Annan und die Reformen

117 1 »Ich kann das nur mit Ihnen allen machen.«: Zitiert nach: Interview mit Fred Eckhard.

117 33 Selbst ranghohe Untergeneralsekretäre kamen manches Mal...: Beide Zitate: Interview mit Joachim Hütter.

118 15 Letztendlich findet die Beerdigung erst...: Interview mit Manfred Eisele.

118 22 Dort arbeitete er hart...: An Agenda for Peace. UN-Dokument: A/47/277 – S/24111, 17. Juni 1992.

118 25 Er war ein Einzelkämpfer, der...: Interview mit Karl-Theodor Paschke.

118 28 »Vor Kofi Annan zittert niemand«: Interview mit Manfred Eisele.

119 1 Boutros-Ghali als Christ in einem arabischen...: Beide Zitate: Interview mit Tono Eitel.

119 16 »Ich kann das nur mit Ihnen allen machen.«: Zitiert nach: Interview mit Fred Eckhard.

119 23 »Er ist ein ausgesprochener Team-Player.«: Interview mit Karl-Theodor Paschke.

119 29 »Wäre Kofi Annan damals...«: Interview mit Fred Eckhard.

119 35 Er glaubt nicht, dass sie einen Menschen...: Interview mit Nane Annan.

120 9 »Ich verbitte mir einen solchen Ton!«...: Zitiert nach: Interview mit Manfred Eisele.

120 23 »Die Art, wie er seinen Ärger dann rauslässt...«: Interview mit Elisabeth Lindenmayer.

120 26 Der »normale« Kofi Annan jedoch...: Interview mit Karl-Theodor Paschke.

121 6 »Nachdem er meine Frau persönlich kennen gelernt hatte...«: Interview mit Dieter Kastrup.

121 17 Wenn in einer Friedensmission Verzweiflung herrscht...: Alle Zitate: Interview mit Karl-Theodor Paschke.

121 22 Kurz gesagt, zu den wichtigsten Neuerungen...: Interview mit Karl-Theodor Paschke.

121 33 Diese Runde, die nach Töpfers Angaben…: Interview mit Klaus Töpfer.

122 15 »Seine PR war entsetzlich.«: Alle Zitate: Interview mit Joachim Hütter.

122 30 Während Boutros-Ghali hohen UN-Repräsentanten…: Schuler, Thomas: Selbst der Friseur ist Diplomat. Die UNO in New York. Picus Verlag. Wien. 2002, S. 27.

123 6 »Manchmal muss man auch auf den Tisch hauen.«: Früherer Kollege Annans, der anonym bleiben will.

123 23 Sechs Monate nach Amtsantritt… Reformpaket…: Renewing the United Nations. A Programme of Reform. Secretary-General's Report. UN-Dokument: A/51/950. 14. Juli 1997.

123 24 … das er in für ihn typischer Manier als »stille Revolution« bezeichnete.: Stille Revolution. In: Frankfurter Allgemeine Zeitung. 18. Juli 1997.

123 30 Entsprechend moderat legt er sein Reformprogramm an…: Zitiert nach Deutsche Gesellschaft für die Vereinten Nationen. www.dgvn.de/ publikationen. (Rubrik Reform)

124 3 »Wer von Annan einen programmatischen Entwurf…«: Annans stille Revolution. (Analyse der Reform) In: Weed (Weltwirtschaft, Ökologie und Entwicklung). weed-online.org. Aufsatz von Jens Martens.

124 7 Auf die Forderung nach einer schnellen Eingreiftruppe…: Vgl. dazu: Deutsche Gesellschaft für die Vereinten Nationen. Ebenda.

124 30 Während die demokratische Regierung…: Alle Zitate aus: Stille UN-Revolution findet im Kongress wenig Zuspruch. In: Frankfurter Allgemeine Zeitung. 18. Juli 1997.

125 10 Hinter jeder Reform vermuten sie…: Vgl. dazu: Richtungsweisende Vollversammlung. In: Frankfurter Allgemeine Zeitung. 19. September 1997.

125 26 Im Jahr 2002 ergänzt er…: Stärkung der Vereinten Nationen: Eine Agenda für weitere Veränderungen. UN-Dokument: A/57/387. 9. September 2002.

125 32 Noch am Tag seiner Wahl…: General Assembly Appoints Kofi Annan of Ghana as seventh Secretary-General. UN-Pressemitteilung: GA/9208. 17. Dezember 1996.

126 17 »Generell machten die Reformen…«: United Nations. United States General Accounting Office. Report to Congressional Requesters. Februar 2004. Vorspann.

128 11 Später, die vielen Kriege in Afrika…: The Secretary-General Address to the General Assembly. 23. September 2003.

128 30 »Annan macht die 38. Etage…«: Der Fluch vom East River. In: Die Woche. 25. Juli 1997.

129 2 Mehr und mehr besetzt Annan…: UN-Charta, Artikel 101.

129 4 Bei Personalfragen legt Annan durchaus…: Interview mit Hanns Schumacher.

129 11 »Der wäre nicht nur nicht dran gewesen;…«: Interview mit Hanns Schumacher.

130 2 Das beflügelt das Selbstbewusstsein…: Interview mit Wolfgang Münch.

Annans Weltbild, Überzeugungen und Schwächen

131 1 »Engagiert euch!«: Interview mit Kofi Annan, November 2003.

131 11 Wenn er von sich sagt: »Ich liebe…«: Interview mit Kofi Annan, November 2003.

131 22 Und seit Annans prägenden Jugendjahren,…: Vgl. Interview mit Elisabeth Lindenmayer.

131 34 »Demokratie ist mehr als das effektive Funktionieren…«: Zitiert nach einer Rede von Kofi Annan. UN-Pressemitteilung vom 12. Januar 2004.

132 16 Noch immer sieht Weschler die Verquickung…: Alle Zitate: Interview mit Joanna Weschler.

132 29 »Die Welt besteht aus Optimisten…«: Zitiert nach: Kofi Annan. Gastgeber des Millennium-Gipfels. In: Süddeutsche Zeitung vom 6. September 2000.

133 15 »Ich habe immer gedacht, wenn…«: Interview mit Kofi Annan, November 2003.

133 20 »Sie können. Wenn Individuen…« Interview mit Kofi Annan, November 2003.

133 28 Ganz so wie ein guter »Farmer…«: Interview mit Nane Annan.

133 32 Um seine Ziele durchzusetzen…: Zitiert nach: Stille Revolution. In: Frankfurter Allgemeine Zeitung vom 23. Juli 1997.

134 6 Seine Mitarbeiter erleben ihn daher als…: Interview mit Fred Eckhard.

134 7 Dabei verhalte er sich gelassen…: Interview mit Shashi Tharoor.

134 10 Seine Frau meint gar…: Interview mit Nane Annan.

134 22 Sein Lebensmotto lautet denn…: Interview mit Nane Annan.

138 3 »Wenn wir nur einen Teil dieser Standards…«: Alle Zitate aus: Mandela turns 85, Annan says to follow his example to better the world. UN-Pressemitteilung vom 18. Juli 2003 (beide Zitate).

138 11 »Er ist in meiner Kultur aufgewachsen…«: Interview mit Kofi Annan, November 2003.

138 30 »Führung ist wichtig«, sagt er, »denn…«: Interview mit Kofi Annan, November 2003.

139 2 Wer diese fünf in sich vereint hat…: The five virtues of Kofi Annan. In: Time Magazine. 4. September 2000.

139 12 »Er bemüht sich um Äquidistanz zu den…«: Interview mit Manfred Eisele.

139 20 Ob Annan noch heute regelmäßig zur Kirche geht…: Interview mit Edward Mortimer.

139 22 »Ich bin gläubig«…: Interview mit Kofi Annan, November 2003.

139 35 »Ich weiß, dass viele von Ihnen für den Erfolg…«: Alles zitiert nach einem Interview mit Manfred Eisele.

140 8 »Ich bete still«…: Interview mit Kofi Annan, November 2003.

140 10 Er versteht das Böse nicht…: Vgl. The five virtues of Kofi Annan. Ebenda.

140 14 Es sind Aussagen, wie diese, die Annan…: Zitiert nach: Ein Mann namens Freitag. In: Die Welt. 13. Oktober 2001.

140 18 Immer wieder charakterisierte man ihn… als »weltlichen Papst«: High Diplomacy. In: Financial Times. 24. August 2002.

140 19 oder als »Rockstar der internationalen Beziehungen«.: Outside UN. A Secretary so social. In: New York Times. 30. Mai 2002.

140 20 »Bei Kofi geht es nie um ihn selbst…«: Zitiert nach: The Optimist. In: The New Yorker. 3. März 2003.

140 25 »Wenn er sich einem nähert…«: Der weltliche Papst. In: Süddeutsche Zeitung. 13. Oktober 2001.

140 27 »Herr Generalsekretär, wir verehren Sie!«: Bundeskanzler Gerhard Schröder bei einer Rede am 4. Juli 2000 im Berliner Kongress-Zentrum ICC. Kofi Annan war Ehrengast.

141 4 Die meisten UN-Leute sagen, sie würden…: Zitiert nach: Interview mit Hanns Schumacher.

141 4 »… oder die Arbeit mit ihm ›als Privileg‹«…: Interview mit Edward Mortimer.

141 24 »Ich habe mich mein Leben lang mit den UN beschäftigt…«: Interview mit Gunter Pleuger, November 2003.

142 5 »Seit im UN-Gebäude striktes Rauchverbot…«: Interview mit Fred Eckhard.

142 12 »Sein ganzes Wesen ist ausgelegt auf…«: Interview mit Ekkehard Griep.

142 19 Ein kritischer Kollege aus früheren UN-Zeiten…: Interview mit früherem Annan-Kollegen, der anonym bleiben möchte.

142 22 …, Streit sei ihm zuwider…: Interview mit Nane Annan.

142 26 »Den regelrechten Konflikt suchen…«: Interview mit Ekkehard Griep.

142 31 In Konferenzen werde zu lange diskutiert…: Interview mit Ekkehard Griep.

143 2 »Das ist ein Mann, mit dem ich ins Geschäft...«: Zitiert nach: Shaw-cross, William: Deliver us from Evil. Touchstone. New York. 2000, S. 274.

143 13 »Wenn man diese Männer sieht...«: The five virtues of Kofi Annan. In: Time Magazine. 4. September 2000.

143 20 »Ich glaube, ich war immer recht stark...«: The five virtues of Kofi Annan. Ebenda.

143 29 »Hier war er für meinen Teil gelegentlich...«: Interview mit Hanns Schumacher.

143 34 Selbst Bekannte, die im...: Interview mit Walter Esposito.

144 12 »Mit ihm zu arbeiten...«: Interview mit Shasi Tharoon.

Annan und die Frauen

145 1 »Schlüssel zum Leben«: Kofi Annan. Center of the Storm. Documentary Video. PBS. 2002.

145 20 Nicht ohne Grund nennt er sie häufig und gern...: So geschehen bei einem Auftritt in Tübingen am 12. Dezember 2003.

145 26 Es habe keinen Sinn mehr gehabt, sich mit Bodyguards...: Interview mit Nane Annan.

146 3 »Warum eigentlich nicht?«: Alle Zitate aus: Interview mit Nane Annan.

146 11 Die Begegnung mit Frauen in einem Township...: Interview mit Nane Annan.

146 15 Ich brauchte mich nicht mehr darum zu sorgen,...: Interview mit Nane Annan.

147 5 Sie hat zwei Kinderbücher...: Annan, Nane: The United Nations. Come along with me! The American Forum for Global Education. New York 2000. Sowie: Annan, Nane: Tip & Top. The Adventure of two water drops! The American Forum for Global Education. New York 2002.

147 10 Oder sie versucht, ihren Mann zu porträtieren...: Schriftliche Ergänzungen von Nane Annan.

147 14 Nane Annan ist aktiv als Gattin...: Interview mit Kofi Annan, November 2003.

147 17 »So bin ich nicht.«: Interview mit Nane Annan.

148 11 Nane und Kofi Annans Beziehung...: Alle Zitate aus: Schriftliche Ergänzungen von Nane Annan.

148 14 Umgekehrt lässt der Generalsekretär...: Interview mit Kofi Annan, November 2003.

148 18 Auch bei öffentlichen Auftritten...: Auch nachfolgendes Zitat aus: Interview mit Dieter Kastrup.

148 23 Der frühere amerikanische UN-Botschafter Richard Holbrooke…: The Five Virtues of Kofi Annan. In: Time Magazine 4. September 2000.

148 24 Als »seelenverwandt«…: One-on-one with UN Secretary-General Kofi Annan. In: Ebony. Oktober 1998.

148 31 »Wir kennen uns so gut, dass wir blind…«: Beide Zitate aus: Interview mit Nane Annan.

149 21 »Sogar arbeiten, jeder an einer anderen…«: Interview mit Nane Annan.

149 32 »Ich möchte betonen, dass ich von seinen…«: Interview mit Nane Annan.

149 33 Und Annans Vater sei später sogar…: Schriftliche Ergänzungen von Nane Annan.

150 2 Umgekehrt ist Annan…: Beide Zitate aus: Schriftliche Ergänzungen von Nane Annan.

150 24 »Am Anfang war es etwas schwierig…«: Zitiert nach: Sanftmütiger Sieger. In: Frankfurter Allgemeine Zeitung. 13. September 1997.

151 6 »Durch sein Interesse an Menschen…«: Schriftliche Ergänzungen von Nane Annan.

151 12 »Heute ist unser ganzes Leben…«: Interview mit Nane Annan.

151 25 Die Kinder sind »alle aktiv…«: Schriftliche Ergänzungen von Nane Annan.

151 29 Sohn Kojo ergänzt…: Interview mit Kojo Annan.

151 30 Als Familie zusammengelebt…: Interview mit Kojo Annan.

152 5 »Herr und Frau Annan…«: Vgl. Offizielle Biographie. In: www.un.org

152 10 »Er ist ein sehr privater Mensch«: Interview mit Elisabeth Lindenmayer.

152 27 Als glückliche Eheleute …: The Couples Issue. Kofi and Nane Annan. Vogue. Englische Ausgabe. Februar 2003.

152 35 Jedenfalls sind sie Annans…: Man in the Middle. In: Smithsonian. Januar 2003.

153 6 Ob Nane und Kofi…: Man in the Middle. In: Smithsonian. Januar 2003.

153 21 Er verkörpert den »idealen Schwiegersohn,…«: Interview mit Shashi Tharoor.

154 24 So oft wie möglich sucht er weibliche…: Auch folgende Zitate aus: Interview mit Kofi Annan, November 2003.

154 33 Inzwischen stellen sie ein Dutzend…: Zahlen auf dem Stand vom Herbst 2004, Informationen aus dem Büro des »Special Adviser on Gender Issues and Advancement of Women«. Auch die folgenden Zahlenangaben entstammen dieser Quelle.

155 23 Das »Old-Boys-Network«…: Auch folgendes Zitat aus: Interview mit Angela King.

156 1 »Ich glaube wirklich, dass Gesellschaften…«: Interview mit Kofi Annan, November 2003.

156 20 Sogar beim Erbrecht…: Vgl. Interview mit Patrick Hayford.

156 25 »Ich komme aus einer Kultur…«: Interview mit Kofi Annan, November 2003.

157 2 »Ich bin fest der Meinung…«: Interview mit Kofi Annan, November 2003.

157 11 Sie hatte einst gesagt,…: Zitiert aus einer Pressekonferenz in Großbritannien vom 19. Juni 2001. Question and Answer Session with the Secretary-General: Off the Cuff, Homepage (www.un.org) UN.

Annan und Afrika

158 2 »Korruption, Nepotismus…«: Konfliktursachen und die Förderung dauerhaften Friedens und einer nachhaltigen Entwicklung in Afrika. Bericht des Generalsekretärs an den Sicherheitsrat der Vereinten Nationen. 16. April 1998, S. 2.

158 22 »Es gibt Zeiten, in denen ich frustriert…«: Man in the Middle. In: Smithsonian. Januar 2003.

158 32 Wenn er dort durchs Land fährt…: Beschrieben nach: The five virtues of Kofi Annan. In: Time Magazine. 4. September 2000.

159 4 Im Jahre 2000 dekoriert…: Activities of the Secretary-General in Ghana. UN-Pressemitteilung vom 7. August 2000.

159 10 »Eine äußerst bewunderte und …«: Secretary-General's working holiday in Ghana. UN-Pressemitteilung vom 26. August 2002.

160 1 Später wird Annan sagen…: Erklärung von Generalsekretär Kofi Annan anlässlich der Entgegennahme des Berichts der unabhängigen Untersuchung über das Verhalten der Vereinten Nationen während des Völkermordes in Ruanda im Jahre 1994 (UN-Dokument: S/1999/1257) vom 15. Dezember 1999.

160 4 »Was ist in einer Gesellschaft, die…«: Zitiert (und Ruanda-Reise beschrieben) nach: Shawcross, William: Deliver us from Evil. Touchstone. New York. 2000, S. 228.

160 10 Sie lassen ihn stehen…: Zitiert nach: Shawcross, William: Ebenda, S. 290.

160 17 Stattdessen legt er…: Zitiert nach: Shawcross, William: Ebenda, S. 291.

160 22 »Ganz ehrlich, ich weiß es nicht«: Zitiert nach: Kofi Annan. Center of the Storm. Documentary Video. PBS. 2002.

160 31 Seine Gedanken seien seit 1994 »beherrscht«…: Ten years after

Rwanda genocide, Annan unveils plan to stop future massacres. UN-Pressemitteilung vom 7. April 2004.

161 1 Damals habe er den Eindruck gehabt…: Secretary-General pays tribute to Rwandans for remarkable resilience and great dignity in recovering from genocide. UN-Pressemitteilung vom 7. April 2004.

161 8 Wie überhaupt die gesamte…: Oberflächliche Befriedung. In: Frankfurter Allgemeine Zeitung. 7. April 2004.

161 17 »Diese schmerzliche Erinnerung…«: Secretary-General pays tribute to Rwandans for remarkable resilience and great dignity in recovering from genocide: Ebenda.

161 33 »Diese Unterlassung hatte…«: Konfliktursachen und die Förderung dauerhaften Friedens und einer nachhaltigen Entwicklung in Afrika. Ebenda, S. 3.

163 19 »(…) Korruption, Nepotismus…«: Konfliktursachen und die Förderung dauerhaften Friedens und einer nachhaltigen Entwicklung in Afrika. Ebenda, S. 2.

164 12 »Wir, die Völker«: Wir, die Völker: Die Rolle der Vereinten Nationen im 21. Jahrhundert. UN-Dokument: A/54/2000 vom 27. März 2000.

165 23 Sie heißt kurz und…: United Nations Millennium Declaration. UN-Dokument: A/Res/55/2 vom 18. September 2000.

166 6 »Dieses oberste Ziel der…«: Zitiert nach Homepage des Ministeriums: www.bmz.de (Aktionsplan 2015).

166 19 Schon jetzt machen die extrem…: Vgl. Homepage des BMZ: www.bmz.de

166 35 »Dass eine Mehrheit der afrikanischen…«: Umsetzung der Millenniumserklärung der Vereinten Nationen, Bericht des Generalsekretärs. A/57/270 vom 31. Juli 2002.

167 5 Ihre Verwirklichung sei immer noch…: Vgl. Millennium Development Goals ambitious but technically feasable in short time. UN-Pressemitteilung: SG/SM/8989 vom 6. November 2003.

167 12 Überhaupt gehört die Millenniumsversammlung…: Auch folgendes Zitat aus: Interview mit Kofi Annan, November 2003.

167 20 Etwa 20 Millionen Afrikaner hat die Krankheit…: Vgl. Aids epidemic update. UNAIDS. Dezember 2004.

167 27 Er beginnt einen regelrechten Feldzug,…: Mobilization plus a global fund to combat aids. In: International Herald Tribune vom 27. April 2001.

168 18 Die »Wand des Schweigens…«: Mobilization plus a global fund to combat aids: Ebenda.

168 26 Infizierte, empfiehlt ein…: Vgl. Buthelezi bricht das Tabu. In: Frankfurter Allgemeine Zeitung vom 6. Mai 2004.

169 2 »Wir müssen umkehren…«: Mobilization plus a global fund to combat aids: Ebenda.

169 28 »Ich bin mir der Tatsache bewusst…«: One-on-one with UN Secretary-General Kofi Annan. In: Ebony. Oktober 1998.

170 13 »Heute gibt es in Afrika…«: Interview mit Kofi Annan, November 2003.

170 18 Alle Zitate aus: Annan warns African Union on Darfur crisis, urges democracy across continent. UN-Pressemitteilung vom 6. Juli 2004.

Annan und die Wirtschaft

173 17 »Globalisierung ist eine Tatsache des Lebens«: Managing Risks of Globalization Great Challenge of Modern Times, Secretary-General tell Economic and Social Council. UN-Pressemitteilung vom 3. Februar 1999.

174 15 »Dies ist der Präsident der Welt«: Zitiert nach: Kofi Annan. Center of the Storm. Documentary Video. PBS. 2002.

175 25 Wenn beide Bedingungen erfüllt sind…: Vgl. www.unglobalcompact.org.

176 8 Den »strategischen Handel«: Der strategische Handel des Generalsekretärs. In: Zeitschrift Vereinte Nationen, 1/2002, S. 1 ff.

176 13 Der Pakt »ist attraktiv«: King, Caroline: Zuständig für den Global Compact bei SAP auf einer Podiumsdiskussion am 14. Mai 2003 in Mannheim.

176 17 Er verschafft den Konzernen…: King, Caroline: Ebenda.

176 19 Auch erhofft man sich…: Meinzer, Lothar: Zuständig für den Global Compact bei BASF auf einer Podiumsdiskussion am 14. Mai 2003 in Mannheim.

176 33 Mit Friedenstruppen und…: Vgl. UN-Homepage: www.un.org.

177 20 In Zirkeln jenseits der…: Neue Partnerschaft oder Pakt mit dem Teufel? In: Frankfurter Allgemeine Zeitung, 23. August 2000.

177 34 »Auch den ›elektronischen…«: Interview mit James Paul.

178 19 »Generalsekretär Kofi Annan führt…«: Auch folgendes Zitat aus: Corporations and the UN: Nike and Others Bluewash their Images. In: San Francisco Bay Guardian, 18. September 2000.

178 24 Er gebe den guten Namen…: Brief an Kofi Annan vom 20. Juli 2000. In: www.commondreams.org.

178 32 »Wir glauben, dass Nike…«: Union Calls for UN Sanctions against Nike. In: www.uswa.org.

179 5 Bei amnesty international…: Baumann, Ellinor: Vertreterin von ai bei einer Podiumsdiskussion am 14. Mai 2003. Ebenda.

179 16 Ähnlich weist man bei den UN…: Vgl. www.unglobalcompact.org.

336

179 32 Stattdessen schwärmt er…: Eine neue Dynamik bei den Vereinten Nationen. In: Frankfurter Allgemeine Zeitung. 4. Juli 2000.

180 6 Der ersten Resolution…: Zitiert nach: UN suchen Nähe zur Privatwirtschaft. In: Frankfurter Allgemeine Zeitung. 23. Dezember 2000.

180 17 Dennoch gelingt es den Ländern…: UN-Dokumente: A/Res./55/215 vom 6. März 2001 und A/Res56/76 vom 24. Januar 2002.

180 28 In mehr als 60 Ländern arbeiten…: Vgl. PPPreport, Magazin für Entwicklungspartnerschaften mit der Wirtschaft 12/April 2004, S. 8.

181 22 »Vom Schuldenerlass zum Bann…«: Global Networks the most promising partnerships of our globalizing age. UN-Pressemitteilung vom 28. August 2000.

182 5 Tatsächlich verhalte sich Annan…: Interview mit James Paul.

182 16 »Ich glaube, globale Netzwerke…«: Global Networks are the most promising partnerships of our globalizing age. Ebenda.

Annans Verhältnis zu Amerika

184 1 »Ich habe freundschaftliche Gefühle für die USA.«: Interview mit Kofi Annan, November 2003.

184 18 »Am Ende war mir klar…«: Boutros-Ghali, Boutros: Hinter den Kulissen der Weltpolitik. Dicorsi Verlag, Hamburg. 2000, S. 319.

184 26 »Mit den USA geht es nicht…«: Vgl. zum Beispiel: Washington vs. New York. In: Zeitschrift Vereinte Nationen. 4/96, S. 135.

185 6 Die UN sind im Wesentlichen ein Produkt…: Vgl. zum Beispiel: Ritterberger, Volker; Zangl, Bernhard: Internationale Organisationen – Politik und Geschichte. Leske + Budrich, Opladen. 2003, S. 50 ff.

186 1 Etwa beim Embargo gegen Kuba…: Vgl. zum Beispiel: Opitz, Peter: Forum der Welt. Landeszentrale für Politische Bildung, Baden-Württemberg. Bayerische Zentrale für Politische Bildungsarbeit. Stuttgart, 1986. S, 61 ff. Sowie: Szenen einer Ehe. In: Zeitschrift Vereinte Nationen. 4/96. S. 135 ff.

186 16 »Überglücklich werden wir…«: Zitiert aus: Angst um Geld und Souveränität. In: Die Zeit. 7. Juli 1995.

187 20 »Die der Verfassung…«: Szenen einer Ehe. In: Zeitschrift Vereinte Nationen. 4/96, S. 135 ff.

187 26 »Kein Vertrag oder Gesetz kann je…«: Zitiert aus einer Rede von Senator Jesse Helms vor dem Sicherheitsrat am 20. Januar 2000.

188 8 »Exzeptionalismus bedeutet…«: Szenen einer Ehe. In: Zeitschrift Vereinte Nationen, 4/96, S. 135 ff.

189 6 Im Weißen Haus sitzt zwar …: Beispiel »Presidential Decision Directive« aus dem Jahr 1996, in der Präsident Clinton die Bedingungen für eine amerikanische Beteiligung an UN-Friedensoperationen restriktiv

festgelegt hat. Unter anderem: Amerikanische Soldaten sollen möglichst nie einem fremden Kommando unterstellt werden.

189 15 Zum pronconciertesten UN-Skeptiker…: Zitiert nach Cubanet (cubanet.org): Jesse Helms: The Castro regime and the United Nations can go jump in a Lake. 21. Juli 2000.

189 18 Von den UN verlangt er…: Zitiert aus einer Rede von Senator Jesse Helms vor dem Sicherheitsrat am 20. Januar 2000.

189 29 Denn allein in New York sichern…: Vgl. Deen, Thalif: »Angeschlagene Jubilarin«. Zeitschrift Vereinte Nationen, 1/1996, S. 1 ff.

189 33 mehr als ein Fünftel des gesamten…: Vgl. Beschaffungsliste der Vereinten Nationen nach Ländern für das Jahr 2003. www.un.org.

190 5 In Annans Antrittsjahr 1997…: Vgl. Stockholm International Peace Research Institute. www.sipri.se.

191 10 Der frühere britische Außenminister…: Szenen einer Ehe. In: Zeitschrift Vereinte Nationen. 4/1996, S. 135 ff.

191 24 Jesse Helms nennt ihn…: Zitiert aus einer Rede von Senator Jesse Helms vor dem Sicherheitsrat am 20. Januar 2000.

192 3 Weil der Kongress den amerikanischen…: Hüfner, Klaus: Die Finanzierung des UN-Systems in der Dauerkrise. In: Schorlemer, Sabine von (Hrsg.): Praxis-Handbuch UNO. Springer Verlag. Berlin. Heidelberg. 2003, S. 623/24.

192 34 »Ich würde in jedes Land fahren…«: Interview mit Fred Eckhard.

196 16 Anstatt zum Beispiel…: Zitiert nach dem Transkript einer Pressekonferenz Kofi Annans vom 15. Juni 1998.

196 21 »Ein einziger Tod ist tragisch…«: Zitiert aus einer Rede Kofi Annans zum Internationalen Strafgerichtshof (SG/SM/8201) vom 19. April 2002.

197 23 Und er schätzt das amerikanische Volk…: Interview mit Kofi Annan, November 2003.

198 19 »Ich habe freundschaftliche Gefühle…«: Interview mit Kofi Annan, November 2003.

198 31 Da seien auch »Momente der Frustration…«: Auch folgendes Zitat aus: Interview mit Kofi Annan, November 2003.

198 35 »Ja, es beansprucht…«: Interview mit Kofi Annan, November 2003.

199 6 Immer wieder auch sucht er die Unterstützung…: Vgl. dazu Informationen der amerikanischen UN-Gesellschaft: www.unausa.org.

199 23 »Die USA brauchen die UN…«: Interview mit Kofi Annan, November 2003.

338

Konflikte ohne Ende

203 2 »Es stellte sich heraus, dass...«: Interview mit Kofi Annan, November 2003.

203 18 »Weltweit Frieden...«: Jahresbericht des Generalsekretärs über die Tätigkeit der Organisation (deutsche Version). UN-Dokument: A/52/1. 1997, S. 16.

204 15 »Die Welt bleib in den ...«: Annual Report of the Secretary-General on the Work of the Organization (englische Version). UN-Dokument: A/53/1. 1998, Paragraph 17.

205 18 Das Irakproblem solle er...: Interview mit Kofi Annan, November 2003.

205 22 »Es stellte sich heraus...«: Interview mit Kofi Annan, November 2003.

206 2 Nur wenige Wochen nach dem Ende...: Sicherheitsrats-Resolution 687. UN-Dokument: S/Res/687 vom 3. April 1991.

206 15 »Die Inspektion und die...«: Albright, Madeleine K.: Die Autobiographie. C. Bertelsmann Verlag. München. 2003, S. 330.

208 29 »In New York hatte ich den Auftrag...«: Albright: Ebenda, S. 331.

210 24 Beobachter geben ihm damals...: Kofi Annan's Next Test. In: New York Times. 29. März 1998.

210 31 Er nennt seine Mission...: Zitiert nach Shawcross, William: Deliver us from Evil. Touchstone. New York. 2000, S. 267.

210 32 ... »er habe alles Nötige dabei...«: Kofi Annan's Next Test. Ebenda.

211 24 Annan hat offenbar Saddams...: Zitiert nach Shawcross: Ebenda, S. 270.

212 8 »Ich habe es nicht allein getan.«: Beifall für den Mann des Friedens: In: Frankfurter Allgemeine Zeitung. 26. Februar 1998.

212 15 »In Washington murrten viele...«: Auch folgendes Zitat aus: Albright: Ebenda, S. 343.

212 20 »Das ist ein Mann...«: Zitiert nach Shawcross: Ebenda, S. 274

212 27 Der republikanische Mehrheitsführer...: Auch folgendes Zitat aus: Amerikanischer Kongress kritisiert UN-Generalsekretär Annan. In: Frankfurter Allgemeine Zeitung. 27. Februar 1998.

212 33 Letztere spricht von einer...: Amerikanischer Kongress kritisiert UN-Generalsekretär Annan: Ebenda.

213 24 Die amerikanische Regierung beschließt...: Albright: Ebenda, S. 345.

213 30 »Zwei Stunden...«: Albright: Ebenda. S. 345.

214 21 »Dieses Mal sollte er nicht...«: Albright: Ebenda. S. 347.

214 26 Wenige Tage vor Weihnachten...: Albright: Ebenda. S. 347.

214 29 Nach amerikanischer Einschätzung...: Albright: Ebenda. S. 347.

215 13 Annan selbst vertritt, Monate...: Annan meldet sich zu Wort. In: Frankfurter Allgemeine Zeitung. 5. März 1998.

215 16 Kritik ist erwartungsgemäß...: Die Brüskierung der Vereinten Nationen. In: taz vom 18. Dezember 1998.

216 8 Er spricht von einem »traurigen Tag...«: Auch folgende Zitate aus: Annan äußert sich enttäuscht. In: Frankfurter Allgemeine Zeitung. 18. Dezember 1998.

216 11 »Den Krieg auch nur einen Monat...«: Interview mit Shashi Tharoor.

216 17 »Wann immer man die Möglichkeit hat...«: Auch folgendes Zitat aus: Man in the Middle. In: Smithsonian. Januar 2003.

217 29 »Wir wollen kein Paket«: Zitiert nach Shawcross: Ebenda, S. 346.

218 35 Annan entgegnet solchen Bedenken...: Secretary-General Lauds United Nations Peacekeeping. UN-Pressemitteilung vom 17. November 1998.

219 20 Russland und die Vereinigten Staaten...: Albright: Ebenda, S. 463.

220 1 »So konnte es einfach...«: Albright: Ebenda, S. 474.

220 7 Sie verhandelt mit Moskau so lange,...: Vgl. Sicherheitsrats-Resolution 1199. UN-Dokument: S/Res/1199 vom 23. September 1998.

221 11 Daran ändern »auch alle...«: Mehr Druck vom Sicherheitsrat verlangt. In: Frankfurter Allgemeine Zeitung. 26. Oktober 1998.

221 34 Aber die Aussage, er sei...: Secretary-General offers conditions to end hostilities in Kosovo. UN-Pressemitteilung vom 9. April 1999.

222 2 Schließlich spricht Annan...: Annan: Anzeichen für Völkermord. In: Frankfurter Allgemeine Zeitung. 8. April 1999.

223 1 Völkerrechtler werden die zeitweise...: Zum Beispiel: Professor Thomas Bruha bei einer Podiumsdiskussion der Deutschen Gesellschaft für die Vereinten Nationen in Berlin. 4. Dezember 1999.

223 11 Stattdessen wird er im Rückblick sagen...: Auch folgende Zitate aus: Two concepts of sovereignty. In: The Economist. 18. September 1999.

224 20 Die Menschheit sei aber auch...: Auch folgendes Zitat aus: Secretary-General presents his annual report to the General Assembly. UN-Pressemitteilung vom 20. September 1999.

224 26 Dass des Generalsekretärs Ruf...: Moral ist gut, Vernunft ist besser. In: Süddeutsche Zeitung. 25. September 1999.

224 30 Es enerviert die Russen, weil...: Zitiert nach: The five virtues of Kofi Annan. In: Time Magazine. 4. September 2000.

225 6 »Was ich da höre, entspricht nicht...«: Auch folgendes Zitat nach: General Assembly President rejects ideas on ›clash of civilizations‹, hu-

manitarian intervention, in remarks to South-East Asian states. UN-Pressemitteilung vom 28. September 1999.

Friedensnobelpreis und Wiederwahl

226 1 »Der Nobelpreis kam gerade recht.«: Interview mit Kofi Annan, November 2003.

226 34 Alle, auch die Mitglieder des Sicherheitsrats...: Report of the Secretary-General on the work of the Organization. UN-Dokument. A/55/1 vom 30. August 2000. Paragraph 6.

228 17 Am 29. August 1999 schließlich...: Zitiert nach einer Zusammenstellung zu Osttimor auf der UN-Homepage: www.un.org (Rubrik Peacekeeping).

229 10 Am 10. September fordert Annan...: Zitiert nach einer Zusammenstellung zu Osttimor auf der UN-Homepage: Ebenda.

229 13 Das ist ein starker Vorwurf...: Interview mit Joanna Weschler.

229 18 Mitte September verabschiedet der...: Sicherheitsratsresolution 1264. UN-Dokument: S/Res/1264 vom 15. September 1999.

230 6 »Wir sind mit nichts weniger...«: Alle Zitate aus: UN-Dokument A/55/1: Ebenda, Paragraph 5.

230 15 Die UN seien durch jahrelange...: Interview mit Kieran Prendergast.

230 28 Ein Moment der Hoffnung...: Interview mit Kofi Annan, November 2003.

231 12 Nach Annans Ansicht liegt...: Interview mit Kofi Annan, November 2003.

231 18 »Wir werden sehen, wie es...«: Interview mit Kofi Annan, November 2003.

232 14 Und was die zehnköpfige...: Bericht der Sachverständigengruppe für die Friedensmissionen der Vereinten Nationen (deutsche Version). UN-Dokument: A/55/305 – S/2000/809 vom 21. August 2000.

233 35 »Der Sicherheitsrat und insbesondere...«: Kühne, Winrich: UN-Friedenseinsätze verbessern – Die Empfehlungen der Brahimi-Kommission. In: Schorlemer, Sabine von (Hrsg.): Praxis-Handbuch UNO. Springer Verlag. Berlin. Heidelberg. 2003, S. 623/2

235 11 »Das Wichtigste ist, dass die Vereinten Nationen...«: Interview mit Manfred Eisele.

235 18 In Fachkreisen schätzt man...: An Agenda for Peace. UN-Dokument: A/47/277 vom 17. Juni 1992.

236 31 Schon im Sommer desselben Jahres...: Vgl. Zwischen Arbeitstreffen und Show-Veranstaltung. In: Frankfurter Allgemeine Zeitung. 6. September 2000.

237 5 Deshalb vermeidet er...: Vgl. Zwischen Arbeitstreffen und Show-Veranstaltung. Ebenda.

237 8 »Er macht praktisch permanenten...«: Interview mit Joachim Hütter.

237 11 Zunächst bringt er...: Wir, die Völker: Die Rolle der Vereinten Nationen im 21. Jahrhundert. UN-Dokument: A/54/2000 vom 27. März. 2000.

237 29 Er selbst spricht am Ende...: Auch folgendes Zitat aus: Secretary-General, addressing closing session of Millennium Summit, sees remarkable convergence of views. UN-Pressemitteilung vom 8. September 2000.

238 11 »Der Bericht zur Vorbereitung...«: Interview mit Dieter Kastrup.

238 33 Als George W. Bush wenige Monate...: President Bush Discusses Global Climate Change. Pressemitteilung des Weißen Hauses vom 11. Juni 2001.

239 32 Und in Washington, wo man eine...: Bush unterstützt Annans Kandidatur für zweite Amtszeit. In: Frankfurter Allgemeine Zeitung. 24. März 2001.

240 35 »Es war eine schwierige Entscheidung, ob...«: High Diplomacy. In: Financial Times. 24. August 2002.

241 4 Bestimmt hat er ein schlechtes Gewissen...: High Diplomacy: Ebenda.

241 7 Aber gleichzeitig...: Kofi Annan. Center of the Storm. Documentary Video. PBS. 2002.

241 12 Als dann schließlich...: Woman of the World. In: Time Magazine. 9. Juli 2001.

241 20 »Ich habe versucht, diese unverzichtbare Institution...«: Transcript of Statement to the General Assembly after his reelection. 29. Juni 2001.

242 31 »Dieser Schlag richtete sich in Wahrheit...«: Auch folgendes Zitat aus: Secretary-General urges Assembly to respond to 11 September attacks by reaffirming rule of law. UN-Pressemitteilung vom 24. September.

242 35 Er kann sich in Leidende und Schwache...: Interview mit Kofi Annan, November 2003.

243 19 Die Angriffe als einen »Clash...: Auch folgendes Zitat aus: Secretary-General urges Assembly to respond to 11 September attacks by reaffirming rule of law: Ebenda.

243 26 Er wolle alle erforderlichen Schritte...: Sicherheitsratsresolution 1368. UN-Dokument: S/Res/1368 vom 12. September 2001.

243 30 Auf dieses prompte und starke Bekenntnis...: Condemnation of ter-

rorist attacks in the United States of America. UN-Dokument: A/Res/56/1 vom 12. September 2001.

244 8 Derart schnell, konkret...: Sicherheitsratsresolution 1373. UN-Dokument S/Res/1373 vom 28. September 2001.

244 33 Die Maßnahme muss »sich nach...«: Terroristische Gewalttaten und Völkerrecht. In: Frankfurter Allgemeine Zeitung. 15. September 2001.

247 10 Der einzige Weg zu Weltfrieden und...: Zitiert nach: Friedensnobelpreis für Kofi Annan und die Vereinten Nationen. In: Frankfurter Allgemeine Zeitung vom 13. Oktober 2001.

248 17 Den letzten Hinweis dafür gibt der Direktor...: Nobelpreis für Kofi Annan? In: taz vom 12. Oktober 2001.

248 20 »In meinem Beruf gibt es...«: Zitiert nach: Treibholz. In: Frankfurter Allgemeine Sonntagszeitung. 14. Oktober 2001.

248 24 Außenminister Fischer bescheinigt...: Friedensnobelpreis für Kofi Annan und die Vereinten Nationen: Ebenda.

248 26 ... Präsident Kufuor preist ihn...: Gratulationsschreiben von Präsident John Kufuor. Zitiert nach Ghana-Homepage. www.ghanaweb.com.

248 28 Selbst aus dem amerikanischen...: Friedensnobelpreis für Kofi Annan und die Vereinten Nationen: Ebenda.

249 8 »Wer weiß, wenn Sie sich weiter...«: A Cool Head. In: Financial Times. 13. Oktober 2001.

249 10 Später wird er sagen, der Nobelpreis...: Interview mit Kofi Annan, November 2003.

249 34 Annan hält bei der Feierstunde eine ausgewogene...: Auch folgende Zitate aus: Die Menschheit ist unteilbar. Auszüge der Rede anlässlich der Verleihung des Friedensnobelpreises. In: taz vom 11. Dezember 2001.

Bedrohung für den Weltfrieden und die UN

251 2 »Ich war extrem enttäuscht...« Interview mit Kofi Annan, November 2003.

251 12 Der frühere Beigeordnete...: Interview mit Giandomenico Picco.

252 7 Indem sie versuchen...: State of the Union Address. 29. Januar 2002.

253 32 Diese Doktrin empfiehlt so genannte.... Zitiert nach: Blix, Hans: Mission im Irak. Droemer Verlag. München. 2004, S. 96.

254 29 »Wir haben Sanktionen versucht...«: Statement by President Bush. United Nations General Assembly. 12. September 2002.

255 13 »Eine Rückkehr von Inspekteuren...«: Vgl. Blix, Hans: Ebenda, S. 96.

255 20 »Wir schufen den Sicherheitsrat...«: Statement by President Bush. Ebenda.

256 5 Von einem »barschen...: Deutscher Diplomat, der nicht genannt werden möchte.

256 35 »Jeder Staat hat gemäß Artikel 51...«: Annan stresses unity, exhausting all avenues of peace in dealing with Iraq. UN-Pressemitteilung vom 8. Februar 2003.

258 15 »Nach zweieinhalb Jahren...«: Blix, Hans: Ebenda, S. 103.

258 33 »Bekamen wir denn nun ein echtes...«: Blix, Hans: Ebenda, S. 115.

259 34 Doch schon wenige Tage später...: Brief des irakischen Außenministers Naji Sabri. UN-Dokument: S/2002/1242 vom 13. November 2002.

260 24 »Die neue Erklärung gab keine...«: Blix, Hans: Ebenda, S. 133.

260 27 Daher sähen sich die Inspekteure...: Blix, Hans: Ebenda, S. 142.

261 11 Verteidigungsminister Rumsfeld zitierend...: Blix, Hans: Ebenda, S. 146.

262 23 «Es waren quälende Wochen...»: Interview mit Giandomenico Picco.

262 29 »Sollten die Vereinigten Staaten...«: Annan appeals for Security Council Unity, peaceful resolution to Iraq crisis. UN-Pressemitteilung vom 10. März 2003.

263 2 Insgesamt aber scheint...: Annan stresses unity. Ebenda.

263 16 Aber nach Verabschiedung von...: Auch folgende Zitate aus: Interview mit Shashi Tharoor.

263 26 Er vertritt stattdessen...: Several Security Council members call for more inspections in Iraq. UN-Pressemitteilung vom 8. März 2003.

264 1 In Anbetracht dessen...: UK, US and Spain withdraw draft resolution. UN-Pressemitteilung vom 17. März 2003.

264 3 »Der Sicherheitsrat ist seiner...«: Bush gives Saddam Hussein and Sons 48 hours to leave Iraq. Pressemitteilung der amerikanischen Botschaft vom 17. März.

264 7 Dort heißt es, der Sicherheitsrat...: Interview mit Gunter Pleuger, Juni 2004.

264 11 »Wir stehen ganz offensichtlich...«: Annan to withdraw UN Staff from Iraq. UN-Pressemitteilung vom 17. März.

264 21 »Vielleicht, wenn wir etwas länger...«: Erklärung des Generalsekretärs zum Irakkonflikt. UN-Pressemitteilung vom 20. März 2003.

264 31 Indem die USA und sie unterstützende...: Erklärung der Deutschen Gesellschaft für die Vereinten Nationen vom 20. März 2003.

265 2 »Dann wird man keine effektiven...«: Interview mit Shashi Tharoor.

265 27 »Ich war extrem enttäuscht...«: Interview mit Kofi Annan, November 2003.

Annan gerät ins Visier der USA

277 12 Mit jeder verabschiedeten Resolution…: Sicherheits-Resolution 1511. UN-Dokument: S/res/1511 vom 16. Oktober 2003.

279 33 Die Blankoimmunität sei »falsch«…: Auch folgende Zitate aus: Secretary-General's press encounter upon arrival at UN Headquarters. Unofficial transcript. 17. Juni 2004.

280 8 »Er hat das Ding gedreht«: Interview mit Gunter Pleuger, Juni 2004.

281 24 Annan selbst misst…:The Secretary-General address to the General Assembly. Ebenda.

281 32 Aber »die Krise ist…«: Interview mit Kofi Annan, November 2003.

283 3 Funktionsträger in der Wirtschaft…: Vgl. Comprehensive Report of the Special Advisor to the DCI on Iraqs WMD (besser bekannt als Duelfer Report). Key Findings. Vom 30. September 2004.

283 12 Dadurch hatte Saddam…: Milliarden abgezweigt In: Frankfurter Allgemeine Zeitung. 24. März 2004.

283 13 Zwar mussten die Verträge…: Vgl. Nur eine Pause. In: Frankfurter Allgemeine Zeitung. 24. Dezember 2004.

283 26 Kojo behauptet zwar stets…: Interview mit Kojo Annan, 1. Februar 2005.

283 28 Auch das Unternehmen…: Dazu gibt es mehrere Aussagen des Unternehmens, zuletzt in einer Pressemitteilung vom 1. Dezember 2004: Cotecna and the UN »oil-for-food«-program. In: www.cotecna.com.

284 7 Dafür erhält sie Zugang…: Vgl. dazu die Ausführungen zum Mandat der sogenannten »Volcker-Kommission« auf der entsprechenden Homepage: www.iic-offp.org.

285 3 Er bezeichnet den Krieg…: BBC-Interview mit Kofi Annan vom 16. September 2004. In: www.news.bbc.co.uk.

285 4 Obwohl er bereits…: The Secretary-General Address to the General Assembly. 23. September 2003.

285 16 Auch die Ansicht…: Vgl. Schlacht ums Völkerrecht. In: Süddeutsche Zeitung. 17. September 2004.

286 3 Eine Inspektions-Gruppe…: Vgl. Comprehensive Report of the Special Advisor to the DCI on Iraqs WMD. Ebenda. Vom 30. September 2004.

286 5 Ende des Jahres…: Waffeninspekteure beenden Suche im Irak: Kein Material gefunden. In: AFP. 12. Januar 2005.

286 28 Gleich fünf Ausschüsse…: Kofi Annan Must Go. Commentary by Norm Coleman. In: Financial Times. 1. Dezember 2004.

287 11 Obwohl eine interne Untersuchung…: Vgl. Appeal is Expected in UN Sex Case. In: International Herald Tribune. 1. November 2004.

287 27 Es gebe eben…: General Annan, Sekretär Kofi. In: Der Spiegel. 6. Dezember 2004.

288 4 Monatliche Raten...: Interview mit Kojo Annan vom 1. Februar 2005. Vgl. Dazu auch: Annan Disappointed by Sons Ties to Firm Linked to UN Scandal. In: Bloomberg. 29. November 2004.

288 7 Das Unternehmen teilt...: Aussagen von Cotecna zum Fall Kojo Annan auf der firmeneigenen Homepage. Ebenda.

288 16 Mein Vater...: Interview mit Kojo Annan vom 1. Februar 2005.

288 20 Auch Mutter Titi Annan...: Auskunft Titi Annan vom 24. Januar 2004.

288 22 Ich stand unter...: Secretary-Generals Press Encounter. 29. November 2004 in New York. Inoffizielles Transkript der UN. (Auch die folgenden Zitate entstammen dieser Quelle).

288 30 In einer fast brutalen...: Kofi Annan Must Go. Ebenda. (Auch die folgenden Zitate entstammen dieser Quelle)

289 5 Dass Saddam...: Die Zahlen variieren. Der Duelfer Report (ebenda) geht von 11 Milliarden aus, Coleman in der Financial Times (ebenda) von 21 Milliarden Dollar.

289 9 Ebenso geflissentlich...: Vgl. No Smoking Gun in the Inquiry into Iraqs Prewar Oil Sales. In: New York Times. 7. Januar 2005.

289 15 Aber kein einziger...: John Ruggie, heute Harvard-Professor, früher für die UN tätig, bei Anhörungen vor dem Senat. Zititert nach: The UN is US. In: Harpers Magazine. Dezember 2004.

290 4 Rücktritt wäre...: Zitiert nach: Annan Rejects Calls for him to Resign as Pressure Mounts. In: Financial Times. 6. Dezember 2004.

290 15 Ich glaube Kofi Annan...: Blair Joins UN Members Backing Annan. In: Bloomberg. 6. Dezember 2004.

290 30 Wir sprechen...: US has Confidence in UNs Annan, Danforth Says. In: Bloomberg. 9. Dezember 2004.

291 6 Sie ist erst ausgestanden...: Der Abschlussbericht ist für Sommer 2005 angekündigt.

291 10 In einem Zwischenbericht...: Interim Report. Independent Inquiry Committee into the United Nations oil-for-food programme. In: www.iic-offp.org. Veröffentlicht am 3. Februar 2005, S. 26.

291 12 So soll Benon Sevan...: Interim Report. Ebenda. S. 20 ff.

291 21 Damit suggeriert...: Vgl. Statement on Behalf of Benon V. Sevan on the Interim Report of the IIC. Stellungnahme von Sevans Anwälten Baach Robinson & Lewis vom 3. Februar 2005.

291 32 Annan zeigt sich dennoch...: Alle Zitate: Unofficial Transcript of the Secretary-Generals Press Encounter upon arrival to UNHQ. 4. Februar 2005.

292 24 Ob es die UN-Reform...: The Fight of His Life. In: Time Magazine. 13. Dezember 2004.

Annans verbleibende Ziele

293 1 »Ich habe noch...«: Annan will im Amt bleiben. In: dpa vom 7. Dezember 2004.

293 29 »Deshalb ermahne ich...«: Interview mit Kofi Annan, November 2003.

293 34 »Ich denke...«: Interview mit Kofi Annan, Juli 2004.

294 10 Und die acht...: Interview mit Kofi Annan, November 2003.

294 18 Sie sind für ihn...: Interview mit Kofi Annan, November 2003.

294 25 Denn bei der Lösung...: Interview mit Giandomenico Picco.

295 35 Die Öffnung der Vereinten Nationen...: Interview mit Kofi Annan, Juli 2004.

296 13 »Unmittelbare Geschichte«: Auch folgende Zitate aus: Interview mit Kofi Annan, Juli 2004.

296 30 »Jawohl«, das sei der Plan.: Interview mit Kofi Annan, November 2003.

296 33 Und seine Frau Nane...: Schriftliche Ergänzungen von Nane Annan.

297 30 Eigene Familien...: Stand Herbst 2004.

298 6 Wo genau die Annans...: Interview mit Nane Annan.

298 29 »Ich habe noch...«: Annan will im Amt bleiben. In: dpa vom 7. Dezember 2004.

348

Danksagung:

Bei der Recherche für dieses Buch waren mir über fast zwei Jahre hinweg viele Personen in den und um die UN behilflich. Ihnen allen gebührt ein herzlicher Dank. In erster Linie trifft das für das New Yorker Pressebüro zu: Fred Eckhard und sein Team, darunter besonders Maricel Magas-Sniffen, Jane Gaffney, Anne Siddal und Catherine Smith. Auch Nina Wehner von der Dokumentations-Abteilung lieferte immer wieder wertvolle Materialien. Sally Burnheim, die persönliche Referentin von Frau Annan, stand ebenfalls mit Rat und Tat zur Seite. Unterstützung leistete zudem das Regionale UN-Informationszentrum in Brüssel, dort besonders Dorothee Reinke, und die Deutsche Gesellschaft für die Vereinten Nationen in Berlin, vor allem in Person von Volker Weyel. Ebenfalls danken möchte ich dem Auswärtigen Amt, in erster Linie der deutschen Vertretung in New York, wo Dirk Rotenberg in vielerlei Hinsicht aktiv war, aber auch der Afrika-Abteilung in Berlin: Hans-Ulrich Seidt und Rainer Münzel halfen mit Hintergrundinformationen weiter. Christian Nakonz vom Afrika-Verein vermittelte Kontakte nach Ghana, wo er jahrelang als deutscher Botschafter tätig gewesen war. Außerdem wären noch IStGh-Richter Hans-Peter Kaul, Hans D'Orville von der Unesco und Ojo Onukaba aus Nigeria zu nennen, die ebenfalls Kanäle zu Gesprächspartnern öffneten. Ihnen allen sei ebenso gedankt wie Erich Bauer, Eberhard Bauer, Annedore Bauer-Lachenmaier und Andrea Freund, die das Manuskript in verschiedenen Stadien redigierten. Schließlich gebührt noch besonderer Dank der Agentin Aenne Glienke, die das Projekt überhaupt erst angestoßen hat, und meiner Lektorin Nina Bschorr, die den Überblick behielt.